공병호의
고전강독 1

소크라테스와 플라톤에게
최고의 인생을 묻다

공병호의 고전강독 1

소크라테스와 플라톤에게
최고의 인생을 묻다

해냄

| 시작하는 글 |

지혜로운 삶을 소망하는 분들에게

'어떻게 사는 게 잘 사는 일인가?'

어느 누구도 이런 질문으로부터 자유롭지 않다. 그런데 이런 질문은 젊은 날에만 떠오르다가 사라져버리는 것이 아니라 세월이 갈수록 점점 더 자주 떠오른다. 아마 죽음을 맞는 순간까지 계속될 것이다. 그래서 인간은 밥만으로 살 수 없는 존재인가 보다. 내가 고전 읽기를 시작하게 된 것은 이같은 질문에 대한 갈증 때문이다.

인류가 남긴 숱한 고전들 속에 그 답이 들어 있을 것이라는 믿음을 갖고 있었지만, 분주하기 이를 데 없는 일상에서 시간을 내서 고전을 읽기가 쉽지 않았다. 청소년기와 대학 시절에 읽지 못했던 것이 못내 아쉬웠다. 그렇게 하지 못한 데는 나 자신에게도 문제가 있었지만 시험 공부에 지나치게 많은 시간을 들일 수밖에 없는 우리 교육 체제에도 일정 부분 문제가 있다. 그래서 늘 인생의 어느 시점에 체계적으로 고전을 읽어봐야지 하는 바람을 갖고 있었지만 시작하기가 정말 어려웠다.

특히 고전문은 현대문과 달리 집중적으로 독서할 수 있는 시간을 확보해야 하는데, 이것이 만만치 않았다. '언젠가, 언젠가 때가 오면 고전 읽기를 시작하리라'라는 바람만 가지고 있었는데, 어느 날 우연히 계기가 다가왔다.

아내가 20년 넘도록 다닌 직장을 그만두고 잠시 쉬게 되었을 때다. 문득 아내에게 말했다. "생계에 대한 부담 없이 시간을 가질 수 있게 되었으니 이제부터 고전 읽기를 해보면 어때요?" 나는 시간을 낼 수 없어 어쩔 수 없지만 아내라도 그렇게 했으면 좋겠다는 바람이었다. 그것은 사랑하는 사람에게 가장 귀한 것을 주고 싶은 마음이었다. 내 바람대로 아내는 두 말 않고 고전을 읽기 시작했다. 그때부터 『소크라테스의 변론』『크리톤』『파이돈』『일리아스』와 『오디세이아』 등을 시작으로 매일 저녁 밥상에서 나는 아내가 읽은 각종 서양 고전의 후기를 듣게 되었다. 주옥 같은 인생의 지혜들을 들으면서 나는 더 이상 미룰 수 없다고 마음을 굳혔다.

그러던 어느 날 미국 출장길에 비행기 안에서 시작된 글 읽기는 내릴 즈음에 절정을 이루었다. 그날따라 이민국의 서류 절차를 마치는 데 무려 3시간 남짓 걸렸는데, 줄을 서서 기다리는 내내 『일리아스』를 읽는 재미에 흠뻑 빠지게 되었다. 바로 그날부터 고전 읽기라는 새로운 인생

프로젝트를 시작하게 되었다. 어떻게 읽을까 고민하다가 연대기 순으로 착실하게 철학, 역사, 문학 순으로 책을 읽어나가기로 했다.

이 책은 고전 읽기 프로젝트에 의해 탄생된 첫 번째 책이다. 플라톤의 초기와 중기에 걸친 주요 저작물들을 읽고 난 다음 그 내용 가운데 주요 내용들을 정리하고 그것에 대해 나름의 의미와 생각을 정리한 것이다. 이 책에는 『소크라테스의 변론』 『크리톤』 『메논』 『파이돈』 『향연』 그리고 『알키비아데스 I』이 소개되어 있다. 이 한 권으로 소크라테스와 플라톤 철학을 전부 이해할 수는 없을지라도 사상의 전모와 주요 내용, 그리고 그 책들의 현대적 의미와 그것들로부터 배울 수 있는 교훈과 실행 방법을 얻는 데 부족함이 없을 것이다.

달리 표현하면 이 책은 '공병호의 고전 읽기 노트' 혹은 '고전 독서 노트'라고 이름 붙일 수 있을 것이다. 고전에 대한 기존의 서적들이 인문학자들에 의해 주도되어 왔다면, 이 책은 인문학이 아닌 사회과학을 공부한 입장에서 고전을 읽고 원래 의미와 그 의미가 현대인에게 주는 삶의 지혜가 무엇인지 나름대로 풀어쓴 책이다. 과거와 현대 사이에 다리(브릿지) 역할을 하는 새로운 스타일의 고전 읽기라고 할 수 있다.

뭐니 뭐니 해도 고전은 원문을 읽는 일이 바람직하다. 하지만 웬만큼 책을 많이 읽는 사람도 특별한 배경 지식 없이 고전 원문을 읽는 일은 쉽지 않다. 그래서 흔히들 고전은 '누구나 읽어야 하지만 막상 읽으려 하면 읽을 수 없는 책'이라고 하지 않는가? 나는 고전을 읽으면서 이런 이야기가 결코 농담만은 아니라는 생각이 들었다.

여러분은 이 책을 읽는 것만으로도 특정 고전의 핵심 메시지를 어느 정도 이해할 수 있을 것이다. 더 많은 것을 원한다면 이 책을 토대로 고전 원문 읽기에 도전해 보는 일도 바람직하다.

　이 책 역시 80/20법칙에 기초해서 집필했다. 즉, 방대한 고전 속에 들어 있는 핵심 메시지 20퍼센트가 책의 주요 내용 80퍼센트를 차지한다는 가정 아래 준비된 책이다. 인류가 남긴 고전들을 모두 읽기는 힘들다. 그렇다면 80/20법칙에 따른 고전 읽기 방식도 하나의 멋진 대안이 될 수 있지 않을까.

　고전을 읽어가면서 또 한 가지 누릴 수 있었던 큰 기쁨은 수천 년 전에 살았던 위대한 인물들을 만난다는 점이다. 그들을 만나 이런저런 대화를 나눌 수 있고, 그들의 이야기를 통해서 그동안 가져왔던 궁금함과 고민에 대해 명쾌한 대안을 제시받을 수 있었다. 스승을 만나는 기회이기도 하지만 동시에 친구와 동지를 만나는 시간이기도 했다. 동시대를 살아가는 사람들과의 만남도 좋지만 아득하게 먼 시대 사람들과의 만남은 특별한 즐거움을 제공한다.

　무엇보다 고전 읽기에 대한 즐거움의 문을 열어준 분들은 어렵고 복잡하기 짝이 없는 원문을 한글로 읽을 수 있도록 번역하며 노고를 아끼지 않은 인문학자들이다. 그분들에게 깊은 감사를 드린다. 많은 분들이 있지만 이 가운데서도 박종현 교수님, 고(故) 왕학수 교수님, 김민숙 선생님, 그리고 플라톤이 남긴 고전 번역 작업을 활발하게 펼치고 있는 사단법인 정암학당(www.jungam.or.kr)의 연구진들―그중에서도 특히 강철웅, 이기백, 이상인, 김주일, 정준영 박사님―께 마음에서 우러나오는 깊은 감사를 표하고 싶다. 이분들의 번역본을 접하면서 이처럼 좋은 책을 마음껏 읽고 느끼고 생각하면서 살아갈 수 있다는 것에 한없이 감사한 마음을 느꼈다.

  많은 독자들이 고전 읽기를 통해서 훌륭한 삶, 아름다운 삶을 살아가는 데 이 책이 작은 역할을 하길 기대한다. 이 책을 시작으로 나의 고전 강독 여행은 계속될 것이다. 고전 읽기를 즐기는 독자의 한 사람으로, 그리고 이를 정리하는 작가의 한 사람으로 시작된 '위대한 인물(Great Person)에 성큼 다가서기 프로젝트'가 내겐 또 하나의 큰 기쁨과 배움, 그리고 성장의 기회를 제공하기 때문이다.

  나는 이 책을 준비하는 것만으로도 내적으로 많은 성장의 기회를 갖게 되었다. 그렇다면 앞으로 계속될 작업들은 얼마나 많은 기회를 줄까? 생각만 해도 가슴 두근거리는 일이다. 이런 기쁨과 배움, 그리고 성장의 기회에 여러분도 동행하길 소망한다.

2012년 3월

공병호

차례

시작하는 글 / 지혜로운 삶을 소망하는 분들에게 5
프롤로그 / 소크라테스와 플라톤을 만나다 15

1장 지혜를 향한 신념 『소크라테스의 변론』
"진정 지혜로운 사람은 어떻게 행동해야 하는가"

진리란 타협할 수 있는 것인가 34
현명할수록 스스로 지혜롭지 못함을 안다 39
지혜로운 사람은 오직 올바르게 행동할 뿐이다 47
부와 명예를 좇기 전에 정신을 향상시켜라 54
'등에'처럼 쓴소리하는 존재가 필요하다 61
정치는 아무나 할 수 없으며 아무나 해서도 안 된다 66
타인의 주목을 받는 사람은 스스로 명예를 지켜야 한다 73
대중의 시기와 질투로부터 자신을 보호하라 79
죽음을 피하는 것보다 불의를 피하는 것이 더 어렵다 86
올바른 삶은 자신을 향상시키고 타인에게 해를 끼치지 않는다 92
죽음은 영원한 삶을 향한 또 하나의 순례다 96

 2장 올바른 삶을 위한 선택 「크리톤」

"그냥 살아선 안 된다, 정의롭게 살아야 한다"

당당한 삶을 위한 원칙을 지녔는가 104
한 인간의 내공은 나이에 비례하지 않는다 109
손익을 따지지 말고 옳고 그름을 따져라 116
다수와 배치되더라도 지켜야 할 원칙은 변함이 없다 123
그냥 살아선 안 된다, 정의롭게 살아야 한다 130
그래도 국법을 지켜야 한다 137

 3장 탁월함에 대한 고찰 「메논」

"탁월함은 스스로 이루어내는 것이다"

우리는 어떻게 탁월함에 이를 수 있는가 150
탁월함이란 무엇인가 159
본질과 현상, 전체와 부분을 구분할 수 있어야 한다 166
비판과 반박으로 무지를 깨뜨려라 172
탐구와 배움은 아는 것을 회복하는 것이다 177
탁월함은 가르칠 수 없다, 스스로 이루는 것이다 188

4장 삶과 죽음에 관한 통찰 『파이돈』

"지혜로운 자여, 죽음을 두려워 말라"

올바른 생사관이란 무엇인가 200
자살은 인간이 절대로 해서는 안 되는 일이다 207
죽음은 영혼이 육체로부터 해방되는 것이다 215
육체의 욕망에서 자유로워야 지혜에 다가설 수 있다 226
육체는 소멸하지만 영혼은 불멸하다 235
지혜로운 자여, 죽음을 두려워 말라 242
절제하고 정화하고 정진하라 247

5장 사랑의 본질을 이야기하다 『향연』

"사랑은 머무름이 아니라 나아감이다"

우리는 왜 사랑을 하는가 254
사람은 누구나 자신에게 부족한 것을 사랑한다 261
에로스의 아버지는 포로스(방책의 신)
어머니는 페니아(궁핍의 신) 268
사랑은 좋은 것을 영원히 소유하려는 욕구다 275
불사성을 향한 본능, 사랑은 출산으로 이어진다 280

사랑 안에서 우리는 영원히 살게 된다 287
권력과 명성을 통해서도 영원한 이름을 남길 수 있다 292
나의 영혼이 절제와 정의, 덕을 낳게 하라 301
'육체의 자식'과 '영혼의 자식'을 구분하라 306
더 높이 더 깊이 진화하는 '사랑의 사다리' 313
사랑은 궁극적으로 진리를 향해 나아가야 한다 323
육체의 눈을 넘어 마음의 눈으로 보라 331

6장 훌륭한 리더의 조건 『알키비아데스 I』
"너 자신을 알라"

나는 누구인가, 나는 무엇을 할 수 있는가 340
자신을 아는 것이야말로 최고의 지혜다 349
잘 알지 못하는 것을 타인에게 가르칠 수 없다 354
대중의 장단에 맞추다가는 내 인생을 살 수 없다 362
사람들을 이끌고 싶다면 자신부터 제대로 알아야 한다 368
영혼을 돌보고 생각의 일치를 이끌어내라 376
정치가는 훌륭함을 나눠주는 사람이다 387
훌륭함을 갖추기 전이라면 스스로 삼가라 393

참고문헌 398
찾아보기 400
그림출처 403

✽✽ 일러두기

1. 이 책의 인명과 지명은 가능한 한 이제이북스에서 출간한 〈정암학당 플라톤 전집〉의 표기를 기준으로 따랐습니다.
2. 이 책에 수록된 고전 원전은 장별로 각각 다른 역자의 번역본을 참고하고 있어 그 표현 등에 있어 다소 차이가 있을 수 있음을 미리 밝혀둡니다.
3. 원전의 출처 부분을 밝히는 경우 번역서의 쪽수를 표기하되, 그리스 원전의 형식을 따르고 있는 번역서의 경우 그리스 원전의 출처 부분을 동시에 표시하였습니다.

| 프롤로그 |

소크라테스와 플라톤을 만나다

 ## 소크라테스의 생애

플라톤과 소크라테스 사이에는 40년의 차이가 있다. 플라톤이 소크라테스의 말년에 제자가 되어 8년 동안 배웠기 때문에 두 사람의 만남이 이루어졌던 때는 소크라테스의 나이 60세 전후, 플라톤 나이 20세 전후였다.

학문적으로나 인격적으로 완숙한 경지에 도달했을 60세의 철학자에게 총명하고 예술적 재능이 뛰어난 20세의 젊은이는 어떻게 비춰졌을까? 소크라테스는 8년 간 자신의 곁에서 배우고 익히는 플라톤의 그릇됨을 충분히 짐작했을 것이다. 하지만 자신의 언행이 플라톤에 의해 낱

아테네 아카데미아 앞에 있는 소크라테스 동상

낱이 기록되어 '사후에 영원히 사는 사람'이 되었다는 사실을 미리 알아차릴 수는 없었을 것이다.

두 사람의 만남이 없었다면 우리는 소크라테스의 주옥 같은 지혜를 접할 수 없었을 것이다. 그런 점에서 기원전 407년경에 이루어진 플라톤과 소크라테스의 만남은 세기의 만남이자 인류에겐 커다란 축복이다.

그리스 문화의 절정기를 관통한 청년 시절

소크라테스는 기원전 469년경 아테네에서 석공과 산파의 아들로 태어났다. 양친이 모두 직업을 갖고 있었고 자식 교육에 열성적이었다. 그 덕택에 소크라테스는 경제적으로 여유 있게 성장했으며, 체육과 음악 그리고 시를 비롯한 문학적인 소양도 쌓을 수 있었다.

그의 청년기는 아테네의 황금기인 페리클레스(기원전 495년경~429년)

시대로, 그리스의 3대 비극 시인의 작품들 가운데 다수를 접할 수 있던 시대였다. 『페르시아인』과 『아가멤논』으로 유명한 반전 작가 아이스킬로스, 트로이의 용자인 헥토르의 아내 안드로마케의 비참한 운명을 그린 『안드로마케』의 작가이자 반 스파르타주의자인 에우리피데스, 그리고 『오이디푸스 왕』과 『안티고네』의 소포클레스 등이 소크라테스의 성장기에 왕성하게 작품 활동을 했고, 그들 작품의 일부는 아테네에서 상연되고 있었다.

뿐만 아니라 오늘날 폐허로 남아 있는 파르테논 신전과 페이디아스(Phidias)의 조각품들과 같은 페리클레스 시대의 대 건축물들이 위용을 자랑하고 있었다. 기원전 5세기는 아테네인들에게 전쟁으로 시작해서 전쟁으로 끝나는 세기였지만 동시에 그리스 문화의 아크메(절정)의 시대였다. 덕분에 소크라테스는 인생 전반에 걸쳐 축복에 가까운 문화적 혜택을 누리면서 성장할 수 있었다.

강인한 심신의 소유자였던 '최초의 못생긴 그리스인'

소크라테스는 어떤 사람이었을까? 그리스인들은 아름다운 영혼은 반드시 아름다운 육체와 결합한다고 믿었지만 소크라테스만은 예외라고 생각했다. 그는 아름다운 영혼의 소유자였지만 육체는, 특히 얼굴은 그렇지 못했다. 콧구멍이 얼굴에서 지나치게 큰 비중을 차지했고, 게다가 반쯤은 하늘을 향한 들창코였으며, 미간은 넓고 두 눈은 광채를 발할 정도로 빛났다. 누가 보더라도 잊기 힘들 만큼 독특한 외모를 지녔다. 훗날 니체는 소크라테스를 두고 '최초의 못생긴 헬라인'이라는 표현을 사용하기도 했다.

하지만 그는 육체적으로 아주 건장했다고 한다. 전장에 나간 그는 추운

겨울 날씨에도 입은 옷 그대로 발도 싸매지 않은 채 밖에 나갔고, 신발을 신고 있는 병사들보다 더 쉽게 얼음 위를 걸어다녔다고 한다. 그는 소박한 식사, 절제된 생활, 강건한 체력, 튼튼한 육체를 가진 인물이었다.

결혼은 늦은 편이었는데, 죽임을 당하던 해에 맏아들 람프로클레스가 17세 혹은 18세였던 걸로 보아 50세를 전후해서 결혼한 것으로 보인다. 그는 장남 외에 어린 아들 두 명을 남겼다. 소크라테스의 아내 크산티페는 흔히 악처의 대명사로 인용되곤 하지만, 실은 애정이 깊은 여인이었다. 그녀는 돈에 전혀 관심이 없는 남편을 대신해서 생계를 꾸리느라 적지 않은 고생을 했을 것으로 짐작된다.

참고로 소크라테스가 아주 가난한 생활을 했던 것은 아니다. 그는 아버지로부터 아내와 함께 살 만큼 돈을 물려받았다고 한다. 그가 동시대의 다른 인물들처럼 돈을 벌기 위한 일에 관심을 가질 필요 없이 철학 공부에 몰두할 수 있었던 것은 부모 덕이 클 것이다. 그러나 재산을 물려받았다고 하더라도 가장이 돈벌이가 되지 않는 활동에만 전념하다 보면 가정의 경제가 어려워질 수밖에 없다. 이런 과정에서 이따금 부부 사이에 언쟁이 있었을 수도 있기 때문에 아마도 그녀가 남편에게 바가지를 자주 긁는 인물로 묘사되었을 것으로 추정한다.

하지만 크세노폰의 『메모라빌리아』에 등장하는 소크라테스와 장남 사이의 대화에서 크산티페는 아이의 성장에 깊은 관심을 갖는 사려 깊은 여인으로 묘사되고 있다. 또한 〈대화편〉인 『파이돈』에는 소크라테스가 죽임을 당하던 날 아이들을 안고 와서 마지막으로 남편을 본 다음 가슴을 치며 통곡하는 장면이 나온다. 그녀 역시 남편을 사랑하는 보통의 아내였던 것이다.

청년 지식인들의 우상, 숨을 거두다

소크라테스는 대단한 설득력을 가진 인물이었다. 때문에 그의 강연을 듣고 흠모하는 젊은이들이 점점 늘어났다. 아테네에서 손꼽히는 미남이었던 알키비아데스는 『향연』에서 소크라테스의 설득력에 대해 "내가 들을 때마다 이분의 이야기들로 인해 나는 코뤼바스적 광란에 빠진 자들보다 훨씬 더 심하게 심장이 뛰고 눈물이 쏟아지거든" 하고 말한다. 그는 소크라테스의 이야기를 들을 때는 거의 노예 상태에 놓이게 된다고 말하면서, 이것은 자신만이 경험하는 이례적인 현상이 아니라고 한다. "나는 다른 사람들도 똑같은 일을 겪고 있는 걸 보네"라고 말하면서 페리클레스 같은 정치가이자 훌륭한 연설가의 이야기에서는 좀처럼 경험할 수 없는 감동이라고 평한다.

이러니 아테네에 소크라테스와 철학적 토론을 하고 그를 추종하는 젊은이들이 늘어나는 것은 피할 수 없는 일이었다. 당연히 이런 현상은 보통의 시민들이나 지배 세력의 심기를 불편하게 했을 것이다.

그리스의 신들을 믿지 않고 모욕했으며 젊은이들을 선동한다는 죄목으로 기소되었을 때 소크라테스의 나이는 70세였다. 어린 자식들 때문에라도 웬만한 사람이라면 배심원들의 자비를 구하고 타협할 수도 있었지만, 그는 그런 선택을 하지 않았다.

그는 진실에 대한 굳건한 믿음으로 자신이 무죄임은 물론, 국가는 비용을 들여서 올림픽 대회의 우승자들에게 향응을 베푸는 프리타네이온(도시국가의 시청)으로 자신을 모셔야 한다고 주장했다. 그래서 배심원들을 격노시키고 기원전 399년 결국 사형을 당하고 만다. 그의 우직하고 강건한 성품을 엿볼 수 있는 사건이다. 그는 평소에도 상대방의 지위나 재력 등에 의해 추호도 흔들림이 없는 당당한 인물이었다.

그를 죽인 아테네 시민들은 곧 후회한다. 그의 죽음을 애도하기 위해 많은 시민들이 몰려왔고, 그를 고발한 시인 멜레토스는 사형을 당하며 그를 부추겼던 민주정파의 우두머리 아뉘토스와 류콘은 추방된다. 토머스 마틴은 『고대 그리스의 역사』에서 소크라테스의 사형을 두고 "펠로폰네소스 전쟁 이후 발생한 그리스 역사상 가장 불명예스러운 사건"이라고 평한다. 오늘날 그를 고발했던 인물들은 악인의 대명사가 되었고 어느 누구도 기억하지 않는다. 하지만 소크라테스는 신념을 굽히지 않고 육체의 죽음을 택했지만, 그 명성은 영원히 살게 되었다.

플라톤의 생애

"이 친구가 바로 그 백조였구나!"

플라톤은 기원전 427년 5월 무렵에 태어나서 기원전 347년 80세로 사망했다. 그의 어머니 페리크티오네와 아버지 아리스톤은 잘 알려진 정치 명문가 출신이다. 형제로는 『국가』에 등장하는 동생 글라우콘과 형 아데이만토스, 그리고 여동생 포토네가 있다. 그리고 플라톤의 아버지가 일찍 세상을 떠나는 바람에 어머니가 재혼하여 낳은 동생 안티폰이 있는데, 플라톤의 『파르메니데스』에 등장한다.

플라톤은 소년 시절부터 명민하고 겸손했으며 공부에 대한 사랑과 열정을 갖고 있었다. 명문가 출신답게 어릴 적부터 읽기, 쓰기, 셈하기 등의 교육뿐만 아니라 체육, 음악, 시 등도 배웠다. 그의 명민함에 대해서는 소크라테스의 꿈 이야기가 전해 내려온다.

아테네 아카데미아 앞의 플라톤 동상

어느 날 소크라테스는 자신의 무릎 위에 새끼 백조를 올려놓고 있었는데, 어느새 깃털이 나더니 고운 소리로 울며 높이 날아가는 꿈을 꾸었다. 그리고 다음 날 모임에 참석한 플라톤을 보고 "이 친구가 바로 그 백조였구나!"라고 말했다는 이야기다. 백조는 학문과 예술의 신인 아폴론을 상징하는 동물이다. 플라톤이 소크라테스를 만난 시점은 그의 나이 스무 살 때의 일로, 이후 8년 정도 소크라테스로부터 교육을 받는다.

플라톤이 청소년기에 경험한 펠로폰네소스 전쟁과 그로 인한 정치·사회·경제적 혼란은 그의 정신과 작품 세계에 큰 영향을 미친다.

소크라테스의 죽음부터 첫 번째 시칠리아 방문기까지

한때 정치를 꿈꿨던 플라톤이 정치를 단념하게 된 결정적인 사건은 스승의 죽음이었다. 소크라테스에게 말도 되지 않는 죄목을 씌워 사형에 처하는 것을 보면서 그는 "처음에는 공적 활동에 대한 열정이 넘쳐

흘렀으나, 그러한 것들을 바라보면서 그것들이 완전히 휩쓸려 가는 것을 보고서 급기야 현기증을 느꼈습니다"라고 말한다. 결국 그는 정치대신 철학자의 길로 들어섰고, 스승의 죽음을 전후해서 자신에게도 위험이 닥치게 될 것을 우려한 나머지 아테네를 떠나 메가라, 이집트, 남부 이탈리아, 시칠리아 등으로 여행길에 오른다.

스승 사후 11년간 그는 〈대화편〉의 집필 및 여행을 하면서 시간을 보내는데, 이 기간에 이루어진 마지막 여행은 기원전 387년, 그의 나이 40세 되던 해에 시칠리아의 시라쿠사를 방문한 일이었다. 시라쿠사의 참주인 디오니시오스 1세(기원전 432년경~367년)의 초대로 방문한 시칠리아에서 평생 교분을 유지하게 될 약관의 디온을 만난다. 디온은 참주의 조카로 플라톤의 사상에 깊이 공감하고 철인이 지배하는 정치를 시라쿠사에서 구현하기 위해 노력했던 인물이다.

그러나 플라톤은 이 여행길에서 자칫 황천길로 갈 뻔한 사건을 경험한다. 당시의 시라쿠사는 아테네에 필적할 정도의 경제력과 규모를 가진 도시국가였다. 『로마인 이야기』의 작가 시오노 나나미가 극찬했던 시라쿠사의 대성당 '피에자 두오모'에는 당시 시라쿠사의 국력과 경제력을 짐작할 수 있는 흔적들이 지금도 고스란히 남아 있다. 그 대성당은 그리스 아테네 신전의 기반석이나 기둥들을 고스란히 사용했는데, 그 거대한 기둥을 보는 것만으로도 입이 벌어질 정도로 그 규모가 엄청나다. 이는 당시 시라쿠사의 경제력을 말해 주고도 남음이 있다.

아테네의 시라쿠사 침공(기원전 415년~413년)을 물리친 헤르모크라테스의 수하로 있다가 정쟁의 와중에 일약 참주 자리를 꿰찬 디오니시오스는 환락에 취해 사는 전형적인 독재자로 잔인하고 의심이 많았다. 플라톤은 그와 대화중에 입바른 소리를 했다가 죽음을 당할 뻔했지만,

디온의 도움으로 가까스로 목숨을 구한다. 화가 난 독재자는 플라톤을 아테네와 전쟁 상태에 있던 아이기나 섬으로 보내버리면서 "올바른 사람이므로 노예가 되어도 행복할 것이다"라는 악담을 퍼부었다. 그렇게 플라톤은 노예가 될 수밖에 없는 상황에 처했지만, 키레네 학파의 소크라테스주의자인 아니케리스가 돈을 지불하고 그를 해방시켜 주었다.

플라톤의 초기 〈대화편〉들은 30대 후반부터 40대 초반에 집중적으로 씌어진 것으로 알려져 있는데, 이때 쓴 책들이 『에우튀프론』 『소크라테스의 변론』 『크리톤』 『카르미데스』 『라케스』 『소 히피아스』 『이온』 『프로타고라스』 『뤼시스』 『대 히피아스』 『에우튀데모스』 『메넥세노스』 『고르기아스』 『국가』 제1권이다.

시라쿠사의 고대 그리스 극장(Teatro Greco) 기원전 5세기 시라쿠사 전성기에 지어졌고 직경 130m의 크기로 자연석을 그대로 파내어 좌석을 만든 극장이다. 보존 상태가 매우 좋으며 객석에서 저 멀리 지중해 바다가 보인다.

아카데미아 창설과 저작 활동에 박차를 가하다

천신만고 끝에 시라쿠사에서 돌아온 플라톤은 기원전 387년 무렵 아테네의 교외에 아카데미아를 세운다. 이 아카데미아는 기원후 529년 유스티니아누스 황제의 명으로 폐교될 때까지 무려 900년간 지속되었다.

스승의 죽음과 시라쿠사 참주와의 만남 등을 통해 플라톤은 자신이 평생 힘써 노력해야 할 일이 철학자들을 양성하는 것이라고 굳게 믿었다. 흔히 아카데미아를 오늘날의 대학과 같은 곳으로 간주하지만, 공동체 생활과 종교적 연대를 통해 이상을 공유하던 중세 대학의 초기 모습과 비슷하다. 이곳에서 교육을 받은 제자들은 스스로 권력자가 되기보다는 권력자에게 자문을 함으로써 더 나은 세상을 만드는 데 일조한다. 참주에게 플라톤 철학을 공부하게 함으로써 온건한 정치체제를 선택하게 한 사람도 있고, 법률 입안에 조언을 아끼지 않음으로써 더 나은 국가를 만드는 데 힘을 보탠 사람도 있다.

플라톤은 학생들을 직접 가르치면서 집필에도 박차를 가한다. 50세에서 60세까지 10년 동안 그의 작품 가운데 가장 빛나는 작품인 『국가』를 저술했다. 이 기간에 쓰인 작품들은 『메논』 『크라튈로스』 『파이돈』 『향연』 『국가』 제2권~제10권 『파이드로스』 『파르메니데스』 『테아이테토스』 등이다.

두 번째 시칠리아 방문에서 죽음까지

그의 나이 60세이자 시칠리아로부터 돌아온 지 20년이 되던 기원전 367년, 플라톤은 다시 시칠리아를 방문한다. 참주가 죽고 그의 아들 디오니시오스 2세가 교육다운 교육을 받지 못한 채 권력을 쥐게 되자 그의 외삼촌 디온이 젊은 참주에게 플라톤을 초청할 것을 강하게 천거했기 때문이다. 그러나 이 방문 역시 기대한 성과를 거두지 못했고, 아테네로 돌아온 해가 기원전 365년이다. 이후 4년 동안 플라톤은 다시 아카데미아에서 교육과 집필에 열중한다.

세 번째이자 마지막인 시라쿠사 방문은 기원전 361년에 이루어졌는데, 당시 플라톤은 두세 명의 제자를 데리고 갔다. 그러나 이 역시 성과를 거두지 못했다. 젊은 참주의 자격 미달 상태를 보고 실망한 채 아테네로 돌아온 것이 기원전 360년이다. 현실 정치에서 새로운 것을 얻으려는 기대를 완전히 버린 시점은 그의 나이 67세 때였다. 그후 80세에 죽음을 맞을 때까지 그는 아카데미아에서 집필과 연구에 전념한다.

플라톤은 평생 독신으로 살았고 솔선수범이란 말 그대로 언행일치를 이룬 사람이었고, 서양 철학사에 타의추종을 불허할 족적을 남겼다. 물론 그의 철학적 업적이 그의 뜻과 무관하게 훗날 전체주의 체제의 이론적 토대에도 활용되었음은 잊지 말아야 한다. 그가 노년기에 쓴 작품들은 『티마이오스』 『크리티아스』 『소피스테스』 『정치가』 『필레보스』 『법률』 등이다.

 소크라테스와 플라톤의 시대 상황

그리스 아티카 지방의 중앙에 있는 아테네에 사람들이 이주하여 살기 시작한 것은 기원전 2000년을 전후한 미케네 문명 때의 일이다. 미케네 문명은 기원전 2000년경 그리스 본토에서 꽃피웠던 청동기 문명을 가리킨다. 당시 이미 아테네의 아크로폴리스에는 성벽이 건설되어

군대가 상주하고 근처 주민들에게 군사적 보호처를 제공하고 있었다. 기원전 1200년 무렵 도리스인들에게 쫓긴 그리스인들이 아티카 지방으로 이동하기 시작하다가 기원전 800년 무렵에는 그 숫자가 급증하면서 아테네에는 귀족과 평민 사이에 갈등이 커지게 된다. 역사가들은 이 시기를 두고 '암흑기(기원전 1100년~800년)'라고 부르며, 이 시대의 기록은 우연히 보존된 것을 제외하고는 모두 사라져버렸다.

기원전 8세기 무렵부터 독립적인 소규모 국가인 폴리스(polis)라는 새로운 국가 형태가 등장한다. 그리스인들은 그리스 영토뿐만 아니라 소아시아의 에게 해 연안, 흑해 연안, 시칠리아 섬, 남부 이탈리아에 거주하고 있었는데, 이들이 이 광대한 지역에 건설한 폴리스는 수백 개에 이르렀다.

이 책을 준비하는 동안 나는 고대 그리스인들이 기원전 8세기 무렵 이탈리아의 시칠리아에 개척한 시라쿠사나 기원전 5세기에 개척한 아그리젠토와 같은 도시국가를 방문했는데, 그 규모의 방대함과 화려함에 놀라지 않을 수 없었다. 시칠리아만 하더라도 이들 폴리스 이외에도 세제스타, 셀레눈테, 메타폰토, 그리고 현재 시칠리아 제2의 도시인 카타니아 등에서도 도시국가의 흔적들이 남아 있는 것을 보면 고대 그리스 본국과 소아시아, 이오니아 등에 얼마나 많은 폴리스들이 있었는지 짐작할 수 있다.

오늘날에는 그리스의 폴리스라는 용어를 머리에 떠올리면 가장 먼저 아테네와 스파르타가 떠오른다. 정확한 숫자는 알 수 없지만 기원전 425년 아테네가 주축이 되었던 델로스 동맹의 동맹국 수가 380개 국 이상이었다. 아테네와 스파르타는 예외적으로 큰 폴리스에 속했는데, 아테네는 800평방마일에 시민 2만~4만 명, 시민의 가족 8만~10만 명 및 노예 3만~4만 명을 포함한 총인구 20~30만 명 정도의 규모였다. 하지만 『서양 고대사 강의』의 공동 저자인 김진경의 연구에 의하면 5세기 무렵 일반적인 폴리스는 시민 수가 5,000명(국가 면적 400평방마일)을 넘지 않았다.

소크라테스가 태어난 때는 그리스의 여러 도시국가들이 연합하여 페르시아 제국의 침입에 맞선 페르시아 전쟁(기원전 492년~448년) 중이었다. 오랜 전쟁으로 아테네는 피폐할 정도로 피폐해졌지만 마라톤 전쟁(기원전 490년)과 살라미스 해전(기원전 480년)에서 그리스인들은 영웅적인 승리를 거둠으로써 페르시아로 대표되는 근동의 전체주의 체제로부터 그리스적인 자유의 이상을 수호하는 데 성공하게 된다. 전쟁의 승리에 기여한 중산 시민과 무산 대중은 정치적 발언권이 강해졌고, 그러면서 아테네의 정치체제는 소수 귀족들이 지배력을 가진 귀족정에서 다수 민중의 지배력 강화를 바탕으로 하는 민주정으로 바뀌게 된다.

아테네 민주정은 페리클레스 시대에 절정을 이루게 된다. 하지만 아테네가 주축이 된 델로스 동맹과 스파르타가 주축이 되는 펠로폰네소스 동맹 사이에 펠로폰네소스 전쟁(기원전 431년~404년)이 발발했다.

전쟁 기간 동안 소크라테스는 청년기와 중년기의 중요한 시기를 보내게 된다. 또한 그는 기원전 430년 7월을 시작으로 모두 세 차례에 걸쳐 전투에 참가했다.

27년간이나 계속된 펠로폰네소스 전쟁과 그 와중에 크게 번진 페스트로 전체 인구의 5분의 1이 목숨을 잃는 등 아테네는 막대한 인적, 물질적 손실을 겪게 된다. 특히 해외 영토의 상실은 아테네의 제국 유지에 일격을 가했다. 뿐만 아니라 승자가 된 스파르타는 그리스 전역에 대한 지배권을 주장하게 되고 아테네 역시 간접적으로 스파르타의 정

파르테논 신전 페리클레스 시대의 기념비적 건물. 아테네 아크로폴리스에 있으며 고대 그리스 문명의 핵심 정신을 상징한다.

치적 영향력 아래에 놓이게 된다.

더욱이 전쟁 중이던 기원전 429년 11월, 페리클레스가 66세의 나이로 사망하자 아테네는 정치적 공백으로 혼란을 거듭하게 된다. 이때 민중의 이익과 아울러 제국의 유지를 위해 호전적인 정책을 부르짖는 민중 지도자들 즉, 데마고고스(demagogos)들이 다수 등장한다. 이들은 과거의 정치 지도자들의 생각이나 행동이 귀족적이었던 데 반해서 일반 민중이 친근감을 느낄 수 있었다. 예를 들어, 클레온은 제혁업자, 클레오폰은 악기 제조업자, 히페르볼로스는 램프상 아들이었다.

급진적인 민주정과 데마고고스의 출현은 정치적으로 소외된 귀족들에게 강한 반발을 불러일으켰다. 결국 기원전 404년~403년 사이에 크리티아스 등의 주도로 과두주의적 정변(과두정은 혈통과 재산을 중시, 귀족정은 세습적인 혈통을 중시하지만 두 가지 모두 소수의 능력 있는 자들의 지배를 정당화함)을 일으켜 30인 과두정을 탄생시키게 된다. 하지만 한 해 만에 트라쉬불로스에 의해 이루어진 대담한 쿠데타로 민주정이 회복되기도 했다. 그러나 민주정도 기대한 대로 운영되지 않았으며, 이 민주정 아래에서 소크라테스가 죽임을 당하게 된다. 30인 과두정이 몰락한 이후 정치적으로 가장 영향력 있는 인물 가운데 한 사람으로 부상한 아뉘토스가 소크라테스를 고발한 세 사람 중 하나였다.

여기서 주목할 만한 대목은 아테네 정치에서 민중파와 과두파 사이의 대결 구도가 본격적으로 출범한 시기가 기원전 411년이란 점이다. 펠로폰네소스 전쟁 중에 스파르타의 동맹 국가인 시칠리아의 시라쿠사를 점령하기 위한 시칠리아 원정(기원전 415년~413년)이 감행되는데 실패로 끝나고 만다. 그로 인한 실망감, 전쟁의 고통 속 농민들의 반발이 커지는 가운데 민주정에 대항해 짧은 기간 동안 과두파가 정권을 잡고 400인회를 수립한다. 그러나 이 역시 민중들의 반발로 실패하고 말았다. 두 차례(기원전 411년의 400인회와 기원전 404년의 30인 과두정)의 정변의 실패 때문에 아테네에선 어느 누구도 감히 민주정을 전복시키고 과두정을 꿈꾸지 않게 되었다.

그 사이 경제적인 문제도 만만치 않았다. 아테네는 빈부간의 갈등이 심화되고 이를 해결하기 위한 방법을 둘러싸고 부자와 빈자 사이에 커다란 간격이 생겨나게 된다. 빈자들은 부를 질시하고 부자들은 명예롭게 여기던 공역의 의무를 부담스럽게 여기게 된다. 당시에 이미 재산을 가진 사람과 갖지 못한 사람의 대결 구도가 시작된 점은 흥미롭다. 또한 폴리스 구성원들 사이에 유대 관계가 허물어졌고, 정치·군사·행정 등에서 전문화된 직급들이 등장하게 된다.

한편 전쟁이 끝난 이후 기원전 4세기에 그리스는 새로운 지역적 갈등과 긴장에 빠져들게 된다. 스파르타와 테베가 잠깐 동안 패권을 쥐는

데 성공하고 아테네 역시 가끔 두각을 나타내기도 했다. 그 밖의 도시들도 패권 경쟁에 뛰어들며 긴장이 계속되었다. 아테네는 끊임없이 제국 복원에 대한 시도를 하게 된다. 기원전 390년에 아테네인은 에게 해의 세 섬인 렘노스, 임브로스, 스키로스를 되찾는 데 성공한다. 또한 그리스 열강들과 동맹을 맺어 제국 복원을 위한 목적으로 다양한 전쟁을 치르게 된다. 코린토스와 테베가 동맹해 스파르타를 상대로 코린토스 전쟁(기원전 395년~386년)을 일으키고, 기원전 370년대는 제2차 해상 동맹을 결성하여 스파르타에게 맞서기도 했다.

당시 해상 동맹에 참가한 도시국가의 수가 70여 개국까지 늘어나지만 스파르타가 기원전 371년 레욱트라 전투에서 패배한 이후 동맹국들 사이에 이해관계의 충돌이 발생하게 된다. 그 결과 아테네는 기원전 355년에 사실상 동맹 정책을 포기함으로써 아테네의 제국 정책은 위축된다.

그리스의 도시국가들은 오랜 전쟁을 겪으면서 국력을 소진하고 정치적으로 무기력한 세력으로 전락하게 되면서 기원전 350년대 중반이 되면 왕년의 그리스 강국들은 모두 이류 국가가 되고 만다.

마침내 그리스의 도시국가들을 대체할 수 있는 새로운 국가가 등장하는데, 이 나라가 훗날 알렉산드로스 대왕의 출생지인 마케도니아다. 기원전 359년에 필리포스 2세가 마케도니아 왕국의 왕위에 오르면서 그리스 지역을 향한 팽창을 시작한다. 그리고 기원전 346년이 되면 그리스에서 마케도니아 왕국과 대적할 국가는 존재하지 않게 된다. 그리스의 도시국가 내부에서는 기원전 340년대 말까지 필리포스를 어떻게 대할 것인가를 두고 화해를 주장하는 측과 전쟁을 주장하는 측 사이에 충돌이 일어난다. 전쟁을 주장하는 측의 승리로 기원전 340년부터 아테네는 필리포스 왕과 전쟁을 전개하지만 기원전 338년 카이로네이아 전투에서 패배함으로 아테네인의 고전기 역사는 막을 내린다. 스파르타를 제외한 모든 도시국가들이 마케도니아의 지배하에 들어가게 된다.

아테네에서는 사물이나 자연 현상의 근본을 탐구하는 철학이 기원전 6세기경부터 싹트기 시작했다. 처음에 철학자들은 주로 자연을 관찰과 대상으로 삼았지만, 1세기 후 소크라테스가 활동하던 시기엔 관심이 인간으로 옮겨가고 있었다. 이런 활동에 큰 역할을 했던 인물들이 바로 '지혜를 파는 사람'으로 불렸던 '소피스트(소피스테스)'들이다. 이들 가운데 대표적인 인물이 '만물의 척도는 인간이다'라는 말로 유명한 프로타고라스이다. 이들이 왕성하게 활동했던 시기는 기원전 5세기 무렵부터 그 이후 40년 동안이다. 한때 소크라테스는 히포크라테스에게 "소피스트란 영혼의 양식이 되는 것을 상품화하여 도매, 또는 소매로 파는 자인 듯하다"라고 불만을 토로한 적이 있다.

플라톤은 아테네의 영광으로부터 펠로폰네소스 전쟁을 거치면서 아테네가 이류 국가로 전락하는 혼란기를 살았다. 감수성이 예민한 청년기에 목격한 참혹한 전쟁과 무자비한 전염병으로 인한 죽음, 아테네 사회의 혼란상은 플라톤으로 하여금 이상 국가에 대한 염원과 해결책을 생각하도록 만들었을 것이다. 또한 계층간에 이익이 첨예하게 충돌하는 현상을 목격하면서 플라톤은 계층들이 저마다의 일에 집중하고 사회 전체로는 안정과 조화를 이루는 것에 큰 가치를 두어야 한다는 구상을 가지게 되었을 것이다.

역사학자 존 R. 헤일은 플라톤이야말로 '아테네 황금기의 부활을 대표하는 인물이자 모든 도시를 통틀어 가장 걸출한 지성'이라고 표한다.

1장

지혜를 향한 신념
『소크라테스의 변론』

"진정 지혜로운 사람은 어떻게 행동해야 하는가"

> "나는 그보다는 지혜롭다고, 왜냐하면 그는 아무것도 알지 못하면서 스스로는 알고 있다고 생각하지만 나는 알지도 못하고 또 안다고 생각하지도 않기 때문입니다."
> ― 소크라테스

CLASSIC BRIDGE

진리란 타협할 수 있는 것인가

따가운 햇살이 내리쬐던 9월 중순의 어느 날, 나는 시칠리아에 있는 고대 그리스 시대의 도시국가 아그리젠토를 찾았다.

50세 생일을 지나며 나는 인문 고전 읽기에 도전했다. 경제학과 경영학 그리고 자기계발이라는 세상살이의 앞선 지식, 실용적 지식을 구하며 쉼 없이 달려온 지난날과 비교하면 삶의 큰 터닝 포인트가 아닐 수 없었다. 1년여 간, 문헌 속의 철학자들과 대화가 무르익을수록 그들의 한마디 한마디에 절묘한 동질감을 느꼈고, 그들의 흔적이 남아 있는 공간을 한 번쯤 찾아보고 싶은 욕망이 생겼던 것이다.

아그리젠토는 흔히 '신전들의 계곡(Valle di Templi)'이라고도 불릴 만큼 고대 그리스 시대의 신전들이 잘 보존되어 있는데, 그곳에는 성인 남자들이 모여서 심의나 재판, 정치적인 의사 결정을 행하는 장소가 있었다. 그리스의 원형극장보다 작은 규모로, 마치 대학교의 야외 극장을 연상시키는 모습이었다. 그곳에 서 있자니 내 고전 여행의 첫 번째 목적지가 되었던 『소크라테스의 변론(Apologia Sōcratous)』이 떠올랐다.

기원전 399년 어느 날, 아고라의 한 법정에서 일흔 살의 소크라테스는 500명의 시민들 앞에서 "아테네 시민 여러분! 저를 고발한 사람들의 말을 듣고 여러분이 얼마나 많은 영향을 받았는지 저는 알 수 없습니다"라며 자신을 변호하고 있었다. 그는 '젊은이를 타락하게 하고 아테네가 믿는 신을 믿지 않는다'는 혐의로 고발당해 재판에 회부되었다.

당시 아테네는 사회적·정치적으로 매우 흉흉한 상황이었다. 페르시아의 침공에 맞서 힘을 모았던 아테네와 스파르타는 자국의 이익과 패권을 둘러싸고 펠로폰네소스 전쟁을 일으켰고, 27년간 계속된 전쟁에서 아테네는 패전국이 되고 만다. 이로 인해 물질적 궁핍, 페리클레스(기원전 450년경 아테네의 실권을 쥔 정치가로 아테네의 최고 전성기를 이끌었다. 총명함과 명쾌한 연설로 유명하다) 사망 후 그의 공백과 혼란으로 아테네인들은 자신감을 잃었다.

평화로운 시기에는 관대하게 넘어갈 수 있는 일도 혼란스러운 시기에는 그렇지 못한 경우가 많다. 펠로폰네소스 전쟁이 시작되었을 때부터 기원전 5세기 말까지 약 30년 간, 아테네에서 신을 믿지 않거나 모독하였다는 이유로 박해하고 처벌하는 일

콘코르디아 신전 아그리젠토 '신전들의 계곡'에 있는 20여 개 신전 중 대표작으로 보존 상태가 가장 양호하며 완벽한 균형미를 보여준다.

이 종종 일어났다. 소크라테스가 고발당한 것도 바로 이 시대에 발생한 일이다.

결국 소크라테스는 자신의 무죄를 입증하기 위해 스스로를 변론하는데, 30세 이상의 아테네 성인 남자 중 추첨으로 선발된 500명의 배심원이 소크라테스에 대한 판결에 참여했다. 1차 판결에서 배심원 500명 가운데 사형에 찬성한 사람이 280명, 반대한 사람이 220명이었다. 그러나 "내가 문제가 있는 것이 아니라 당신들이 문제요"라는 투의 일관된 변론이 일부 배심원들의 심기를 거스르게 되고 마침내 2차 판결에서는 찬성과 반대의 비중이 360대 140으로 바뀌고 만다. 그리고 결국 소크라테스는 죽음을 맞게 된다.

이 사건은 『소크라테스의 변론』에 생생하게 기록되어 있다. 배심원들 앞에서 제자인 플라톤이 기록한 이 책은 스스로 아무 기록도 남기지 않은 소크라테스에 대한 가장 믿을 만한 정보를 제공하는 책으로 받아들여지고 있다.

『소크라테스의 변론』은 처형당하느냐 살아남느냐 하는 중대한 결정을 앞두고 홀로 자신을 변호해야 하는 소크라테스의 절박한 상황을 배경으로 지혜와 죽음, 정의와 같은 삶의 문제에 대한 통찰이 담겨 있다. 소크라테스는 이 책에서 진정으로 '지혜로운 자'가 어떤 사람인지, '훌륭한 삶'이란 어떻게 살아가는 것인지에 대해 명쾌한 답을 제시한다. 또한 세상을 살아가다 보면 크든 작든 타협을 해야 할 때가 있다. 그때 『소크라테스의 변론』은 시공간을 넘어서 반듯한 삶을 살아가기를 소망하는 사람들에게 선택의 기준을 제시해 주기도 한다.

강독이 진행될수록 나는 인간의 삶과 세상살이에 대한 소크라테스의 일침이 2,500년이라는 시간을 뛰어넘어 오늘날에도 너무나 잘 들어맞는 것에 절묘한 감동을 느끼기도 하고, 사색에 빠지기도 했다. 자신의 삶을 반석 위에 세우기 위해 가장 먼저 필요한 올바른 정신, 기백을 갖추는 데 있어 소크라테스의 이야기들은 귀담아 들어볼 만하다.

참으로 고지식했던 사람, 끝내 자신의 고집을 꺾지 않았던 철학자. 그렇기에 위대함이라는 이름으로 후세에 자신의 족적을 영원히 남길 수 있었을 것이다.

"소크라테스와 점심을 할 수 있다면 애플이 가지고 있는 모든 기술을 그것과 바꾸겠다"라고 한 스티브 잡스의 이야기가 떠오른다. 기술의 최첨단에 서 있던 천재마저 감복시킬 만큼 위대한 철학자를 당대에는 인정하지 못했다는 사실이 묘한 아이러니가 아닐 수 없다. 과연 지식인이란 자신의 시대와 늘 불화하는 것인가. 또 수많은 기술 문명의 발전 속에서도 인간 삶에 대한 고민과 해답은 불변하는 것일까.

* 이 장의 원전 인용문의 출처는 김민숙 번역의 『소크라테스의 변명』(청목, 2008)입니다.

현명할수록 스스로
지혜롭지 못함을 안다

그(스스로 지혜로운 사람이라 생각하는 자)와 대화를 시작했을 때 나[소크라테스]는 많은 사람들이 그를 지혜롭다고 생각하고 그 자신도 매우 지혜롭다고 생각하고 있었지만 사실은 그는 조금도 지혜롭지 않다는 생각을 금할 수가 없었습니다. 그래서 나는 그 자신은 지혜롭다고 생각하고 있지만 사실은 그는 지혜롭지 않다는 것을 그에게 설명하려고 노력했습니다. 그런데 결과는 그의 미움을 사게 되었고, 그 자리에 동석해서 내 말을 듣고 있던 사람들도 나에게 적의를 가지게 되었습니다. 나는 그와 헤어져 돌아오면서 생각했습니다. 그 사람도 나도 미(美)나 선(善)을 사실상 모르고 있지만 나는 그보다는 지혜롭다고. 왜냐하면 그는 아무것도 알지 못하면서 스스로는 알고 있다고 생각하지만 나는 알지도 못하고 또 안다고 생각하지도 않기 때문입니다. 따라서 나는 내가 알지 못한다는 것을 알고 있다는 점에서 그보다 약간 우월한 것 같습니다. 그래서 나는 이 사람보다 더 지혜롭다고 알려져 있는 다른 사람을 찾아갔으나 결론은 마찬가지였습니다. 그래서 그곳에서도 나는 그와 그 이외의 많은 사람을 적으로 만들었습니다.
pp.17~18

 좀더 편리하고 좀더 풍요로운 삶을 위해 밤낮없이 달리다 보면 문득 이렇게 사는 것이 과연 옳은 일일까, 이것이 진정 내가 원하는 삶일까 하는 회의가 들면서 자신을 돌아보게 된다.
 현대를 살아가는 개개인은 누구도 이 같은 실존적인 질문으로부터 자유롭지 않다. 그러나 이러한 질문에 대한 답을 찾기 위한 노력은, 먹고살기에도 바쁜 세상에서 언뜻 굼뜨고 현실적이지 못한 행동처럼 보일지도 모른다. 하지만 여기에 대해 나름대로 확실한 해답을 갖고 살아가는 사람들은 어떤 상황에도 흔들림 없는 삶을 살아갈 수 있지만, 그렇지 못한 사람들은 이리저리 휘청거리는 삶을 살게 된다. 더디게 갈지라도 자신의 가치관, 삶의 철학을 갖는 것이 자신이 원하는 삶을 사는 초석을 다지는 일이므로 오히려 이것은 가장 효율적인 삶의 방편이 된다.
 그런 의미에서 자신의 원칙과 신념을 지키기 위해 죽음을 택한 소크라테스를 다시 한 번 생각하게 된다.

소크라테스의 논리적 변론은 정말 흥미진진한데 그중에서도 가장 와 닿았던 부분은 소크라테스가 자신이 고발당하는 지경에까지 이르게 된 이유를 설명하는 과정이다. 여기에 '지혜로운 사람'은 어떤 사람인가에 대해 이야기하는 장면이 등장한다.

소크라테스의 충실한 벗이자 제자인 카이레폰(Chaerephon)이 '델포이(델피) 여제관(무녀)'을 찾아가서 '소크라테스보다 더 지혜로운 자가 있는가'에 대한 신탁을 얻어 왔다.

뤼시포스의 소크라테스 흉상 헬레니즘 시대 이래로 수많은 소크라테스 흉상이 만들어졌다. 이들은 플라톤이 묘사한 소크라테스의 모습과 일치한다. 파리, 루브르 박물관.

그런데 왜 카이레폰이 아테네에서 무려 170킬로미터나 떨어져 있는 델포이를 찾았을까? 아테네 시내로부터 델포이까지는 지금도 버스로 3시간 이상 걸리는 곳임을 고려하면 지식에 대한 열망이 없는 사람이라면 방문할 만한 거리가 아니다. 카이레폰은 무슨 일이든 자기가 하고자 하는 일에 대해서 열정적인 사람이었다. 그는 신탁으로 자신이 숭배하는 스승인 소크라테스가 진정한 현자인지를 확인하고 싶었고, 세상 사람들에게 이를 알리고 싶었다. 때문에 먼 길을 마다하지 않고 델포이를 찾아갔던 것이다.

신탁의 내용은 '소크라테스보다 더 지혜로운 자는 없다'는 것이었다.

델포이 원형극장과 아폴론 신전 고대 그리스의 도시였던 델포이. 델포이 제전에 사용되었던 원형극장과 아폴론의 신탁 장소로 사용되었던 신전이다.

그러나 신탁과 달리 소크라테스는 자신에게 지혜가 있다고 생각하지 않았다. 신은 거짓말을 하지 않기 때문에 어떻게 하면 스스로 진실을 알 수 있을까 고민하게 되고, 신탁의 진정한 의미를 밝히는 것이 자신의 의무라고 생각했다.

생각 끝에 소크라테스는 자신보다 더 지혜로운 사람을 찾아내기로 한다. 만약 그런 사람을 찾아낼 수 있다면, 그 증거를 갖고 신을 찾아가서 신탁의 의미를 새롭게 할 수 있기 때문이었다.

이때부터 소크라테스는 정치가, 시인, 장인 등 세상에서 현자(賢者)라 불리는 사람들을 찾아나선다. 그런데 그들과 대화를 하면 할수록 소크라테스는 그들이 현자와는 거리가 멀다는 사실을 깨닫는다. 이를 테면 아뉘토스(Anytos)와 같은 정치인은 많은 사람들이 그를 현자라고 믿을 뿐만 아니라 자기 스스로 현자라고 생각하고 있었지만 실상은 전혀 그렇지 않았다. 또한 시인들의 경우엔 자신들의 작품조차 잘 알지 못하면서 위험하게도 시를 넘어선 영역에까지 스스로 잘 알고 있다는 믿음을 갖고 있었다. 장인들도 자신들의 일에선 어느 정도 지혜로운 자라고 불릴 수 있을지 모르지만 자신의 분야를 벗어나는 곳에서는 무지함을 피할 수 없었다. 그런데 그들도 역시 스스로 현자로 착각하고 있었다.

이 점에 대해 소크라테스는 "이들(시인과 장인) 각자는 제 기술을 훌륭히 발휘할 수 있다고 해서, 가장 중대한 다른 일들에 있어서도 자신이 가장 현명한 것으로 여기더군요"라고 지적한다.

세상 사람들로부터 현자라 불리고 스스로 그렇게 생각하는 정치가와 시인, 그리고 장인들의 문제점은 모르는 것을 모른다고 하지 않고 오히려 아주 잘 알고 있다고 믿어 의심치 않는 교만함이라 할 수 있다. 그래서 소크라테스는 현자라고 착각하고 있는 사람들에게 그들이 현자가 아닌 이유를 설명해 준다. 문제는 이것이 또 하나의 화근이 되었다는 점이다.

지혜를 구하는 일에 끝이 없다고 한다. 하지만 나이가 어느 정도 들고 지식의 틀을 갖추고 나면 사람들은 자칫 모든 것을 이룬 듯 생각하기 십상이다. 더욱이 사회적 지위와 명성을 누리고 있는 경우에는 남의 조언이나 충고를 거리낌 없이 받아들인다는 게 말처럼 쉽지 않다. 나 역시도 내 주장에 대한 날선 비판을 들으면, 훌훌 털어버려야지 하면서도 마음 한구석이 찜찜한 게 사실이다.

하물며 당시 현자라고 불리던 그들은 어떠했겠는가. 그들은 소크라테스의 조언에 매우 불쾌해하면서 적대감마저 갖게 된다. 하지만 원칙주의자인 소크라테스는 눈치를 보지 않고 그들의 무지를 깨우치기 위해 노력했다. 그럴수록 그를 싫어하는 사람들은 늘어났다. 어쩌면 이것이 소크라테스 고발 사건이 일어나는 데 큰 영향을 미쳤을지도 모른다.

신이 신탁을 통해 '소크라테스가 현자다'라고 한 것은 "오, 인간들이여. 소크라테스처럼 자신의 지혜가 사실은 아무런 가치도 없음을 깨닫는 자가 가장 지혜로운 자다"라고 말하고 싶었기 때문일 것이다. 소크라테스가 스스로 지혜롭다고 생각하는 사람들의 무지를 깨우치러 다닌 것은 결국 신의 뜻에 충실하기 위함이었다. 때문에 소크라테스는 그를 적대시하거나 미워하는 사람들이 늘어나는 것도 두려워하지 않았다.

그렇다면 소크라테스가 말하는 지혜로운 자는 어떤 사람인가. 바로 자신이 지혜롭지 않다는 사실을 깊이 인식하고, 무지를 깨우치기 위해 쉼 없이 노력하는 자다.

일이든 배움이든 제대로 노력하다 보면 알지 못하는 것을 계속 만나게 된다. 알면 알수록 자신의 부족함을 깨우치게 된다. 어디 그뿐인가, 세상 사람들이 확고하다고 믿는 지식들은 거대한 삶의 틀에서 보면 별로 중요하지 않다는 것을 깨닫게 될 때가 있다. 지식은 가변적이다. 시간이 지나면 낡아버리는 경우도 허다하다. 이런 사실을 깨닫고 나면 자연히 겸손한 태도를 갖게 된다.

반면 '나는 다 알고 있다'라고 생각하면 교만해진다. 교만은 스스로를 추하게 만들고 타인으로부터 적의를 불러일으킨다는 점에서 매우 위험하다.

소크라테스가 말하는 지혜란 보다 근원적인 차원의 것이겠지만, 나는 그것을 일상 속에 대입해 보고 싶다. 지혜로운 사람이 되기 위해서는 가깝게는 일과 삶, 관계와 같이 자신을 둘러싼 것들에 대한 올바른 판단과 통찰을 갖는 것이 첫 번째 조건이 아닐까 한다. 누구든 한 분야에서 10년 정도 일을 하다 보면 그 분야에서 일가를 이루었다고 생각한다. 주변 사람들이 '정말 잘한다'고 부추기기라도 하면 자신이 대단한 사람이라고 착각할 수 있다. 그리고 진정 '지혜로운 자'라면 결코 저지르지 않을 실수를 하게 된다.

일곱 살에 식당 일을 시작하여 85세가 되도록 여전히 현역에서 뛰고 있는 일본의 초밥 장인 오노 지로 씨의 이야기를 텔레비전에서 본 적이 있다. 그는 프랑스의 유명한 요리 평가 기관으로부터 최고의 평가를 받을 정도로 초밥 분야에서 장인의 자리에 우뚝 선 인물이다. 그의 얼굴이 얼마나 환하고 맑은지 '저런 분이야말로 지혜로운 자라 할 수 있지 않을까?' 하는 생각이 들 정도였다. 젊은 프로그램 진행자가 "지금도 충분히 맛있는데 왜 자꾸 노력하세요?"라고 묻자, 그는 "더 맛있게 만들 수 있는 방법이 있을 것이므로 계속해서 찾아야 해요"라고 담담하게 이야기했다.

나는 경제학으로 박사학위를 마친 지 올해로 25년째이다. 경제학, 경영학, 자기계발서 등 다양한 주제의 책을 100여 권 정도 펴냈다. 대학에 재직하고 있는 교수들과 달리 '재야'에 머무는 나의 이점은 전공에 상관없이 폭넓은 독서와 글쓰기를 할 수 있다는 점이다. 무엇에도 구애받지 않고 계속해서 앎의 영역을 확장하고 심화해 나갈 수 있다. 그러나 세월이 갈수록 '그저 잘 알지 못한다'는 점을 확인할 뿐이다. 공부의 범위가 넓어질수록 딱 한 가지 사실만은 확실히 알 것 같다. '알아가야 할 영역은 우주처럼 한없이 넓기만 하고 자신이 알고 있는 지식은 망망대해(茫茫大海)에 떠 있는 일엽편주(一葉片舟)와 같다. 가야 할 길은 아득히 멀기만 하지만 내가 지상에 머물 수 있는 시간은 제한되어 있다'는 사실이다.

미국 SF계의 일인자로 통하는 아이작 아시모프는 전공은 생화학이었지만 천문학, 물리학, 화학 등 과학 일반에 대해 뛰어난 해설자로 유명했다. 그는 생전에 아침 6시부터 낮 12시까지 40년 동안 하루도 쉬지 않고 끊임없이 타자기를 두드려 무려 400권이 넘는 책을 출간하였다. 학문의 지평이 넓어질수록 그는 자신이 많이 알고 있다는 생각이 들었을까? 그렇지 않았을 것이다. 그가 평생 동안 초심을 잃어버리지 않고 계속해서 글을 썼던 것은 알아가면 알아갈수록 스스로 모른다는 생각 때문이 아니었을까.

지혜는 무언가를 많이 안다고 쌓이는 것은 아니다. 겸손함과 정진(精進)이라는 두 단어를 깊이 새기고 살아가는 사람이라면 '알면 알수록, 행하면 행할수록 자신이 부족하다'는 사실을 깨우칠 것이다.

지혜로운 사람은 오직 올바르게 행동할 뿐이다

조금이라도 지혜가 있는 사람은 죽느냐 사느냐 하는 위험을 헤아려서는 안 됩니다. 그는 어떤 일을 하면서 오직 올바른 행위를 하느냐 나쁜 행위를 하느냐, 곧 선한 인간이 할 일을 하느냐 악한 인간이 할 일을 하느냐 하는 것만 고려해야 합니다. (……)

오, 아테네 시민 여러분, 여러분이 포티타에아, 암피폴리스, 델리온(포티타에아, 암피폴리스, 델리온은 소크라테스가 용감한 병사로서 종군한 격전지)에서 나를 지휘한 장군의 명령을 받았을 때, 죽음에 직면해서도 다른 사람들과 마찬가지로 장군이 나를 배치했던 장소를 지켰던 내가, 신이 자기 자신과 다른 사람들을 탐구하는 애지자(愛智者)의 사명을 수행하도록 나에게 명령한 때에—나는 이렇게 생각하고 상상합니다—죽음의 공포나, 또는 기타의 공포 때문에 나의 자리를 포기한다면 나의 행위는 커다란 잘못을 저지르는 것입니다. 그러한 행위는 잘못된 것일 뿐 아니라 내가 죽음을 두려워하고 현명하지 않으면서도 현명한 체하며 신탁에 복종하지 않았다면, 나는 신의 존재를 부정한다는 죄목으로 법정에 소환을 당해도 마땅할 것입니다. 죽음을 무서워하는 것은 진정한 지혜는 아니기 때문입니다. pp.32~34

이따금 좋은 교육을 받고 높은 직책에 오른 사람들이 스캔들에 휘말려 사회적인 물의를 일으킬 때가 있다. 그럴 때 그들은 대부분 최소한의 양심을 저버린 채 자신이 그런 행위를 하게 된 다양한 이유들을 늘어놓으며 자신은 정당하다고 주장한다.

하지만 그들이 변명하면 할수록 그들의 불의는 더욱 도드라진다. 순간적으로 그 상황을 모면할지 모르지만 그것은 오래가지 못해 곧 탄로 나고 만다.

소크라테스가 목숨을 걸고서도 지키고자 했던 것은 바로 불의와 타협하지 않는 '최소한의 양심'이다. 비록 목숨을 잃을지라도 이를 지키는 것은 '영원히 사는 것'이라고 했다.

'생즉사사즉생(生卽死死卽生).' 이순신 장군의 말이다. 죽기를 각오하면 살 것이요, 살기를 구하면 죽을 것이라는 뜻이다. 이는 구차하게 살 방도를 찾기보다는 당당하게 죽음을 맞아들이라는 뜻으로도 읽힌다. 그러면 진정 살 길이 생길 것이라는 말이다. 이는 '지혜로운 자는 죽음도 두려워하지 않는다'는 소크라테스의 말과도 일맥상통한다.

그렇다면 이처럼 소크라테스가 죽음도 불사할 수 있었던 기백이나 용기는 어디로부터 나온 것일까? 소크라테스는 든든한 '배경'을 갖고 있었다. 그것은 바로 '신의 명령'이다. 신은 소크라테스에게 "지혜를 사랑함과 아울러 자신과 타인들을 캐물어 들어감으로써 무지를 깨우치는 노력을 계속해야 한다"는 사명을 주었다. 신의 명령은 지상의 그 어떤 목적이나 목표 위에 있다. 역사 속에는 교리를 수호하기 위해 목숨을 초개처럼 버리는 순교자들이 많지 않은가? 소크라테스가 불의와 타협하지 않고 죽음도 불사할 수 있었던 것은 순교자와 같은 차원에서 이해할 수 있다.

한편 소크라테스는 배심원들 가운데 '당신은 자신이 한 행동 때문에 죽을 수도 있게 되었는데, 후회하거나 부끄럽지 않은가?'라는 생각을 가진 사람들이 있을 것으로 가정하고, 이에 대해 본격적인 변론을 펼친다.

소크라테스는 변론 과정에서 지혜로운 자는 어떠해야 하는지에 대해 말한다. 지혜로운 자는 오로지 올바른 행위만을 해야 하고, 한 걸음 더 나아가 선한 인간이 해야 할 일을 해야 한다고 말한다. 그는 지혜로운 자는 인간에게 가장 큰 공포 가운데 하나인 죽음조차도 두려워해서는 안 된다고 역설한다.

보통의 생활인들에게는 지나치게 엄격한 원칙일지 모르지만, 소크라테스가 생각하는 지혜로운 자가 어떤 자인가를 다시 한 번 확인해 볼 수 있다. 요컨대 지혜로운 자는 죽음을 당할지언정 올바르지 않은 행위를 하지 않는 사람이다. '죽음'이란 단어가 극단적이라면 최소한 옳은 일에 대한 자신의 원칙과 양심을 최선을 다해 고수하라는 결기 어린 메시지로 해석해도 좋을 듯하다.

　이 부분을 읽다 보니 『향연』의 한 대목이 떠올랐다. 거기에는 그가 37세의 나이에 참전한 전쟁터 이야기가 소개되는데, 소크라테스는 육체적으로 아주 건강한 인물로 묘사된다. 모두가 양피로 발을 감싸고도 밖에 나가길 꺼려하는 추운 날씨에도 소크라테스는 입은 옷 그대로 발을 싸매지도 않고 밖에 나갔고, 신발을 신고 있는 병사들보다 더 쉽게 맨발로 얼음 위를 걸어다녔다고 한다. 그는 소박한 식사와 절제된 생활로 강건한 체력과 튼튼한 육체를 가졌고, 전쟁터에서도 등을 보이는 법이 없었고 후퇴를 할 때에도 맨 뒤에서 했다. 결코 죽음을 두려워하지 않는 소크라테스의 모습은 그의 친구들의 증언으로도 알 수 있다. 그는 논리로만 죽음을 받아들인 것이 아니었다.

　소크라테스는 호메로스의 『일리아스』에 등장하는 아킬레우스의 복수를 지혜로운 자의 대표적 사례로 소개하고 있다. 테티스의 아들이자 트로이 전쟁의 영웅인 아킬레우스(아킬레우스는 페레우스 왕과 여신 테티스 사이에서 태어났다)는 치욕에 비하면 목숨을 잃는 것은 아무것도 아니라고 생각하고 행동한다. 트로이 왕의 장남 헥토르가 아킬레

친구의 복수를 위해 나선 아킬레우스 아킬레우스는 헥토르의 시체를 마차에 매달아 트로이 성벽 주변을 끌고 다녔다. 테오도어 호제만의 석판화.

우스의 친구인 파트로클로스를 죽이자 아킬레우스는 친구의 원수를 갚기 위해 나선다. 이때 그의 어머니 테티스는 아들에게 '만일 네가 헥토르를 죽인다면 운명은 그 다음에는 너를 기다리고 있을 것이다'라고 경고한다. 그러나 아킬레우스에게 친구의 죽음을 되갚아주는 것은 단순한 보복이 아니라 명예를 지키는 행위였다. 그에게 지혜로운 자는 어떤 위험을 무릅쓰더라도 명예를 지키면서 살아가는 자였다.

아킬레우스가 죽음을 두려워했다면 친구의 원수를 갚지 못하고 불명예스럽게 살아가는 치욕을 감수해야 했을 것이다. 그는 어머니의 경고에도 불구하고 "여기 뱃머리가 구부러진 배에서 웃음거리로 대지의 짐이 되어 사는 것보다는 차라리 내 적에게 원수를 갚고 곧 죽을 수 있도록 해주십시오"라고 말했다. 아킬레우스는 올바른 행동을 위해서 죽음까지도 받아들일 준비가 되어 있었다.

지혜로운 자는 앎과 행함이 일치하는 자고, 선한 일과 올바른 일을 실천에 옮기는 자다. 이런저런 공포나 유혹 앞에 타협하는 자는 지혜로운 자가 될 자격이 없다.

'아무도 쳐다보지 않을지라도 주저없이 올바르고 타당한 행동을 취하라'고 했던 미국의 노예해방론자 프레더릭 더글러스(1818년~1895년)가 떠오른다. 노예제도가 절정으로 치달을 무렵 자신 역시 흑인 노예였던 그는 목숨의 위협을 느끼면서도 끝까지 자기 주장을 굽히지 않았다. 미국 사회가 노예제를 선택하면 당장에는 물질적인 이익을 볼 수 있을지 모르지만 결국 구성원들의 영혼을 크게 타락시킬 거라는 게 그의 입장이었다. 궁극적으로 미국인 자신들을 위해서 그것이 옳다고 믿었기 때문에 더글러스는 끝까지 소신을 지켰던 것이다.

반면 우리나라 일제 강점기에 이완용은 어떠한가. 그는 부와 명예,

권력에 눈이 멀어 나라를 팔아먹는 잘못을 저지르고 말았다. 한때의 화려함을 좇아 불의와 타협해 버렸다. 그 때문에 이완용은 영원히 매국노라는 지탄을 받고 있다. 또한 그의 후손들 역시 출신을 숨겨야 하는 딱한 사정에 처하고 말았다.

상식적인 사람이라면 누구나 양심과 정의를 지켜야 한다고 생각하지만, 막상 현실 속에 옳은 일과 옳지 않은 일 사이에서 선택을 해야 할 경우 대쪽 같은 선택을 주저없이 내리기란 어렵다. 요즘처럼 여러 이해관계가 얽히고 생존 경쟁이 치열한 세상에서는 더더욱 그렇다. 나 역시 그러한 갈등에서 자유로운 존재일 수 없다. 그럴 때마다 되새기는 말은 『채근담』에 나오는 한 문장이다.

"한때의 외로움을 취할지언정 영원한 적막함을 취하지 말지어다."

소크라테스는 자신이 옳다고 믿는 것을 지키기 위해 죽음을 택했다. 당장은 반대에 둘러싸여 외롭고 답답했겠지만, 그는 죽음이란 극단적인 방법으로 자신의 원칙을 지킴으로써 '영원히 살아 있는' 길을 택한 것이다. 만일 내가 지금보다 젊었다면 소크라테스의 이 선택을 고지식하게 여겼을지도 모르겠다. 하지만 나이가 들면서 옳은 것을 위해, 진리를 위해, 죽음도 두려워하지 않는 소크라테스의 태도가 이해가 된다.

만일 친구나 지인이 소크라테스와 같은 상황에 처한다면 어떻게 할 것인가. 일단은 한번 생각해 보라고 설득하겠지만, 본인이 영원히 사는 길을 택하겠다고 하면 더 이상 만류하지 않을 생각이다. 또한 내가 소크라테스의 입장이라도 그런 선택을 할 것이다. 아직 죽음에 대한 문제가 완벽하게 해결되진 않았지만, 최소한 담담하게 생각할 수 있는 나이가 되었기 때문이다.

살다 보면 우리는 끊임없이 이런 절체절명의 결정을 해야 하는 순간을 맞는다. 자신이나 조직의 이익을 위해서 불의를 받아들여야 할 것인가? 그런 상황에 처했을 때는 스스로에게 '지혜로운 자는 어떻게 행동하는가?'라는 질문을 던져봐야 한다.

이때 어김없이 불의를 정당화하는 악의 목소리가 들려올 것이다. '이번이 마지막이야.' '남들 다 하는 일인데 별일 있겠어?' '이제껏 다들 그렇게 해왔는데……' 살아가면서 우리가 범하는 결정적인 실수들 대부분이 그런 순간 악의 목소리에 굴복함으로써 발생한다. 훗날 '그때 그렇게 하지 말았어야 했는데……'라는 후회를 하지 않도록 해야 한다.

불의와 타협하느냐 마느냐 갈림길에 섰을 때, 죽음까지는 아니더라도 한번쯤 생각을 해야 한다. 한때의 외로움을 취할 것인지, 영원한 적막함을 취할 것인지.

그런 의미에서 나는 현대 철학의 도덕적 상대주의 같은 것을 믿고 싶지 않다. 상대주의적 시각으로 보면 선도 없고 악도 없고 진리도 없고 거짓도 없다. 자칫 잘못하면 상대주의는 굉장히 위험에 빠질 수 있다. 성숙하지 못한 사람들은 이를 막 살아도 되는 걸로 착각할 수도 있기 때문이다. 걸출한 필력을 가진 폴 존슨은 대작 『모던 타임스』를 끝내면서 20세기의 100년 역사에서 인류에 파멸적인 실패와 비극을 가져다주었던 근본적인 악을 네 가지로 드는데 그중 하나가 바로 도덕적 상대주의의 등장이다.

우리가 추구해야 될 절대적인 옳음은 분명 존재한다. 그것이 바로 진리이다.

부와 명예를 좇기 전에
정신을 향상시켜라

그러나 나는 여러분보다는 신에게 복종할 것이며, 나에게 생명과 힘이 있는 동안은 지혜를 사랑하고 지혜를 가르치며, 내가 만나는 사람들에게 충고를 하고 평소의 태도대로 다음과 같이 말하는 일을 결코 중단하지 않을 것입니다. 곧 '위대하고 강력하며 현명한 아테네 시민의 그대, 나의 벗이여, 그대는 최대한의 돈과 명예와 명성을 쌓아올리면서도 지혜와 진리와 영혼의 향상은 돌보지도 않고 전혀 고려하지도 관심을 기울이지도 않는 것을 부끄러워하지 않는가?'라고. 그리고 나와 논쟁을 하고 있는 사람이 '천만에, 나는 유의하고 있습니다'라고 말하더라도, 나는 곧 그와 헤어지거나 그를 도망가게 놓아두지는 않을 것입니다. pp.35~36

내가 어릴 적만 해도 대학에 가서 소위 철학을 공부한다고 하면 주변 어른들이 '밥 굶기 십상'이라고 걱정하셨던 게 눈에 선하다. 나처럼 시골에서 나고 자란 대다수의 사람들은 일단 좋은 학교에 가고, 좋은 회사에 취직하고, 반듯한 가정을 이루는 게 인생의 전부라고 생각했다. 그래서 그걸 위해 앞만 보고 달려가다 보니 정신이나 영혼을 운운하는 것 자체가 사치였다. 하지만 반생이라 할 나이를 지나고 난 지금, 나는 기꺼이 이 말을 할 수가 있다.

　'철학은 밥을 먹여준다.'

　물론 어느 시대나 보통 사람들은 눈앞에 보이는 당장의 이익을 추구하는 데 급급하게 마련이다. 지나치게 물질적인 것, 외형적인 것을 추구하는 현대 사회는 심지어 젊은이들에게도 한시라도 빨리 그것을 갖춰놓으라고 강요하고 있다. 어느 정도의 부를 이루었는가는 성공의 바로미터가 되고 있다. 심지어 도덕적으로 얼마나 깨끗한지, 그의 정신이 어느 방향을 지향하고 있는지는 돈 앞에서는 무력해지고 만다.

　소크라테스가 재판에 회부되던 당시 아테네 역시 오늘날과 크게 다를 바가 없었다. 시민들 가운데 다수는 자기 자신의 이익, 특히 물질적인 이익을 추구하는 인간 본성을 거부할 수 없었다. 소크라테스는 젊은이들이 돈과 명성에 집착하는 것을 경계하면서, 그들이 지혜와 진리를 추구하고 정신을 향상시키는 일에 관심을 갖도록 하는 것이 자신에게 주어진 신의 명령이라고 굳게 믿고 있었다.

　이 변론에서 소크라테스는 배심원들이 어떤 생각을 갖고 있을지에 대해 이야기한다. 즉, "이번에 소크라테스를 방면하면 배심원들의 자제를 포함해서 아테네의 젊은이들을 완전히 타락시킬 것이기 때문에 그를 사형시켜야 한다"는 아뉘토스의 주장을 믿는 사람들도 있을 것이다. 이들 배심원들은 그의 생명을 구해주는 대신 한 가지 조건을 걸 수 있을 것이다. 우리가 당신을 풀어주는 대신 이제까지 해온 방식대로 탐구하거나 사색을 한다면 다시 붙잡아서 사형시킬 수도 있다는 것이다.

이런 조건을 걸고 소크라테스를 방면할 의향을 가진 배심원들을 향해 소크라테스가 자신의 의견을 당당히 밝힌다. "젊은 사람이든 나이든 분이든 되도록 정신이 훌륭해지도록 마음을 쓰지 않으면 안 되며, 그보다 먼저 또는 비슷하게라도 신체나 금전에 마음을 써서는 안 된다."

그렇다면 여기서 왜 지혜의 추구와 정신(영혼)의 향상이란 말을 꺼내게 되었을까? 소크라테스를 고발한 사람들은 소크라테스가 청년들을 타락시키고 있다고 주장했다. 하지만 소크라테스는 청년들에게 지혜를 추구하고 정신의 향상을 꾀하도록 설득하는 것이 과연 청년들을 타락시키는 일인지를 배심원들에게 되묻고 있다. 그는 자신을 석방하든지 말든지 "나는 몇 번 죽는 한이 있더라도 그 외의 것은 할 수 없소"라며 완강한 태도를 보여준다.

그렇다면 소크라테스의 이 단호한 주장을 현대적 의미로 어떻게 받아들일 수 있을까?

지상에 한 그루의 나무가 서 있다고 가정해 보자. 그 나무가 거센 비바람과 폭풍우를 견디고 굳건한 거목으로 성장하기 위해서는 지상의 가지나 잎들만 무성해서는 안 된다. 뿌리를 대지 속으로 튼실하게 내릴 수 있어야 한다. 사람도 마찬가지이다. '직업적 성장'은 물론 '인격적(인간적) 성장'을 동시에 이루어야 한다. 물질이나 명성만 추구할 것이 아니라 지혜와 정신도 함께 성장하도록 해야 한다.

그러므로 '육신이나 재물을 생각하기에 앞서서 우선적으로 영혼의 향상을 고려해야 한다'는 소크라테스의 메시지는 현대인에게 여전히 유효하다. 물론 영혼의 성장을 항시 먼저 고려해야 한다는 말까지는 동의하지 않더라도 말이다. 지금은 물질을 지나치게 중시하는 시대이기 때문에, 어쩌면 다소 이상적일 수도 있는 소크라테스의 철학이 삶의 균형을 맞추는 데 더욱 절실한지도 모르겠다.

나는 40대에 정체성의 위기를 겪으며 바로 이러한 '균형'의 중요성에 대해 뼈저리게 깨달았다. 한 연구 조직의 기관장이었던 나는 기부금을 받기 위해 재력가들을 만나면서 근본적인 고민에 빠졌다. 지식과 명예에 대한 일념으로 달려왔지만, 여러 재력가들을 만나며 돈의 중요성과 힘을 피부로 느꼈다. 돈 때문에 굽혀야 하는 상황을 만나곤 했다. 그때 경제력의 위력을 실감할 수 있었다.

때마침 한 벤처기업으로부터 CEO 자리를 제안받았다. 잘하면 경제적 자유를 얻을 수 있고, 인생의 전환점이 될 수 있는 기회라고 생각하고 덜컥 허락하고 말았다. 그런데 나 개인의 일이라고 생각했던 그 일은 커다란 파장을 불러왔다. 주변 사람들로부터 입신출세를 위해 신의를 저버린 사람이라는 비난을 듣기도 했다. 결과적으로 타인의 신뢰에 먹칠을 하는 실수를 저질렀고, 개인적으로도 힘든 순간들을 맞닥뜨려야 했다. 그 일을 통해 냉철하고 굳건해 보이는 사람도 막상 결정적인 선택의 순간이 오면 얼마든지 실수를 범할 수 있다는 사실을 알게 되었다. 누구보다 열심히 살아온 사람도 이성의 눈으로 감정을 제어하는 것은 보통 어려운 일이 아니라는 사실도 함께 깨달았다.

그후 내 인생관에 큰 변화가 일어났다. 정신이나 영혼을 가다듬고 닦는 일에 시간을 들이지 않고 입신출세, 혹은 사회적 지위나 물질만을 추구하다 보면 언젠가는 반드시 엄청난 파열음을 내는 시기가 오고 큰 대가를 치러야 한다는 사실을 온몸으로 터득했다. 사실 20대 후반 박사학위를 마칠 때까지도 그저 시험 답안지의 정답 찾기에만 골몰했지 무엇이 옳고 그른지에 대한 생각을 제대로 해본 적이 없었다.

젊은 시절에는 아무래도 삶의 기반을 세우기 위해서 강렬한 욕망을 품고 외형적인 조건을 갖추는 데 더 많은 에너지를 쏟아붓게 된다. 때로 욕망은 삶에서 앞으로 치고 나가는 아주 중요한 동력이 된다. 그러나 욕망만 가득한 채 철학이 없는 상태가 지속된다면 인생은 늘 흔들리고 세상에 휘둘릴 수밖에 없다.

인생의 어느 순간에는 반드시 이 두 지점, 즉 물질과 정신 사이에 균형을 이루어야 하는 순간이 다가오고, 이것이 이루어지지 않을 때는 삶의 전환기에서 자칫 섣부른 선택을 할 수 있다. 참으로 무섭게도 인생은 그냥 지나치는 법이 없다.

얼마 전 새벽, 미국에서 박사학위를 받고 포스닥 과정을 밟는 분의 이메일을 받았다. 그는 자신뿐만 아니라 주변에 많은 유학생들이 오랜 외국 생활에 경제적으로나 심리적으로 상당히 피폐해지기도 한다고 털어놓았다. 그때 그분은 우연히 내가 쓴 『부자의 생각 빈자의 생각』을 읽고 새롭게 사고하는 방식을 깨우치고 많은 힘을 얻었다고 했다.

여기서 중요한 것은 '새롭게 사고하는 방식'이다. 그것은 '새롭게 세상을 바라보는 방식'이기도 하고, '세상을 바라보는 철학'이기도 하고, '자신만의 굳건한 가치관'이기도 하다.

특히 어느 정도 명성을 얻거나 부를 축적한 사람은 주변의 유혹이 많아지기 때문에 반드시 인격적 성장에 노력을 기울여야 한다. 그렇지 않으면 한순간에 스스로를 몰락으로 내몰 수 있다.

　실제로 경력의 정점에서 어처구니없는 말과 행동으로 추락을 자초하는 사람들을 간혹 목격한다. 호텔 종업원 성폭행 사건으로 프랑스의 유력 대선 후보에서 한순간에 몰락한 도미니크 스트로스-칸 전 국제통화기금(IMF) 총재는 사건이 수습될 즈음 한 인터뷰에서 "부적절한 관계였을 뿐만 아니라 도덕적 과오였다. 매일 반성해 왔으며, 아직도 후회하고 있다"고 털어놓은 바 있다. '나이가 60이 넘는 사람이 저렇게 자신의 생을 먹칠해 버리다니'라고 비난할 수도 있지만, 한편으로는 '인간이란 제 아무리 대단한 지식과 부를 지녀도 저렇게 허무하게 몰락할 수 있는 연약한 존재구나'라는 연민과 안타까운 마음이 들기도 한다. 사회적인 성공과 자신을 갈고닦는 것은 별개의 일임을 확인시켜 준 사건이기도 하다.

　내가 내 삶을 반석 위에 세우겠다는 강력한 정신력, 즉 기백으로부터 모든 삶이 결정된다. 기백이란 바로 철학이다. 나는 무엇을 가장 옳다고 보는가. 나는 누구인가. 나는 어떻게 살아갈 것인가. 실수할 수 있는 순간에 나를 지켜줄 정신의 지향점은 무엇인가.

　세월은 기백이란 것을 공짜로 가르쳐주지 않는다. 이 또한 엄청난 노력이 필요하다. 그렇다면 영혼의 성장을 위해서 우리가 지금 당장 할 수 있는 일이란 무엇일까. 가장 먼저 자기의 하루부터 마치 도(道)를 닦듯이 몰입하여 이루어내는 것이다. 아침에 일찍 일어나 시간을 아껴쓰고, 반듯하게 생각하고, 자기의 업무를 열심히 완수하는 것 등 모든 일들이 자기의 영혼을 최고의 상태로 끌어올리는 하나의 과정으로 볼 수 있다. 이는 반듯한 가치관을 가졌을 때만이 가능한 일이다.

　성실하지 않다면 이는 무엇보다 자기 스스로에 대한 예의가 아닐 것이며, 스스로의 양심에도 위배되는 일이다. 사실 자기 자신에게 떳떳할 수 있다면 세상에 두려울 게 무엇이 있겠는가.

사람의 인생이란 죽기 전까지는 어떻게 전개될지 알 수 없다. 또한 물질, 명성과 같은 외형적인 조건만으로는 절대 행복해질 수 없다. 어떻게 보면 우리들의 삶이란 본능을 무작정 따르는 연약하고 작은 동물로 태어나서 이성과 논리를 중시하는 훌륭한 인간으로 성장해 가는 여행길이 아니겠는가? 나날이 훌륭함을 향해 한 걸음 한 걸음 나아가는 그런 여행길 말이다.

지금 귀한 것을 성취하기 위해 바쁘게 달려가는 젊은이들에게 소크라테스의 이 말을 다시 한 번 강조하고 싶다.

"금전을 아무리 쌓아도 거기서 뛰어난 정신은 생기지 않으나, 금전이나 그 밖의 것이 인간을 위해서 좋은 것이 되기 위해서는 공사를 막론하고 모두 정신이 뛰어나야만 생기는 것이다."

'등에'처럼 쓴소리하는
존재가 필요하다

아테네 시민 여러분, 여러분이 생각하는 바와 같이 나는 나 자신을 위해서 변명하려는 것은 아닙니다. 오히려 신이 여러분에게 보내준 선물인 나를 처벌함으로써 여러분이 신에게 죄를 짓지 않도록 바로 여러분을 위해서 변명하려는 것입니다. 여러분이 나를 사형에 처한다면, 여러분은 나와 같은 사람을 다시는 쉽게 찾아내지 못할 것입니다. 이 사람은 우스갯소리로 말한다면, 신이 이 나라에 보낸 일종의 등에인 것입니다. 이 나라는 크고 혈통이 좋은 군마(軍馬)와 같습니다. 그러나 바로 이 크다는 것 때문에 행동이 둔하며 따라서 각성이 필요한 것입니다. 나는 신이 이 나라에 붙여놓은 등에인 것입니다. 따라서 하루종일 어디서나 한결같이 여러분을 붙잡고 여러분을 각성시키고 설득하고 비난하고 있는 것입니다. (……) 만일 내가 다른 사람과 같다면, 나 자신의 일은 전혀 돌보지 않고 여러 해 동안 집안일을 소홀히 하며, 여러분의 일만을 돌보고, 마치 아버지가 형처럼 개인적으로 여러분을 찾아다니며 덕을 닦으라고 충고하지는 못할 것입니다. p.38

등에(horse fly)는 파리와 같이 귀에 앵앵거리는 곤충으로, 소나 말 등에 붙어 귀찮게 하는 존재이다. 그래서 흔히 '이게 문제고 저게 문제다' 하며 귀찮을 정도로 잔소리를 하는 사람을 등에에 비유한다. 가령, 신문 사설 등에서 세상과 권력을 향해 쓴소리를 마다하지 않는 존재를 등에라고 한다. 소크라테스는 자신을 죄인으로 몰아가는 배심원들을 비판하며 자기 자신을 바로 이 등에에 비유하기에 이른다.

아무리 몸에 좋은 약이라도 입에 쓴 것은 뱉어 내고 싶은 것이 인지상정이다. 웬만큼 정신적 토대가 튼튼하지 않으면 쓴소리 대신 귀에 듣기 좋은 말에 휩쓸리게 마련이다. 사회적 지위가 높은 사람일수록, 권력을 가진 사람일수록, 부와 명성을 쌓은 사람일수록, 오히려 그런 함정에 빠지기 쉽다. 인간이 저지르기 쉬운 실수 중에 하나가 듣기 좋은 말과 내게 옳은 말을 구분하지 못하는 것이다.

'정관(貞觀)의 치(治)'라는 말이 있다. 당나라의 2대 황제 태종 이세민이 치세한 시기를 말하는 것으로, 중국의 태평성대 중 하나이다. 당태종이 태평성대를 이룰 수 있었던 것은 그에게 늘 쓴소리를 해서 그를 바로잡아준 훌륭한 신하인 위징이 있었기 때문이다. 당태종은 위징의 말에 때로는 분노하기도 했지만, 결국 쓴소리를 받아들여 백성들이 평안을 누릴 수 있게 했다.

다른 사람의 쓴소리나 충고를 받아들이는 것도 어렵지만, 쓴소리를 하는 것은 더욱 어렵다. 상대방이 불쾌함이나 불편함을 드러낼 것이 뻔히 예상되는 상황에서 누군가에게 '입바른' 소리를 하는 것이 어디 쉽겠는가. 특히 그 대상이 자신보다 더 큰 힘을 쥐고 있는 존재라면 말이다. 직장인 중에 자신들의 '밥줄'을 쥐고 있는 상사나 조직에 당신의 결정은 잘못된 일이라고 직언할 수 있는 사람이 얼마나 되겠는가. 정치 권력가에게 당신은 지금 잘못된 정책을 펼치고 있다고 말할 수 있는 사람이 얼마나 되겠는가.

더욱이 한 사회에서 다수의 사람들이 보고 싶고, 믿고 싶고, 듣고 싶어 하는 어떤 것이 진실이 아니라면, '그것은 진실이 아니다'라고 누가 감히 이야기할 수 있는가. 다수가 믿는 것과 주장하는 것, 그리고 듣고 싶어하는 것들이 때론 그 어떤 정치 권력이나 금력보다도 더 거대한 권력이 되어버리곤 한다.

그러나 소크라테스는 '등에'와 같은 역할을 기꺼이 받아들였다. 뿐만 아니라 자신은 아테네 시민들이 오만하거나 잘못된 행동으로 신을 불쾌하게 하지 않도록 하기 위해 보낸 '신의 선물'이라고 주장한다.

귀에 거슬리는 존재는 본능적으로 사람들에게 거부감을 불러일으킨다. 하지만 사회나 조직, 그리고 개인의 건강을 위해 반드시 필요하다. '등에' 같은 존재는 다수의 사람들이 잘 모르고 있거나 알고 있더라도 섣불리 제기할 수 없는 문제를 내놓기도 하고, 이를 위해 행동하기도 한다. 그 결과 모난 돌이 되기도 하고, 개인적인 손실을 보기도 하고, 심한 경우는 생명의 위협을 받기도 한다.

1989년에 발생했던 중국의 민주화 시위인 톈안먼 사태 당시 베이징대 역사학과 1학년 재학생이었던 왕단이란 인물이 있다. 그는 1989년 7월 반혁명선동죄로 체포되어 1993년까지 복역했다. 풀려난 뒤에도 반체제 활동을 계속하다가 1995년에는 정부전복죄로 체포되어 11년형을 선고받는다. 1998년 빌 클린턴 대통령의 중국 방문에 맞춰 석방된 그는 하버드대에서 역사학 박사학위를 받고 지금은 중국사 강의를 하고 있다.

그는 한 인터뷰에서 청춘을 감옥에서 보낸 것에 대한 질문을 받자 "후회는 없다. 누군가는 해야 할 일이다"라고 답했다. 그는 중국 공산당이라는 절대 권력에 맞섰던 '등에'와 같은 존재였다. 한국 역시 자유민주주의를 회복하기까지 숱한 사람들이 '등에' 역할을 했다.

소크라테스가 했던 일은 오늘날로 치면 공공의 이익을 위한 비영리단체의 활동과 비슷하다. 고대 그리스 시대나 지금이나 사적인 이익을 포기하고 공공의 이익을 위해 헌신하기란 여간 힘든 일이 아니다. 그럼에도 사회에는 입바른 소리를 하는 단체나 개인이 반드시 존재해야 한다. 빛과 소금의 역할을 하는 그런 존재 말이다.

여러분은 그런 존재가 될 수 있는가? 내 경험에 의하면 정말 특별한 사람만이 개인적인 이익을 포기하고 평생 공공의 이익을 위해 살 수 있다. 때로는 그들의 목소리가 우리 사회가 좀더 과감하게 앞으로 나아가야 하는 시점에 방해가 된다는 생각이 들기도 하고, 그들의 주장에 모두 동의할 수도 없다. 그렇지만 그만큼 우리는 사회 잔소리꾼의 존재를 인정하고 이들을 기꺼이 받아들일 수 있어야 한다.

사회까지 생각지 않더라도 일단 나의 생활에서부터 실천이 되어야 할 것이다. 내 홈페이지에 들어가보면 내 글에 대한 반대 의견이 종종 올라온다. 무엇이 잘못되었는지 조목조목 비판하는 글들이 있는데, 이따금 격한 반응을 보기도 한다. 그런 글들을 보면 기분이 좋을 리 없다. 그러나 다시 생각하면 그 글들은 내게 좋은 자극이 된다.

비판적인 의견이나 부정적인 반응을 접할 때면 이들 가운데 생각해 볼 만한 주제는 선택해서 홈페이지나 블로그에 다소 길게 논리적인 글로 차분히 정리해 본다. 이렇게 하면 생각도 정리할 수 있고, 기분도 관리할 수 있고, 지식도 차근차근 쌓아갈 수 있고, 연구 주제도 확장해 갈 수 있다. 비판이나 부정적인 반응도 활용하기에 따라 얼마든지 자기 발전의 동인으로 활용할 수 있다.

내 생각과 배치되는 남의 의견을 받아들이는 것은 일종의 수련이 필요하다. 세월의 무게, 지식의 무게, 감정의 통제 등이 필요하다. 다행스럽게도 나이가 들면서 분노하는 빈도가 훨씬 줄어들고 있는데, 이는 내 인생의 중요한 목표이기도 하다.

아뉘토스와 같은 이들이 자신의 생각과 다른 의견에도 좀더 마음을 열고 이성적으로 귀 기울일 수 있는 혜량이 있었다면, 소크라테스의 최후는 달라지지 않았을까.

정치는 아무나 할 수 없으며
아무나 해서도 안 된다

내가 정치에 관여했더라면 오래전에 이미 생명을 잃었을 것이며 여러분이나 나 자신을 위해서 좋은 일도 할 수 없었을 것이기 때문입니다. 내가 여러분에게 진실을 말한다고 해서 화를 내지 마십시오. 국가에서 자행되고 있는 많은 불법 행위와 부정 행위와 정직하게 맞섬으로써, 여러분이나 다른 대중과 싸움을 일으키는 사람은 생명을 보존하지 못하리라는 것은 명백한 사실입니다. 얼마 동안이라도 생명을 보존하면서 정의를 위해 싸우려는 사람은 공인(公人)이 아니라 사인(私人)으로서 활동하지 않으면 안 됩니다. (……) 그렇다면 여러분은 내가 공직에 종사하면서 항상 옳은 일에 편들고, 내가 마땅히 그러해야 한다고 생각하는 바와 같이 정의를 우선적으로 내세워 왔다면 지금까지 내가 살아남았으리라고 진정으로 생각하십니까? 전혀 불가능한 일입니다. 아테네 시민 여러분, 그것은 나에게나 다른 사람에게나 불가능한 일인 것입니다. 그러나 나는 공적인 면에서나 사적인 면에서나 나의 모든 행동에 있어서 언제나 동일한 태도를 견지해 왔습니다. 그리고 나를 중상하기 위해서 나의 제자로 자처하는 사람들이나 기타의 사람들과 비열한 타협을 한 적은 결코 없습니다. pp.39~40, pp.42~43

그 시절에 어떻게 이런 생각을 할 수 있었을까. 이런저런 선거가 이어지며 온통 나라가 뒤숭숭하던 무렵에 이 책을 읽어서인지, 나는 예나 지금이나 정치는 아무나 하는 것이 아니며 아무나 해서도 안 된다는 생각을 다시 한 번 확인하게 해준 소크라테스의 이 말에 감탄할 수밖에 없었다.

정치란 무엇인가. 간단하게 말하면 나라를 다스리는 일이다. 하지만 나라를 어떻게 다스리느냐의 문제는 시대와 공간에 따라 다르다. 각 시대마다 공간마다 가치관이 다르고 목적이 다르기 때문이다. 정치는 양면성을 가지고 있다. 정의와 질서 수립 차원에서의 정치가 있는가 하면, 개인의 이익을 위한 권력투쟁 차원에서의 정치도 있다. 정치 자체가 목적이 되는 경우와 정치가 수단이 되는 경우의 차이이다. 어쩌면 우리 사회의 정치 불신은 많은 이들이 후자의 경우를 생각하며 정치에 뛰어들기 때문에 생겨난 게 아닐까 한다.

소크라테스에게 정치는 어떤 의미였을까. 재판에 참여한 배심원 가운데 일부는 소크라테스에 대해 '어째서 직접 사람들을 설득하러 다니기보다 정치에 참여하여 국가에 직접 충고를 하지 않는가?'라는 의문을 가졌을 것이다. 정치에 참여하면 사람들을 일일이 만나고 다니는 것보다 더 큰 영향력을 발휘할 수 있을 것이고, 존경과 관심을 받을 수도 있을 테니까 말이다. 위의 인용문은 바로 이 점에 대한 소크라테스의 변론이다.

소크라테스의 활동은 주로 사람들과 문답식으로 대화를 나눔으로써 대화 당사자들이 스스로 깨달음을 얻도록 돕거나 설득하는 일이었다. 때문에 자의 반 타의 반 정치에 영향을 줄 수 있었고, '준 정치 활동'을 했다고 할 수 있다. 하지만 그 스스로는 정치 활동을 한다는 생각을 갖고 있지 않았다.

소크라테스는 자신이 정치에 참여했더라면 오래전에 목숨을 잃었거나 신세를 망쳤을 것이라고 말한다. 배심원 앞에서 그가 털어놓은 경험담에 따르면, 일생을 통해서 그는 딱 한 번 공직에 있었는데, 추첨으로 500인회의 의장이 된 것이었다. 500인회는 어떤 의안에 대해 결정권이 있는 사람들의 모임이 아니라 민회에서 투표에 붙인 의제 또는 의안을 협의하고 민회의 소집권을 갖는 기구였다.

소크라테스가 500인회의 운영위원이었을 때는 기원전 406년이다. 마침 이때 아르기누사이 제도에서 벌어진 스파르타와의 해전에서 침몰한 수병의 시신을 구조하지 못하였다는 죄목으로 8명의 장군들이 기소되었는데, 집단 책임을 물어서 모두를 처형하자는 의안이 올라왔다. 그러자 50인회 위원들 가운데 딱 한 사람이 법적인 책임은 개개인에 대한 재판을 할 수 있을 뿐이지 집단적으로 민회에서 사형선고를 내릴 수 없다는 주장을 펼친다. 그가 바로 소크라테스이다. 그는 집단 처형이 의

안으로써 불법적인 것이기 때문에 분명한 반대 의견을 드러낸다. 그러자 정치가들은 소크라테스를 고발하여 체포할 태세였고, 민회의 배심원들은 전원 사형에 동의하라고 고함을 질러대기도 하였다. 결국 그의 반대에도 불구하고 집단 처형에 관한 의안은 민회로 넘어가서 8명의 장군 가운데 아테네로 귀환하기를 거부했던 2명은 제외하고 나머지 6명은 죽임을 당하였다.

그러나 소크라테스는 끝까지 다수 의견에 맞서 반대표를 던졌다. 투옥이나 죽음을 두려워했더라면 결코 할 수 없었던 일이다. 소크라테스는 다수가 지지하는 부정에 가담하느니 차라리 법과 정의의 편에 서는 선택을 했다.

또한 펠로폰네소스 전쟁에서 아테네가 패한 후 8개월간 지속된 폭력과 학살로 점철된 과두제 아래에서 30인의 과두들은 소크라테스를 자신들의 잔혹 행위에 동참시키려고 했다. 그러나 소크라테스는 그들의 부도덕한 행위를 노골적으로 거부했다. 한번은 그들이 소크라테스와 다른 네 사람에게 살라미스 사람 레온을 불법적으로 데려오라는 지시를 내렸다. 네 사람은 권력자들에게 협조했지만, 소크라테스는 그것이 불의한 일이라고 판단하여 협조하지 않았다. 나머지 사람들에 의해 끌려온 레온은 결국 사형되고 마는데, 만일 '30인 과두 정권'이 붕괴되지 않았더라면 소크라테스는 죽음을 면치 못했을 것이다.

소크라테스는 정치에 뛰어들면 공적인 면과 사적인 면에서 일치된 의견이나 행동을 갖기 힘들다고 주장한다. 정치에서는 타협과 복종이 불가피하기 때문이다. 타협하지 않으면 박해를 받을 수 있다. 이는 지금도 크게 다르지 않다고 생각한다.

가끔 사회적으로 어느 정도 기반을 마련한 사람들이 정치를 시작할

소크라테스가 플라톤에게 편지를 쓰다 중세의 지식인들은 의자에 앉아 있는 소크라테스와 서 있는 플라톤을 신학에 정통한 인물과 성직자로 묘사하였다. 옥스퍼드, 보들리언 도서관 소장.

때는 흔히 '소신껏 이 사회를 위해 보람된 일을 하고자 정치에 뛰어든다'라고 참여의 변을 말한다. 하지만 자신이 속한 정당과 자신의 의견이 다를 때 그것이 이 사회에 보람된 일이 아닐지라도 대부분은 정당의 의견을 따른다. 소신껏 정치를 하는 일이 과연 가능한 일인가 하는 소크라테스의 지적은 여전히 의미가 있다.

나는 정치의 맨얼굴, 즉 한 꺼풀 벗기고 본 정치는 '무리를 지어서 집단의 이익을 추구하는 것' 혹은 '개인의 공명심을 나타내는 것'이라고 정의하고 싶다. 물론 구국 차원에서 정치를 하는 예외적인 인물도 드물지 않게 있지만 이 시대 우리나라 상황에서의 정치는 적어도 그렇다고 생각한다. 그것은 인정받고 싶은 욕구를 앞세워 가장 단시간 내에 자신을 세상에 드러낼 수 있는 방법이기도 하다. 국리민복(國利民福)을 생각하는 분들도 있겠지만, 대부분의 사람들은 그렇다. 그러니까 신중해야 한다.

학계나 기업계, 예술계 등 어떤 분야에서 성공한 사람이라면 한번쯤 정치에 대한 꿈을 꿔본 적이 있을 것이다. 어느 정도 세상에 이름을 알리게 되면서 나에게도 정치에 대한 유혹이 뻗친 적이 있다. 무섭게 앞만 보고 달려가던 혈기 어린 시절, 대중 앞에 서는 데 주저함이 없고 사람을 설득하는 일을 곧잘 해내고 각종 프로젝트를 추진력 있게 진행하면서 내 무의식에는 내가 정치를 해도 잘할 수 있으리란 막연한 기대감 같은 것이 있었던 것 같다.

그런데 전직을 경험하면서 나는 내가 어떤 사람이고 무엇을 잘할 수 있는지에 대한 생각을 정리할 수 있었다. 연구 조직에서 신생 기업의 장으로 자리를 옮긴 후 예상치 못한 여러 갈등에 휩싸였을 때, 뼈아픈 경험들을 통해 내가 사람들을 이끌거나 관계를 조정하거나 하는 일에 큰 흥미도 재능도 없다는 사실을 깨달았다.

그러다 보니 훗날 다시 정치에 대한 제안을 받았을 때는 과감하게 물리칠 수 있었다. 그런데 자신을 잘 모르는 상태라면 대부분은 정치 참여를 거절할 수 없다. 정치를 하기에 앞서 가장 중요한 것은 바로 자기 자신이 어떤 사람인지를 정확하게 아는 것이다. 그러니까 '내가 누구인지?'에 대한 답을 정직하게 대답할 수 있다면 정치 입문에 대한 의사 결정도 비교적 신속하게 내릴 수 있을 것이다.

책을 통해서도 알기 어려운 것이 바로 자신을 이해하는 것이다. 자신의 객관적인 가치를 인정하는 것 또한 쉽지 않은 일이다. 이름만 대면 알 만한 기업인들도 왕국과도 같은 기업을 일군 인생의 말년에 정치에 대한 유혹을 이기지 못하는 경우가 허다하다.

정치가로 산전수전을 다 겪은 김종필 씨가 한 인터뷰에서 이야기한 정치에 대한 단순명료한 정의를 내렸는데, 무척 인상적이다. "정치는 허업(虛業)이고 사업은 실업(實業)이라고 생각합니다." 허업은 과실을 스스로 거둘 수 없는 것이고, 실업은 스스로 뿌린 만큼 과실을 거둘 수 있는 업이다. 실업을 추구하는 사람은 실업만 해야지 두 가지 모두를 추구하면 죽도 밥도 되지 않다는 말을 그는 덧붙인다. 긴 인생사를 되돌아보면서 그가 내린 결론은 여러분의 결론과 다를 바가 없을 것이다.
"허업과 실업을 둘 다 잘 할 수는 없는 것입니다."

그러나 만일 지금 누군가가 정치를 해야 하는지 말아야 하는지 내게 묻는다면 소크라테스의 말을 들려주고 싶다.

'정치란 훌륭함을 나눠주는 것이다.'

먼저 스스로 훌륭함을 갖고 있는지 한번 자문해 보라는 이야기다. 만일 자신이 훌륭함을 갖고 있다고 자신하면 정치를 해도 좋다. 또한 그것을 좀더 많은 이들에게 나누고, 그것으로써 변화와 발전이란 가치를 이루고 싶다면 말이다. 훌륭한 사람이 정치를 할 기회가 왔을 때 하지 않는 것, 그것도 사회적으로 손해일 수 있다. 소크라테스는 심지어 그럴 경우 자신보다 못한 사람들이 자기를 이끄는 벌(罰)을 받게 된다고 말했다. 자격도 되지 않은 이들이 거들먹거리는 꼴을 봐야 하는 것을 두고 소크라테스는 훌륭한 사람이 정치에 참여하지 않아 치러야 할 벌이라 말한다.

정치뿐만은 아닐 것이다. 인간이란 지금의 위치에서 아무리 편안하고 행복하더라도 '가보지 않은 저 길을 간다면 어떨까?' '가지 않은 저 길이 더 멋진 길일 수도 있을 것 같은데······' 하는 의문과 불만 때문에 끊임없이 들썩거리기 쉬운 존재이다. 그때 자신을 객관적으로 판단하고 현명한 선택을 할 수 있어야 한다. 특히 정치란 이렇게 판단착오를 범했을 경우 그 피해가 자기 자신에서 그치는 것이 아니라 수많은 타인에게도 돌아가기에 그만큼 치명적이다.

타인의 주목을 받는 사람은 스스로 명예를 지켜야 한다

자, 아테네 시민 여러분, 내가 할 수 있는 변명은 대강 이 정도입니다. 어떤 사람은 이와 비슷한 사건 또는 훨씬 가벼운 사건으로 고발되었을 때 눈물을 흘리며 재판관들에게 용서를 빌고 애원했으며, 감동적인 장면을 연출하기 위해 자식과 함께 많은 친척들과 친구들을 법정에 데리고 나왔던 일을 상기하고 나에게 불쾌감을 느낄지도 모릅니다. 그런데 나는 생명의 위험을 느끼고 있으면서도 그와 같은 일을 전혀 하려고 하지 않기 때문입니다. 마음속으로 자기 자신과 대조를 하고 나에게 분노를 느끼고, 이 때문에 나에게 불쾌한 감정을 갖고 홧김에 투표를 하는 사람도 있을 것입니다.

그러나 여러분 가운데 이러한 사람이 있다면 나는 (……) 다음과 같이 대답하는 것이 적절하다고 생각합니다. '나의 친구여, 다른 사람과 마찬가지로 나도 인간입니다. 호메로스가 말한 바와 같이 '나무나 돌에서' 태어난 것이 아니라 살과 피로 만들어진 사람입니다. 그리고 나에게도 가족은 있습니다. 아들도 있습니다. 오, 아테네 시민 여러분, 세 명의 아들이 있는데 하나는 성인이 다 되었고, 둘은 아직도 어립니다. 그럼에도 불구하고 나는 여러분에게 무죄 방면을 애원하기 위해 그들을 이곳으로 데려오지는 않을 것입니다.' 그러면 왜 데려오지 않는가? 거만하거나 여러분을 존경하지 않기 때문은 아닙니다. (……) 그러한 행동은 나 자신이나 여러분을 위해서 또는 국가를 위해서 명예스럽지 못한 일입니다. 나 정도의 나이가 되고 지혜로 이름을 얻은 사람은 자기 자신의 명예를 훼손시켜서는 안 되는 법입니다. (……) 고명한 사람이 법정에 서면 아주 딴 사람처럼 행동하는 것을 나는 여러 번 보았습니다. 그들은 사형을 당하게 될까 온갖 추태를 부리고 여러분이 그들을 살려주면 영생이라도 할 수 있는 것처럼 상상하는 듯했습니다. 그런데 나는 이러한 행동은 국가의 수치이며, 아테네 시민이 명예와 지위를 준 아테네의 가장 저명한 사람들은 여자보다 나을 것이 없다고 외국에서 온 사람들은 말하리라고 생각합니다. pp.45~47

젊은이들을 만나면 반드시 강조하는 말이 하나 있다. '반듯한 가치관 확립에 인생을 투자하라.' 이는 자신의 미래를 만드는 데 굉장히 중요한 일이고, 젊을 때 반듯하고 건강한 가치관을 가지고 있으면 삶의 굴곡이나 유혹에도 끄떡없이 자신의 길을 나아갈 수 있다.

특히 젊은이들에게 이를 강조하는 이유는 다른 데 있지 않다. 그 젊은이가 나중에 어떤 그릇으로 성장하게 될지 아무도 모른다. 그렇기 때문에 나중에 어느 자리에 가더라도 당당할 수 있는 삶의 지도를 그려가야 한다. 아주 작은 실수가 자신의 발목 잡는 일이 없어야 하기 때문이다.

사회적으로 명망 있는 학자나 경제인들이 공직에 입문하면서 곤욕을 치르는 것을 종종 본다. 자리에 적격한 사람인지 검증을 받을 때 그들은 논문을 베껴서, 부동산 투기를 해서, 혹은 세금 탈루를 해서 평생 쌓아온 명예를 실추시키고 만다. 그들은 사실 당시에는 아무런 죄책감이나 문제의식을 갖지 못했을 것이다. 관행이니까, 남들도 다 하니까 했다고 변명한다. 그들은 반듯한 가치관을 가지지 못했기 때문에 순간의 유혹에 무너져 치명적인 실수를 하고 만 것이다.

뿐만 아니다. 정치권력이나 재력을 가졌던 사람들이 이런저런 이유로 재판정에 서게 되었을 때는 어떠한가. 그들은 으레 휠체어를 타고 환자복에 링거를 매달고, 마스크로 얼굴을 가린 채 초췌한 표정으로 재판정에 선다. 인간의 동정심에 호소하는 것이다. 이는 제법 효과를 얻어 마침내 '죄목이 인정되긴 하지만 그동안 국가와 사회에 기여한 노고를 감안하여 집행유예로 형을 감하고 얼마의 벌금형에 처한다'는 식의 판결을 받는다.

인간의 동정심에 호소하는 면에서는 소크라테스가 살았던 시대가 좀 단순했던 것 같다. 어린 자식들을 줄줄이 데리고 나와서 "이 어린아이들을 키워야 하지 않겠습니까? 내가 죽고 나면 이 어린 것들을 누가 키울 수 있겠습니까? 제발 선처해 주십시오" 하는 식이다.

소크라테스는 이를 절대 용납하지 않았다. 인간의 본능에 호소하는 방법을 알면서도 거부한 소크라테스는 한편으로는 고지식하기 짝이 없는 인간으로 비춰질 수 있다.

배심원들은 누군가의 생사여탈권을 쥔 사람들이다. 흔히 '완장'을 찬다고 하지 않는가? 아무리 작은 권력이라도 일단 손에 쥐게 되면 상대방이 굽신거리고 아부를 해오기를 원하는 사람들이 많다. 그런데 소크라테스는 배심원들의 인간적인 본능을 조금도 고려하지 않는다. 이 점 또한 배심원들의 거부감을 불러일으켰을 것이다.

소크라테스도 목숨 보존하기를 진정으로 원했다면 자신의 아이들을 동원할 수 있었을지 모른다. 그러나 그는 그처럼 동정심을 유발하려는 행위를 올바른 행동이라 생각하지 않았다. 그는 나이를 어느 정도 먹은 사람이나 지혜로 명성을 얻은 사람은 스스로 명예를 실추시키지 않아야 한다고 생각했다.

명예란 무엇보다 자기 자신의 인간적인 당당함, 인간적인 자존감을 지켜내는 일이다. 스스로 명예를 지키지 못하면 세상의 노예, 욕망의 노예가 될 뿐이기에 자식 교육에서도 특히 강조하는 부분이기도 하다.

오늘날처럼 물질이 숭배되는 시대에 명예를 지키기 위해 고개를 숙이지 않고 당당함을 유지하는 일이 쉽지 않을 수 있다. 또한 우리 사회는 굉장히 수직적인 문화여서 자기가 가지고 있는 것을 지키기 위해 비굴하게 타협하고 입을 다물어야 하는 순간이 많은 편이다.

나는 재력을 지닌 사람 앞에서 명망 있다는 학자들의 처신을 지켜볼 기회가 여러 번 있었다. 그들 중 소신 있게 말하고 당당함을 유지하는 식자들을 만나는 일은 가뭄에 콩 나는 일처럼 드물었다. 명예를 지킨다는 것은 자신의 분야에 자긍심과 자부심을 갖는 것이다. 돈이나 권력을 가진 사람에게 기대하는 것도 없고 받을 것도 없다면 명예를 지키는 일은 어렵지 않다. 타인에게 무엇인가를 기대하고 받으려고 하다 보니 명예를 잃게 되는 것이다.

특히 많은 권력과 인기를 누리고 있을 때나 그것을 누리고 있다가 물러났을 때 명예를 지키는 일은 이를 이루어가는 것보다 더 어려울 수도 있다. 미국의 제33대 대통령을 지냈던 해리 트루먼은 고졸 출신으로 대통령 자리까지 오른 입지전적인 인물이다. 그는 가난하게 성장하였고 정치계에 입문하기까지 사업 실패 외에는 내로라할 만한 경력을 갖지 못했던 인물이다. 그러나 그는 주변의 우려에도 불구하고 대통령직을 성공적으로 수행하였다. 무엇보다 퇴임 이후의 행보가 주변 사람들에게 감동을 주었다. 경제적으로 여유가 없었던 그의 사정 때문에 퇴임 이후에 몇몇 개인 회사들에서 고문직을 제의하기도 했지만 그는 대통령직을 상업적으로 이용하는 것에 반대하였으며, 그것이 대통령직을 수행한 사람이 지켜야 할 명예라고 생각하였다. 그가 퇴임 이후에 받았던 수입은 월 112달러의 육군 연금뿐이었다. 1958년 그는 생계를 위해 가족 농장까지 팔았는데, 그해 말이 되어서야 미국 정부는 전직 대통령 예우법을 만들었다.

고위 공직자들이 퇴임 이후에 서둘러 관련 업체로 뛰어들어 활동하는 것이 관행화되어 있는 이 사회에서 명예를 지키는 것이 어떤 것인가를 생각해 보게 하는 사례이다.

일반인들이 소크라테스를 따라갈 수는 없겠지만, 명예를 지키는 일의 중요성을 가슴에 새기고 자신의 명예를 떨어뜨리지 않으려는 노력은 계속해야 한다. 가장 좋은 방법은 명예를 실추시킬 가능성이 있는 일에 애시당초 연루되지 않는 것이다.

지식이 많은 사람, 자리가 높은 사람, 부를 크게 축적한 사람, 명성을 얻은 사람 등과 타인의 부러움의 대상이 되는 사람이라면 더더욱 스스로 이름이 더러워지지 않도록 조심해서 살아가야 한다. 그들이 크고 작은 결정을 내리거나 행동을 할 때 굳건한 잣대로 삼을 수 있는 것 가운데 하나는 '나의 선택이 내 자신의 명예를 떨어뜨릴 가능성은 없는가?'라는 질문으로 선택의 정당성을 점검해 보는 것이다. 완벽할 수는 없으나 끝까지 영혼의 긴장을 놓치지 말자는 다짐과 함께 말이다.

대중의 시기와 질투로부터 자신을 보호하라

멜레토스는 나에 대한 처벌로써 사형을 제안합니다. 그러면, 오, 아테네 시민 여러분, 나는 어떤 제안을 해야 합니까? (……) 제안은 나에게 합당한 것이어야 합니다. 그런데 나에게 합당한 것은 무엇입니까? 전생애를 통해서 게으름을 피울 만한 재주를 전혀 가져보지 못하고, 많은 사람들이 관심을 갖는 일, 곧 부, 가정, 장교, 국민의회에서의 연설, 공직, 음모, 당파 등에는 전혀 관심을 갖지 않았던 사람이 받을 보상은 무엇입니까? 나는 정치가로서 살기에는 너무나 정직하다고 생각했으며, 여러분이나 나에게 좋은 일을 할 수 없는 곳에는 가지 않았습니다.
그러나 나는 개인적으로 여러분 모두에게 가장 좋은 일을 할 수 있는 곳으로 가서 사람은 자기 자신을 돌보아야 하며, 개인적 이익을 구하기에 앞서 덕과 지혜를 추구해야 하고, 국가의 이익을 고려하기에 앞서 국가 자체를 돌보아야 하며, 또한 이것이 인간의 행동에 있어서 지켜야 할 마땅한 순리라고 여러분 각자에게 설득하려고 노력했습니다. p.49

현대는 대중의 시대이다. 대중은 곧 권력이다. 특히 요즈음처럼 SNS가 발달한 시대에는 대중의 의견은 하나의 커다란 권력이 되기도 한다. 몇몇 이름 있는 사람들은 SNS를 통해 대중에게 영향력을 발휘하며 자신의 의견을 매우 효과적으로 전달하기도 한다. 인터넷 등은 분명 첨단의 소통 기구지만 때로는 이로 인해 원치 않는 일을 당하기도 한다. 검증되지 않은 생각, 각종 루머와 괴담, 특정 개인이나 조직을 향한 비방 등이 대중들에게 공공연히 퍼지고 이것이 커다란 무리를 이룰 때 그 파괴력은 실로 어마어마하다. 최근까지 많은 유명인들을 안타까운 상태로 몰아갔던 악플 문제만 해도 그렇다.

현대 사회 또는 조직 사회에서 소통의 문제 중 가장 큰 것이 사람과 의견을 구분하지 않기 때문에 생기는 갈등이다. 나 역시 트위터를 하다 보면 종종 거칠게 의사를 표현하는 사람들을 만나곤 한다. 그들은 나와 내 의견을 구분하지 않고 그냥 사람을 싫어하고 미워하는 것이다.

소크라테스 당시 사람들도 다르지 않았다. 개인 각자가 사안의 잘잘못을 냉정히 따지기보다는 그저 막연한 분노와 비방이 하나의 거대한 의견을 형성하게 되면서 결국 소크라테스는 죽을 운명에 처하게 된다.

이런 분위기는 중국의 문화혁명 당시 젊은 홍위병들이 무리를 이루어서 다수의 의견이 진실이라고 역설한 때를 떠올리게 한다. 물론 소크라테스가 처한 상황은 홍위병들의 광기가 분출되는 상황보다 훨씬 낫기는 하지만 본질은 크게 다르지 않다.

소설가 션판은 『홍위병』이란 작품에서 혁명의 열기로 잔뜩 달아오른 코흘리개 젊은이들이 육군 부사령관인 헤이 장군을 무대에 끌고 나와 그를 처단하자고 군중들에게 역설하는 대목을 이렇게 묘사하고 있다. "민중 앞에 고개 숙이려 들지 않는 자들에게 죽음을!" "악랄한 적, 헤이 장군을 처단하자!" 두 명의 선동자들이 성난 소리로 외쳐대고 군중들이 무작정 주먹을 흔들고 구호를 따라하는 가운데, 어느 누구도 감히 나서서 그 광기어린 구호를 외쳐대는 다수의 사람들에게 "헤이 장군은 악랄한 적이 아니다"라고 말할 수 없었다.

어디 소설 속의 이야기뿐이겠는가. 역사에 등장하는 어처구니 없는 사건들 가운데 많은 것들은 대중의 무지와 시기, 그리고 질투가 돌발적으로 폭발한 것에 뿌리를 두고 있다. 20세기에 발생한 대규모 인종 학살로 인해 죽은 사람은 1,400만 명이나 된다. 이 가운데 독일인들이 주동해서 죽인 유대인들의 숫자는 무려 600만 명이나 된다. 유대인 살해에 최종 책임자는 아돌프 히틀러와 그 하수인이었던 요제프 괴벨스와 그를 추종하였던 일군의 세력들이다. 그러나 과연 그들만의 책임일까?

그들이 1933년 4월 반유대인법을 시작으로 유대인들을 억압하는 정책을 실시할 수 있었던 데는 오랜 역사를 가진 유럽의 광범위한 반유대주의에 바탕을 두고 있었다. 독일의 다수 대중들은 패전과 제국의 붕괴 등으로 인한 좌절감과 패배감의 분노를 분출할 수 있는 대상을 원하였으며, 그 대상 가운데 하나가 모든 분야에 발군의 실력과 경제력을 갖고 있었던 유대인들이었다. 사학자인 클라이브 폰팅은 '홀로코스트의 기원은 유럽 반유대주의 역사에 깊이 뿌리 박힌 것이지만, 인종주의와 우생학에 관한 19세기적 개념에 의해 증폭되었다'고 평한다.

배심원들이 유죄를 결정한 다음 피고인 소크라테스는 앞에서와 같이 마지막 진술을 하는데, 이는 대중 혹은 다수가 권력이 될 때 그들을 설득하기 어렵다는 점을 극적으로 보여주고 있다.

나는 소크라테스의 마지막 변론에서 세 가지 메시지를 되새기고 싶다. 첫째, 인간은 때로 자신의 진의와 관계없이 다수의 질투, 시기, 그리고 무지의 피해자가 될 수 있다는 점이다. 배심원들은 판결을 행함에 있어서 옳고 그름을 판별할 수 있어야 하고, 공정성을 최대한 유지해야 한다. 그러나 현실은 어떠한가? 표결 결과 1차 투표에서는 총 500명 가운데 소크라테스를 유죄라고 판단한 사람은 280명이고 나머지 220명은 그 의견에 반대하였다. 소크라테스가 처음 예상하였던 것보다 그의 사형을 반대하는 사람들의 숫자가 많았다. 1차 투표 결과를 두고 그는 "다만 찬반 투표수가 거의 같다는 데에 놀랐을 뿐입니다"라고 말한다.

만일 이 시점에서 소크라테스가 '유감이다 혹은 사과한다'는 식으로 배심원들에게 관대함을 요구하였더라면 그는 생명을 구하였을지 모른다. 하지만 배심원들의 선처를 요구하는 대신 '내가 잘못한 것은 없다. 문제는 여러분들이다'라는 투의 소크라테스의 변론은 배심원들의 심기를 거스르고 만다. 그 결과 찬성 360명, 반대 140명으로 소크라테스는 사형 판결을 받는다.

한 사람 한 사람은 논리적일 수 있지만 집단은 그렇지 않을 수 있다는 것에 대해 세르주 모스코비치는 『군중의 시대』라는 저서에서 '수천 년 전부터 인간은 따로따로 놓고 보면 논리적이고 예측할 수 있는 존재이지만 대중으로 모이면 비논리적이고 예측할 수 없는 존재가 된다는 비슷한 생각을 품어왔다'고 말한다. 집단은 구성원들에게 어떤 의견에 동조하라는 압력이 강하게 행사하고 특정 대상에 대해 적대감을 쉽게 드러낼 수 있다.

이는 근래에 자주 등장하는 '집단지성(다수의 개체들이 서로 협력하거나 경쟁하는 과정을 통해 얻게 된 집단의 지적 능력)'이란 용어와는 구분이 필요하다. 집단지성도 다수가 아이디어를 제시하지만 아이디어를 제시하는 과정은 개개인이 주도한다. 군중처럼 무리를 지어서 하나의 의견을 제시하고 강요하는 것은 아니다.

이미 소크라테스는 법정 진술의 첫 부분에서 다수가 잘못된 판단을 내릴 수 있음을 예상한 바 있다. 그는 자신이 유죄 판결을 받게 된다면 유죄를 만들어내는 주역은 멜레토스나 아뉘토스와 같은 고발자만이 아니라고 말했다. 그는 "많은 사람들의 중상과 질투가 원인이 될 것이오. 바로 그것이 많은 훌륭한 사람들을 유죄로 만든 것이고 앞으로도 유죄로 만들리라고 나는 생각하오"라고 했다.

기업 등에서 조직 생활을 하거나 정치를 한다면 다수의 판단이나 분위기를 의식하지 않을 수 없다. 늘 다수가 이성적인 존재이기를 소망하지만, 그런 기대가 무너질 때가 적지 않음을 명심해야 한다. 이성은 멀고 감정은 가깝기 때문에 감성적인 판단과 이를 뒤따르는 행동이 나오게 된다. 실력이나 성과만으로 부족하다는 사실도 받아들일 수 있어야 한다.

따라서 실력이나 성과는 물론이고, 주변 사람들로부터 호감을 끌어내거나 최소한 악의를 순화시키는 정치력의 중요성을 분명히 인식하고 이를 갖추기 위해 노력해야 한다.

마흔 이후의 나는 이러한 조직 내에서의 정치적 행동을 하지 않을 수 있는 자유를 택한 대신, 홀로 있는 자의 '적막함'을 취했다. 반대로 이 적막함이란 것을 원치 않는다면 조직 내에서 스스로 야무지게 살아갈 수 있는 방도로서 최소한의 정치력은 필히 갖추어야 할 것이다.

둘째, 자신이 어떤 일을 잘하고, 잘할 수 있는 사람이며, 어떤 일을 하고 살아야 하는지를 아는 것에 관한 메시지다. 소크라테스는 민중의 지도자가 되거나 관직에 오르기에는 자신이 너무 순진하다는 생각을 가졌기 때문에 타인을 설득하는 일을 하기로 결정하고 이를 실천에 옮겼다고 말한다.

여기서 우리가 새겨야 할 메시지는 자신의 능력을 정확히 간파하고 자신이 서 있어야 할 자리가 어디인지를 정확히 아는 일이 중요하다는 것이다. 인생의 중후반에도 자신에게 적합하지 않은 자리를 기웃거리다가 이도저도 아닌 인생으로 추락해 버리는 사람들을 자주 만날 수 있다.

셋째, 어떻게 살아야 하는가에 관한 메시지다. 소크라테스는 자신이 했던 일은, 시민 개개인이 각자의 자리에서 더 훌륭한 사람이 될 수 있도록 노력하고 더 사려 깊은 사람이 될 수 있도록 자극하고 격려하고 도움을 주는 일이었다고 말한다. 소크라테스가 우리에게 권하는 삶은 생각 없이 막 살아가는 것이 아니라 훌륭하고 사려 깊은 사람이 되려는 의지를 갖고, 이를 위해 적극적으로 노력하는 삶이다.

'스마트폰만 쓰지 않았지 결국 사람 사는 모습은 2,500년 전이나 지금이나 똑같다.' 고전 읽기가 궤도에 오를수록, 소크라테스와의 대화가 무르익을수록, 나는 지인들에게 자주 이런 말을 건네곤 했다. 한 사회 안에서 무리지어 살아가는 사람들의 본능이랄까. 인간 삶의 지향점과 경계점이랄까. 그러한 부분에 대한 소크라테스의 일침은 오늘의 우리에게도 시사하는 바가 크다.

죽음을 피하는 것보다
불의를 피하는 것이 더 어렵다

나는 부족한 점이 있어서 유죄 판결을 받았지만 그것이 말의 부족은 아닙니다. 분명히 그렇지 않습니다. 오히려 후안무치(厚顔無恥)하지 못하고 여러분이 듣고 싶어 하는 말을 하지 못했기 때문인 것입니다. 눈물을 흘리고 울부짖고 애원하는 등 여러분이 다른 사람들로부터 늘 듣고 있는 많은 행동을 말하지도 행하지도 않았기 때문입니다. 그러나 이러한 일은 나에게 어울리지 않습니다. 나는 위험에 직면하더라도 인간으로서 흔히 할 수 있는, 또는 비열한 행동을 해서는 안 된다고 생각했습니다. 또한 나는 지금 나의 변명의 방식을 후회하지도 않습니다. 나는 여러분의 방식에 따라 말함으로써 목숨을 유지하는 것보다는 오히려 나의 방식대로 말하고 깨끗하게 죽는 것이 훨씬 참되다고 생각합니다. 나는 또는 어떤 사람이든 전쟁에 있어서 또는 법률에 있어서 모든 책략을 동원하여 죽음을 회피하려고 해서는 안 되기 때문입니다. 흔히 있는 일입니다만 싸움터에서 무기를 버리고 적 앞에 무릎을 꿇는다면 분명히 죽음을 피할 수도 있습니다. 그리고 다른 위험에 직면했을 때에도 무슨 말이든 또 무슨 짓이든 하기만 한다면, 다른 방법으로 죽음을 피할 수 있습니다. 그러나 나의 친구여, 죽음을 피하는 것이 어려운 것이 아니라, 불의를 피하는 것이 어렵습니다. 불의는 죽음보다 빨리 달리기 때문입니다. 나는 늙고 행동이 둔하기 때문에 느리게 뛰는 자에게 붙잡혔지만, 예리하고 기민한 나의 고발자들은 빨리 달리는 자, 곧 불의에 붙잡혔습니다. p.54

어쩌면 이렇게 죽음 앞에 당당할 수 있을까? 조금만 비굴하면 목숨을 건질 수 있었을 텐데, 힘을 가진 사람들이 듣고 싶어 하는 말이나 보고 싶어 하는 행동을 하는 척이라도 할 수 있지 않았을까?

불의와 타협하는 것이 죽음보다 힘들고 어려운 선택인가. "나는 여러분의 방식에 따라 말함으로써 목숨을 유지하는 것보다 오히려 나의 방식대로 말하고 깨끗하게 죽는 것이 훨씬 참되다고 생각합니다"라는 문장에서 소크라테스의 삶의 태도를 읽을 수 있었다. 어쩌면 비루하게 목숨을 구걸하기보다 당당하게 죽음을 택한 것이 더 잘한 선택이었다는 생각마저 들었다.

살아가면서 우리는 불의와의 타협을 강요받거나 크고 작은 이익이나 편리함 때문에 스스로 타협을 하는 경험을 이따금 하게 된다. 타협 혹은 불의를 강요하는 대상은 권력일 수도 있고, 다수의 의견일 수도 있으며, 거래 관계나 일로 맺어진 사람일 수도 있고, 사적인 이익이나 쾌락일 수도 있다.

살면서 맺는 인간 관계 가운데 많은 수가 권력 관계의 성격을 지닌다. 우리는 그 권력 관계에서 갑의 위치에 설 수도 있지만, 을의 위치에 설 때도 많다. 갑이 올바르다고 믿고 원하는 것과 을이 올바르다고 믿고 원하는 것이 같다면 무슨 문제가 있겠는가? 하지만 많은 경우 갑과 을은 비전, 믿음, 인생관 등이 근본적으로 다르다. 이때 갑은 권력 혹은 재량권을 행사할 수 있으며, 소크라테스의 배심원들처럼 을의 생사여탈권을 쥐는 경우는 아니더라도 을을 괴롭히거나 피해를 줄 수 있는 위치에 있다.

에드워드 케네디 전 상원의원의 자서전에 닉슨 전 대통령과의 갈등을 소개한 대목이 눈길을 끈다. 1960년 대통령 선거에서 존 F. 케네디에게 패배한 닉슨은 이후 힘겨운 재기전을 통해 1968년에 대통령에 당선된다. 그런데 닉슨 대통령은 당시 상원의원이었던 에드워드 케네디 의원의 정책 비판에 발끈한 나머지 케네디 의원의 발언을 개인적인 공격으로 받아들인다. 그때 닉슨 대통령의 태도에 대해 케네디 의원은 이렇게 기록했다.

"나를 눈엣가시로 여기기 시작했고 본때를 보여주겠다는 생각을 하기에까지 이르렀다. 물론 당시에는 알지 못했지만 1971년 즈음에 악명 높았던 그의 '적들의 명단'에 오르게 되었다."

사람이 권력을 갖게 되면 이렇게 되기가 쉽다. 소크라테스의 생사를 결정하는 권력을 지녔던 배심원들 역시 생명을 구걸하지 않는 오만한 피고에게 불쾌감을 느끼기도 했을 것이고 분노를 느끼기도 했을 것이다. '우리는 당신을 혼낼 수도 있고 죽일 수도 있다'고 생각하면서.

그와 같은 상황에서 을은 어떻게 처신해야 할까? 소크라테스는 극단적으로 죽음과 불의 가운데 하나를 선택해야 하는 생사의 갈림길에 섰다. 그는 "무슨 말이든, 또 무슨 짓이든 하기만 한다면, 다른 방법으로 죽음을 피할 수 있습니다"라고도 말했다. 그러나 그는 결국 불의를 택하지 않고 죽음으로 가는 길을 택한다.

죽음도 불사하고 정의를 택했던 소크라테스의 선택은 보통 사람들이 따르기엔 분명 쉽지 않다. 그러나 그의 단호함과 옳은 것에 대한 추구는 우리가 옳은 것과 그른 것을 판별하는 기준으로 되새겨보는 데 손색이 없다. 이런 점에서 소크라테스의 말은 오랫동안 여운을 남긴다.

소크라테스는 불의와 타협하기보다는 차라리 목숨을 던짐으로써 영원히 사는 길을 택했다. 우리가 소크라테스의 죽음을 문자 그대로 받아들여 실행할 수는 없지만, 일상에서 수많은 의사 결정의 순간에 불의와 타협해야 할 때가 있다면 소크라테스의 죽음에 대해 한번쯤 생각해 볼 필요가 있다. 죽음을 맞는 극단적인 상황이라면 모르지만, 그렇지 않다면 소신을 지킴으로써 불의에 맞서는 것이 올바른 삶의 방법이다.

불의와 타협하지 않는 인물을 떠올릴 때면 나는 2010년 노벨평화상 수상자인 중국의 반체제 지식인 류샤오보를 생각하게 된다. 그는 중국의 많은 지식인들처럼 8,000만 명의 당원을 가진 중국 공산당의 불의에 침묵함으로써 아내와 함께 행복한 삶을 누릴 수 있었다. 그러나 그는 남들이 모두 선택하는 편안한 삶을 거부하기로 결심하였다. 그가 반체제 인사로서 활동을 본격적으로 개시한 것은 1989년에 일어났던 톈안먼 사태부터다. 당시 그는 미국 컬럼비아대 방문학자로 체류 중이었고 톈안먼 사태가 발생하자마자 귀국해서 시위대 대표로 중국 정부와 협상을 벌였다.

단식투쟁을 이끌다 중국 공안 당국에 체포된 것을 시작으로, 2009년 12월 국가전복선동죄로 11년형을 선고받고 감옥에 수감되어 복역하고 있다. 2009년 '국가전복선동죄'로 형사 책임을 물은 것에 대해 류사오보는 〈나의 최후 진술〉이라는 글을 통해 자신이 왜 중국 공산당에 대항하는 활동을 펼칠 수밖에 없는가를 역설한다.

"저는 우리의 조국에서 자유를 표현할 수 있기를 바랍니다. 이 땅에도 모든 인민의 발언이 동등하게 존중받고 서로 다른 가치, 사상, 신앙, 정치적 의견이 서로 경쟁하면서 평화롭게 공존하는 그날이 오기를 진심으로 고대합니다. 이 땅에서 다수의 의견과 소수의 의견이 평등하게 보장받길 바라며, 특히 권력자와 정치적 의견이 다른 사람들이 존중받고 보호받기를 바랍니다. (……) 헌법이 부여한 언론의 자유를 모든 인민이 향유할 수 있는 그날까지 저는 중국 공민으로서 책임을 다할 것입니다. 이를 위한 저의 모든 행동은 무죄임을 다시 한 번 밝히며 설사 이 때문에 기소당한다 해도 저는 누구도 원망하지 않을 것입니다." 류사오보, 『류사오보 중국을 말하다』, p.351

이따금 오래전에 들었던 조언이었음에도 불구하고 불쑥불쑥 떠오르는 문장이나 광경들이 있다. 이 가운데 하나가 지인으로부터 들었던 이야기다. 그분은 자식들과 그 친구들이 함께한 자리에서 지나가는 소리로 "조직 생활을 하다가 도저히 양심과 타협할 수 없는 일을 본인이 직접 해야 할 시점이 오면 그때가 바로 조직을 떠나야 할 때가 아닌지를

류사오보 중국 민주화운동의 상징적인 지식인으로 2008년 12월 중국 공산당 일당 체제 종식과 민주주의 실현을 요구하는 〈08헌장〉의 작성을 주도하였다. 2010년 노벨평화상을 수상하자 군중들이 이를 기념하며 촛불행진을 펼치고 있다.

깊이 고민해라"라는 이야기를 해주었다고 한다.

  물론 사람에 따라서는 이런 조언의 가치를 폄하할 수도 있다. 왜냐하면 세상살이가 자기 소신만으로 살아가기에 만만치 않기 때문이다. 그런데 지인이 전하고 싶었던 메시지는 타협의 한계치는 양심이고, 양심을 벗어나는 경우는 타협의 대상이 될 수 없음을 강조한 말이다. 조직을 떠나는 것을 소크라테스가 말하는 죽음과 비교할 수야 없지만 기준을 제시하는 데는 의미가 있다.

올바른 삶은 자신을 향상시키고
타인에게 해를 끼치지 않는다

나에게 사형을 언도한 여러분에게 나는 예언합니다. 내가 죽은 직후 여러분이 나에게 내린 것보다 훨씬 쓰라린 형벌이 여러분에게 분명히 닥쳐오리라는 것을. 여러분을 비난하는 자로부터 벗어나고 여러분의 생활을 규명하고 싶지 않기 때문에 여러분은 나를 죽이는 것입니다. (……) 만일 사람을 죽임으로써 여러분의 올바르지 못한 생활에 대한 책망을 저지할 수 있다고 생각한다면 여러분의 판단은 잘못입니다. 그것은 가능하지도 않고 또한 명예롭지 않은 도피입니다. 가장 쉽고 가장 훌륭한 방법은 다른 사람들에게 해를 끼치지 말고 여러분 자신을 향상시키는 것입니다. 이것은 내가 죽기 전에 나에게 유죄 판결을 한 재판관들에게 남기는 예언입니다. pp.55~56

소크라테스에게 사형을 언도한 배심원들이 문 밖을 나설 때 기분은 어떠했을까? 옳은 일을 했다는 당당함을 느꼈을까. 아니면 너무나 강력하게 소크라테스의 죽음을 주장하는 무리에 끼인 탓에 자신도 어쩔 수 없이 동조했다는 데 대한 죄책감을 느꼈을까. 나는 왠지 후자가 아닐까 싶다. 사람이라면 누구에게나 양심이 있기 때문이다.
　오늘날 표현의 자유나 언론의 자유가 보통 사람들의 기본권으로 받아들여지고 있는 것과 마찬가지로 소크라테스의 시대에도 표현과 언론의 자유가 허용되었다. 정치 토론이나 개인 논쟁에서 아테네 시민들은 대단히 직선적인 발언을 서슴지 않았다.
　그럼에도 불구하고 아테네 시민들도 인간이기에 자신들의 인습이나 믿음에 대한 공격에 심적으로 편안하지는 않았을 것이다. 기존의 인습을 공격하는 사람들은 주로 떠돌이 교사 노릇을 하던 소피스트들이었는데 이들과 소크라테스를 구분할 수 있는 시민들은 흔치 않았다. 소크라테스는 법정에 서기 전까지 기존의 인습과 믿음을 공격하는 대표적인 인물 가운데 한 명으로 간주되었다.
　아테네를 대표하는 사람들은 심기를 거스르는 발언을 일삼는 자들을 어떻게 대했을까? 배심원들이 선택한 방법은 비판하는 사람의 목숨을 빼앗아 입을 다물게 하는 것이었는데, 소크라테스는 그것이 결코 훌륭한 방법이 아니며, 있을 수 없는 일이라고 말했다.
　그러면서 귀에 거슬리는 발언을 행하는 자들을 제거해 버리려는 배심원들을 두고 소크라테스는 아무리 사람을 죽인다 해도 진정으로 옳지 않은 것은 가려질 수 없다고 강조한다.

　죽음을 앞둔 소크라테스는 배심원들에게 훌륭한 삶에 대해 이야기한다. 그가 말하는 훌륭한 삶이란 오늘날의 표현으로 풀어쓰면 타인에게 해를 끼치지 않고 자신을 향상시키기 위해 노력하는 삶이다.

　그러기 위해서 가장 먼저 할 일은 자신에게 정직해야 한다. 분노, 희망 없음, 불행, 실수 등 삶의 아주 많은 부분들이 자신에 대해 솔직하지 못하기 때문에 발생하게 된다. 그러면 자신에게 정직하라는 것은 무엇을 말하는가? 자신이 가진 모든 능력을 올바른 방법으로 한껏 발휘하라는 것이다. 이런저런 핑계로 자신의 정직하지 못함과 무능함, 올바르지 못함을 합리화하는 데서 많은 문제점들이 생겨나게 된다.

　극단적인 경우 카다피, 후세인, 차우세스크, 히틀러 등과 같은 독재자들은 자신을 합리화함으로써 참담한 말로를 맞았다. 그들 자신뿐 아니라 너무나 많은 이들이 엄청난 고통속에 목숨을 잃기도 했다. 일신의 영달을 위해 잠시 동안 친일하였던 사람들은 자신뿐 아니라 후손들까지도 오랜 기간 동안 불명예를 지고 살고 있다.

　소크라테스는 재판관들에게 남기는 최후의 예언에서 '타인에게 해를 끼치지 말라'고 말하지만, 사실 모든 사람들이 그렇게 살지는 않는다. 세상에는 훌륭한 사람들이 많은 만큼 사악한 사람들도 많다. 타인의 재물을 갈취하거나 타인을 어려움에 빠뜨리고도 양심의 가책을 느끼지 못하고 잘 살아가는 사람들이 있다.

　그러니 세상 사람들이 나쁜 의도를 갖지 않기를 기대하기보다는 사전에 자기 스스로를 지키는 것이 더 현명한 일일지도 모른다. 나 스스로를 그러한 의도와 목적에서 지킬 수 있도록 '향상'시켜야 하는 것이다.

　실제로 지나치게 착하거나 순진하기 때문에, 혹은 타인의 불순한 의

도를 제대로 읽지 못해서, 혹은 타인을 지나치게 믿어서 상처를 받거나 귀한 재산을 잃거나 송사에 걸려 곤경에 처하는 사람들을 자주 만난다.

세상에는 사악한 사람이 불가피하게 존재한다는 사실을 받아들이고, 이들로부터 자신의 생명과 재산을 스스로 보호하는 것도 훌륭한 사람이라면 반드시 익혀야 할 삶의 방식 가운데 하나다. 특히 타인이 모두 자기 마음과 같지 않다는 사실을 늘 기억해야 한다. 사람은 자신의 이익에 대단히 충실한 존재며, 그 충실함으로 인해서 타인에게 얼마든지 피해를 끼칠 수 있는 존재이기도 하다.

한 사회를 살아가는 사람의 심성은 역사와 전통, 선진화 정도, 의식 수준 등 다양한 요인들에 의해 영향을 받게 된다. 선진화 정도가 떨어지고 체제가 억압적일수록 사람들의 심성은 팍팍하게 마련이다. 오랫동안 강퍅한 체제를 살아가다 보면 사람도 강퍅해지기 쉽다.

그럼에도 때로 너무나 상황이 참혹하여 과연 신은 있는가 하는 질문을 던지게 되는 경우도 있지만 나는 '사필귀정(事必歸正)' 즉 선과 덕은 반드시 승리한다고 믿고 싶다.

죽음은 영원한 삶을 향한
또 하나의 순례다

그러나 만일 죽음이 다른 곳으로의 여행이고 사람들의 말과 같이 그곳에는 모든 고인(故人)이 살고 있다면, 오, 나의 친구와 재판관 여러분, 이보다 더 좋은 일이 있겠습니까? 순례자가 명부에 도착해서 이 세상의 재판관이 라고 자처하는 자들로부터 풀려나고, 거기에서 재판을 한다고 알려진 미노스(Minos : 크레테 섬의 왕. 사후에 죽은 자를 재판하는 재판관이 되었다고 한다), 라다만투스(Rhadamanthus : 미노스의 동생, 경건한 사람으로 사후에 사자(死者)의 재판관이 되었다고 한다), 아이아코스(Aeacus : 아이기나 왕으로 역시 사자의 재판관이 되었다고 한다), 트리프토레모스(Triptolemus : 농업을 가르치는 반신(半神)으로 사후에 사자(死者)의 재판관이 되었다고 한다)

그리고 일생을 올바르게 산 신의 다른 아들들을 발견한다면, 이러한 순례는 분명히 보람있는 일일 것입니다. (……) 무엇보다도 나는 참된 지식과 거짓 지식에 대한 탐구를 계속할 수 있을 것입니다. 이 세상에서와 마찬가지로 저세상에서도—그리고 나는 누가 지혜롭고 누가 지혜로운 척하지만 실은 그렇지 않은가 하는 것을 알게 될 것입니다. 오, 재판관 여러분, 위대한 트로이 원정군의 지도자(트로이 원정군의 총사령관 아가멤논을 말한다), 오디세우스, 시지프스 및 기타의 무수한 남녀를 만나볼 수 있다면 무슨 대가인들 아낄 것인가! 거기서 그들과 대화를 나누고 질문을 한다면 무한한 기쁨이 아닐 수 없습니다! 저세상에서는 질문을 한다고 해서 사람을 사형에 처하지는 않을 것입니다. 분명히 그렇습니다. 그들은 우리들보다 행복할 뿐만 아니라 세상에 떠도는 말이 사실이라면 그들은 영원히 살기 때문입니다. pp.58~59

"이제는 떠나야 할 시간이 되었습니다. 우리는 제각기 자기의 길을 갑시다. 나는 죽기 위해서, 여러분은 살기 위해서. 어느 쪽이 더 좋은가 하는 것은 오직 신만이 알 뿐입니다."

소크라테스가 남긴 이 담담한 마지막 문장은 오래도록 감동으로 남는다. 그의 죽음이 다가올수록 아쉽다거나 슬픈 감정이 일기보다는 오히려 소크라테스의 죽음에 대한 태도를 이해하는 마음이 생겼다. 그는 죽음 자체를 찬양했던 것은 아니다. 그러나 힘든 선택 앞에서 비굴하게 타협하는 대신 당당한 최후를 택함으로써 영원히 이름을 남길 수 있었다.

대부분의 사람들은 죽음은 가능한 한 피하고 싶어한다. 그런 입장에서 보자면 소크라테스가 사형선고를 받은 것은 슬프고 불행한 일이다. 이런 일반적인 믿음에 대해 소크라테스는 위와 같이 죽음에 대한 자신의 생각을 담담하게 풀어내고 있다.

죽음이 피해야 하는 것이고 나쁜 것이라면, 소크라테스가 집을 출발해서 법정으로 오는 도중 혹은 변론 중에라도 신의 목소리가 들려왔을 것이다. 신의 목소리는 이제까지 그래왔던 것처럼 '소크라테스여, 죽음만은 피하라'라고 말했을 것이다. 그러나 그러한 신의 목소리가 전혀 들려오지 않은 것을 보면 '죽음이 악이며 나쁜 것이다'라는 일반적인 믿음이 잘못된 것임을 알 수 있다는 게 소크라테스의 주장이다.

그렇다면 죽음은 왜 악이 아닌가? 소크라테스는 죽음을 두 가지로 해석한다. 죽음의 첫 번째 의미는 보통 사람들이 일반적으로 받아들이는 죽음으로, 사람이 생명이 끊겨 아무것도 느끼지 못하는 무의 상태에 빠지는 것을 말한다. 죽음의 두 번째 의미는 영혼의 전생(轉生) 즉, 영혼이 다른 것으로 다시 태어나거나 혹은 이 세계로부터 저 세계로의 영혼의 전거(轉居)를 뜻한다. 영혼이 살던 곳을 떠나서 다른 곳으로 옮긴다는 것이다.

소크라테스가 죽음을 악이 아니라 오히려 좋은 일로 받아들이고 담대할 수 있었던 것은 죽음을 두 번째 의미로 받아들였기 때문이다. 소크라테스가 생각하기에 육체는 죽음과 함께 소멸하지만 영혼은 살아서 평소에 만나보기를 원했던 사람들을 만날 수 있게 해준다고 믿었다. 그 세계에서 소크라테스는 단순히 질문을 던졌다는 것만으로 사형선고를 받지도 않을 것이고, 지혜를 찾는 여행자의 길을 계속해서 갈 수 있을 것이다.

이 대목을 읽으며 자연스럽게 죽음에 대한 나의 생각을 정리해 보았다. 나는 어쨌든 죽음을 모든 것의 종결이라고 생각한다. 이는 어쩌면 소크라테스가 말한 첫 번째 죽음에 대한 정의일지도 모른다. 그렇기 때문에 지상에 남아 있는 동안 최선을 다해 살아야 한다. 어찌 보면 사람들끼리 서로 아웅다웅하며 살아가는 것도 이 유한한 시간 속에서 조금이라도 더 잘 살아보고 싶은 마음이 있기에 그러는 것인지도 모른다. 그런 입장으로 보면 아웅다웅하는 세상에 지치기도 하지만, 지극히 인간적이고 정상적인 모습이기에 마음이 편해지기도 한다.

그런데 아직 완전히 내 안에서 정리가 된 것은 아니지만, 나이가 들어감에 따라 죽음을 이와는 약간 다른 각도로 바라보게 된다. 사람은 동시대와 후세 사람들에게 자기만의 방식으로 기억을 남기는 존재이기에 죽음이란 영혼이 영원히 살아 있는 또 하나의 상태가 아닐까 하는 생각을 하게 된다. 소크라테스의 육체는 죽었지만 그는 아직 우리 곁에 살아 있듯이, 경제학자 하이에크는 죽었지만 그의 생각과 이론은 나의 기억 속에서 오래도록 살아 있듯이 말이다.

이런 생각을 거듭하다 보니 묘를 쓰지 않는다든지, 상을 치르지 않는다든지 하는 죽음과 관련한 일반적인 문제는 대략적으로 정리가 되는 것 같다. 대신 더 좋은 작품과 생각과 가치로 사람들 사이에 기억되고 싶은 욕망은 강해진다.

이런 각도에서 보면 한편으론 권력이나 금력이란 것이 덧없다는 생각이 들기도 한다. 이따금 나는 살아생전 경제적인 곤궁함으로 고생스럽게 살았던 위대한 예술가들의 작품 앞에서 과연 영원히 사는 것이 무엇일까 하는 생각을 해보게 된다. 호의호식하며 부를 축적했던 인물이나 하늘을 나는 새도 떨어뜨릴 정도의 권세를 자랑했던 권력자의 이름은 많은 이들이 기억 못할지 몰라도, 위대한 예술가는 자신의 작품을 통해서 세대를 넘어 불멸의 기억을 남긴다. 소크라테스를 고발했던 3인을 정의로운 사람이라고 기억하는 사람들이 있는가? 하지만 소크라테스는 불멸의 철학자로 우리의 가슴에 새겨져 있다.

우리가 어떤 견해를 갖고 있는가에 따라 죽음의 의미도 크게 달라진다. 사람이 나이를 먹으면 주어지는 과제 가운데 하나가 생사관(生死觀)을 제대로 정립하는 일이다. 나는 젊은 날부터 인생에서 명예롭게 이름을 남기고 가는 일이 중요하다는 생각을 했다. 인생은 한 번 왔다가 언젠가 떠나야 하는 것인데, 그렇다면 나는 무엇을 남기고 갈 수 있을까 하는 부분에 천착했던 것이다.

그런데 세월이 흘러가면서 새롭게 다가온 과제가 있다. 그것은 무엇인가를 남기기 위해 헌신해야 하지만 남긴 것들을 사람들이 기억해 줄 것인가 아닌가라는 문제는 전적으로 타인의 몫이란 점이다. 그래서 무엇을 남긴다는 생각보다 중요하게 다가온 것은, 결과에 상관 없이 더 이상 완벽할 수 없을 정도로 순간순간을 최대한 충실하게 자신의 삶을 채워가는 일이다. 그런 노력들로 인해 무엇인가 이득을 얻을 수 있든 말든 말이다.

무엇보다 중요한 것은 타인의 평가가 아닌 스스로 떠난 뒤에도 후회 없이 살았다는 그 한마디를 남길 수 있다면 제대로 산 인생이라고 할 수 있을 것이다. 톨스토이는 "산다는 것은 죽는 것이다. 옳게 산다는 것은 옳게 죽는 것이다. 그러므로 옳게 죽기 위해서 노력하지 않으면 안 된다"라고도 했다. 이처럼 죽음을 생각하면 지금 어떻게 살 것인가에 대해 더 치열하게 생각하고 실천하게 된다.

죽음을 어떻게 이해할 것인가를 스스로 정리하면 인생의 후반에 죽음에서 오는 중압감을 피할 수 있을 것이다. 물론 너무 이른 나이에 이런 문제를 깊이 생각하면 자칫 허무주의자가 될 수도 있다. 그러나 분명한 생사관을 가진다는 것이 인생을 살아가는 데 소중한 나침반이 되는 것은 확실하다.

소크라테스가 담대하게 자신의 믿음을 지킬 수 있었던 것은 생사관이 분명히 서 있었기 때문이었다. 사실, 죽음을 빼고 나면 세상에서 진정 심각한 문제는 별로 없다. 죽음에 대한 견해를 정확하게 정리하고 살아간다면 삶의 무게감을 줄일 수 있을 뿐 아니라 지상에서 머무는 시간을 좀더 알차게 보낼 수 있을 것이다.

『인생 수업』이란 책으로도 유명한 엘리자베스 퀴블러 로스가 자서전에서 했던 이야기가 떠오른다.

"사람들은 나를 죽음의 여의사라고 부른다. 30년 이상 죽음에 대한 연구를 해왔기 때문에 나를 죽음의 전문가로 여기는 것이다. 그러나 그들은 정말로 중요한 것을 놓치고 있는 것 같다. 내 연구의 가장 본질적이며 중요한 핵심은 삶의 의미를 밝히는 일에 있었다."

2장

올바른 삶을 위한 선택
『크리톤』

"그냥 살아선 안 된다, 정의롭게 살아야 한다"

> "그러니 내게 이런 운명이 닥쳤다고 해서 내가 이전에 말한 원칙들을 지금 내던져버릴 수는 없네. 그것들은 내게 이전과 거의 같아 보이며, 나는 바로 그 동일한 원칙들을 이전처럼 우선시하고 존중하네."
> — 소크라테스

CLASSIC BRIDGE

당당한 삶을 위한 원칙을 지녔는가

　최근 한 여론 조사 기관에서 '우리 사회는 정의로운가'에 대한 설문을 한 결과 그렇다고 대답한 사람은 응답자의 17.7퍼센트에 불과했고, 그렇지 않다고 대답한 응답자는 52.3퍼센트나 되었다. 이 결과를 보고 마이클 샌델의 『정의란 무엇인가』가 폭발적 반응을 불러일으킨 것을 비롯해 최근 우리 사회에 불어닥친 '정의 열풍'이 어디서 비롯되었는지 짐작할 수 있었다. 우리 사회가 그만큼 정의롭지 못하기 때문에 정의를 더 열망하게 된 것은 아닐까.

　과연 정의란 무엇인가? 살아가면서 때때로 우리는 이런 질문을 던지게 된다. 사회적 삶 속에서 여러 선택과 판단을 두고 갈등하게 되고 그럴 때마다 정의에 대해 되새기곤 한다. 무엇보다 정의는 선하고, 바르고, 옳은 것이다. 현대 사회에서의 정의는 개인의 자유, 평등, 복지 등의 문제와 맞물리면서 더욱 복잡한 개념이 되고 있고 이를 둘러싼 논의는 한층 가열되고 있다.

 정의에 대한 뜨거운 논쟁과 관심이 오늘날만의 일이겠는가? 이미 2,500년 전 아테네의 한 감옥에서 사형을 앞둔 자와 이를 말리려는 자의 절박함 속에 정의에 관한 토론이 시작된다.

 배심원들로부터 사형을 언도받고 감옥에 갇힌 소크라테스와 어떻게든 죽음만은 면하게 하기 위해 도망을 권유하는 친구 크리톤. 이 둘의 열띤 대화를 담은 책이 바로 플라톤의 〈대화편〉 중 『크리톤(Kritōn)』이다.

 이 책은 소크라테스가 사형되기 하루 전날, 소크라테스와 크리톤이 정의와 부정의, 그리고 이들에 대한 대응에 대해 나눈 대화를 기록하고 있다. 플라톤의 〈대화편〉 중에 흔히 '소크라테스적 대화편'으로 불리는 4부작 『소크라테스의 변론』『크리톤』『파이돈』『에우튀프론』 가운데 한 작품이다.

 특히 소크라테스는 크리톤과 탈옥을 포함해서 국법을 어기는 것이 과연 정당한 일인가에 대해 이야기한다. 이 대화는 훗날 정부와 시민 사이에 이루어지는 사회계약론의 기초를 제공하게 된다.

 짧은 글 속에 살면서 해야 할 일과 해서는 안 될 일에 대한 핵심 메시지를 녹여내고 있는 『크리톤』을 읽으면서, 특히 한 개인이 정의를 어떻게 이해하고 이를 삶 속에서 어떻게 실천해야 하는가를 깊이 생각해 볼 수 있었다.

 상황이나 환경이 바뀌어도 변하지 않는 사고와 판단, 그리고 행동에 대한 원칙이 있음을 강조하는 소크라테스의 주장에서 현대를 살아가는 우리들도 뚜렷한 원칙을 갖고 살아가야 한다는 다짐을 하게 한다. 짧은 대화록이지만 소크라테스라는 인물에 대한 감동과 엄숙함을 느낄 수 있다.

그동안 수직적인 질서와 분위기가 강하게 남아 있는 우리 사회는 '성장'에 집중하느라 목적을 위해서 수단이 합리화되는 경우가 많았다. 발각되지만 않으면 부정의한 행동을 정당하다고 생각하는 경우도 많다. 이는 어느 누구를 우선적으로 탓할 문제가 아닌 우리 사회 전체에 팽배하고 있는 의식이다. 편법을 쓰는 사람을 지탄하는 게 아니라 법망을 교묘하게 빠져나가는 사람을 은근히 부러워하고 그렇지 않은 사람은 오히려 고지식하다고 손가락질을 하기도 한다.

심지어 국민들을 대변하여 법을 만드는 국회의원들조차 의사당 내에서 불법적인 행위를 거리낌 없이 저지르고도 대로를 활보하고 다니는 어처구니없는 일들이 일어나고 있다. '목적을 위해 수단은 얼마든지 합리화될 수 있다'는 의식을 반영하는 사례들이다.

우리 국민의 반 이상이 우리 사회가 정의롭지 못하다고 생각하는 데는 이런 여러 가지 요인들이 그 바탕을 이루고 있다.

그런 의미에서 탈옥을 권유하는 죽마고우 크리톤의 말에도 국법을 지켜야 하는 이유를 논리적으로 설파하며 죽음을 받아들이는 소크라테스의 태도는 많은 생각을 하게 만든다.

크리톤은 지극히 인간적인 이유를 들어 소크라테스에게 탈옥을 권하지만 소크라테스는 탈옥을 받아들일 수 없는 이유를 이야기하면서 올바른 삶, 아름다운 삶, 정의로운 삶에 대해 찬찬히 설명한다. 그런 삶의 굳건한 원칙들은 '정의를 구성하는 다섯 가지 원칙들'이란 이름으로 정리되어 있다. 이들을 조합하면 구체적으로 어떤 삶이 정의로운 삶이며 아름다운 삶인가에 대한 생각을 정리할 수 있다.

누구나 삶에는 결정적인 사건들이 있게 마련이다. 『크리톤』을 읽자니 내 지난날의 여러 사건들이 주마등처럼 스쳐지나갔다. 어떤 결정을 하는 순간마다 원칙을 잠시 접고 타협을 할 수도 있었지만 원칙을 지켰기 때문에 나를 구할 수 있었다. 또한 원칙을 우직하게 지켜냈기 때문에 기회를 잡을 수 있었다. 주위의 큰 도움 없이 이만큼 사회에 자리를 잡고 나름의 길을 선택해서 꿋꿋이 걸어갈 수 있게 된 것은 모두 원칙을 세우고 그것을 지켜내려 하였던 노력이 있었기에 가능하였다.

당장의 이익과 즐거움을 권하는 사회에서는 더더욱 올바른 원칙에 반석을 둔 삶이 중요하다. 자신을 위해서, 가족을 위해서 그리고 사회를 위해서도 말이다.

모든 사람이 철학자처럼 뚜렷한 원칙을 세우고 언제 어디서나 그 원칙을 침해하지 않고 살아가기는 쉽지 않다. 그럼에도 올바른 원칙을 세우고 그 원칙에 따라 살아가려고 노력하는 것 자체가 아름다운 삶이자 선한 삶이다.

물론 그런 삶을 살아가다 보면 남들에 비해 손해를 볼 때도 있고, 외로움을 느낄 때도 있고, 초조할 때도 있고, 비난을 받을 때도 있다. 하지만 긴 안목에서 보면 원칙을 지킨 것이 훨씬 가치 있고 아름답다.

『크리톤』은 살아가면서 우리가 흔히 던지게 되는 무엇이 올바른 삶인가 하는 질문에 답을 제공해 준다. 최후의 순간을 목전에 둔 시점에 이뤄진 대화인 만큼 대화는 겉돌지 않고 곧바로 본질적인 부분에 집중한다.

* 이 장의 원전 인용문의 출처는 이기백 번역의 『크리톤』(이제이북스, 2009)입니다.

# 한 인간의 내공은
나이에 비례하지 않는다

크리톤 : 나는 평생을 살면서 전에도 여러 차례 자네의 성향 때문에 자네가 행복한 사람이라고 생각하긴 했지만, 지금 직면한 불운 속에서 자네가 이를 얼마나 수월하고 차분하게 견뎌내는지를 보고는 훨씬 더 그렇게 생각하고 있네.
소크라테스 : 크리톤, 곧 죽어야 한다고 해서 내 나이에 화를 내는 건 적절하지 못할 것이네.
크리톤 : 소크라테스, 자네 나이가 된 다른 사람들도 그와 같은 불운에 사로잡히지만, 그들의 경우는 나이가 당면한 운명에 대해 화내는 일이 없도록 만들어주지는 못하네. pp.31~32(43b:7~43c:3)

사형선고를 받은 소크라테스는 약 30일 간 감옥에 갇혀 있었다. 사형 집행일 바로 전날 이른 아침, 부유한 친구 크리톤이 소크라테스를 방문한다. 크리톤은 소크라테스와 같은 아테네의 알로페케 지역의 주민으로 죽마고우이자 소크라테스의 탈옥을 기꺼이 도우려는 인물이었다. 크리톤이 소크라테스를 생각하는 마음을 엿볼 수 있는 대목은 사형 언도를 내리는 법정에서 확인할 수 있다. 고소인측이 사형선고를 내리고 이를 되받아 소크라테스가 고작 은화 1므나(1므나는 헬라스의 화폐 단위로 100드라크메에 해당하는데 건장한 기능인의 하루 일당이 1드라크메 정도였다)의 벌금을 낼 의향이 있다고 밝혔을 때였다.

　크리톤은 이런 보잘것없는 벌금이 배심원들을 오히려 더 화나게 할 수도 있고 사형 언도를 이끌 수 있다는 판단에서 서둘러 30므나를 낼 수 있는 수정 제안을 하도록 하고 이를 보증섰던 네 사람 가운데 한 명이었다.

　이른 새벽 시간에 교도관의 허락을 얻어 소크라테스의 감옥을 방문한 크리톤은 달게 잠을 자고 있던 소크라테스를 일부러 깨우지 않는다. 마침내 잠이 깬 소크라테스는 "왜 도착하자마자 잠을 깨우지 않고 말없이 바라보고 있기만 했는가?"라고 친구를 나무란다. 그 뒤에 이어지는 대화가 위의 인용문이다.

　크리톤은 일찍이 소크라테스가 범상치 않은 인물이라 생각하고 있었지만, 인간이 당면할 수 있는 최고의 불행인 사형 언도 앞에서도 담대한 태도를 유지하는 모습에 놀라움을 금하지 못한다.

소크라테스는 크리톤의 칭찬에 자신이 죽음 앞에서 담대함을 유지하고 분노하지 않을 수 있는 것은 나이 때문이라고 한다. 하지만 크리톤은 자신의 경험에 미루어 나이를 먹는다고 누구나 역경 앞에서 의연하고 평정심을 갖는 것은 아니라고 말한다.

둘의 대화를 보면서 나이듦과 인생의 역경에 대해 되돌아보게 된다. 나이를 먹으면 웬만한 일들, 특히 분노와 같은 일에 대해서는 어느 정도 담대해질 수도 있다. 세월이 주는 지혜를 무시할 수 없기 때문이다. 그러나 이것이 전부는 아니다. 개인의 성향과 태도에 따라 다르기 때문이다. 오히려 나이가 들면서 끊임없이 자신을 갈고닦지 않으면 아집만 생길 가능성이 높다.

내 주변에도 한때 이름을 날렸으나 남의 이야기를 듣지 않는 고집 센 모습으로 변모해 가는 이들이 적지 않다. 생각은 정체되어 있으니, 대부분 옛날이야기나 하면서 산다. 그때부터 주변 사람들이 슬슬 피하기 시작하는데, 이들의 공통된 특징은 배움이 중단되어 있다는 것이다.

그런 아집을 피하기 위해서는 세상을 관대하게 보려고 노력하고, 다른 사람의 의견을 듣고 조율하고, 불필요한 이야기는 참을 필요가 있다. 무엇보다 부지런히 계속 배워나가야 한다. 배워나가는 것은 깨우쳐나가는 것이고, 스스로 틀을 깨부숴가는 것이다.

나이가 들어 과거에 머물러 사는 사람이 있는 반면, 어떤 사람들은 더 깊고 훌륭하게 전진하는 경우도 있다. 한 예로 『공부하는 독종이 살아남는다』라는 책으로 유명한 이시형 박사를 볼 때면 배움의 자세를 가지고 관록을 쌓으며 나이를 들어간다는 것이 얼마나 멋진 일인지 확인하곤 한다.

여명이 비치는 감옥 안 크리톤과 소크라테스의 대화를 상상하며 나

소크라테스가 갇혔던 곳으로 추정되는 감옥 그리스 아테네 파르테논 신전 입구에서 100여 미터 떨어진 곳에 있다.

는 또 하나의 메시지를 떠올렸다. 바로 이러한 역경 속에서 드러나는 사람의 모습이 바로 그 사람의 진면목이라는 것이다. 사람의 본성과 됨됨이는 삶이 순풍에 돛 단듯 평탄하게 흘러갈 때는 드러나지 않는다. 좋을 때는 얼마든지 좋은 모습만을 보여줄 수 있다. 그러나 폭풍우가 몰아치는 것처럼 어려운 시기를 만나거나 서로 이해관계가 충돌하는 때에 진짜 모습이 적나라하게 드러난다.

세속적인 기준으로 큰 성공을 거둔 사람이라 해도 평소에 자신을 갈고닦는 노력을 꾸준히 하지 않으면 흔히 어려운 시기에 보통 사람들과 다를 바 없는 모습을 보인다.

이런 면에서 죽음이라는 큰 역경 앞에서도 의연했던 소크라테스라는 인물의 됨됨이가 어떠했는지 알 수 있고, 그에게서 무엇을 배워야 할지를 생각해 보게 된다.

최근 70대에 접어든 기업가가 전문 경영인을 혼내주라고 폭력배를 사주해 폭력을 행사한 일이 있다. 인생 칠십이면 그야말로 세상 문리를 터득하고도 남을 법한 나이다. 게다가 밑바닥부터 차근차근 사업의 터전을 닦아온 기업가라면 처신에서 '내공'을 가질 법도 하다. 물론 갈등을 빚다가 회사를 떠난 전문 경영인이 미울 수도 있고, 떠난 이후에도 소송 등으로 갈등을 빚는다면 감정의 앙금이 남아 있을 수 있다. 그렇다고 하더라도 폭력배를 사주할 수는 없는 일이다. 그런 행위가 가져올 사회적 파장을 조금만 생각했더라도 할 수 없을 것이다. 사건이 사실로 밝혀졌을 때 '저 연배에도 저렇게 실수를 할 수도 있구나' 하는 안타까움이 앞섰다.

역경이 닥치면 사람마다 대처하는 방법에 큰 차이가 난다. 1987년 미국으로 이민 가서 큰 식품업체를 일군 '김밥 파는 CEO' 김승호 씨가 여러 번의 사업 실패로 더 내려갈 수 없을 정도로 바닥에 가라앉았을 때 내린 선택은 운동을 하는 것이었다. 사업 재기에 안간힘을 쓰던 당시를 회상하면서 그는 "생각을 추스르고 법원과 빚쟁이를 상대하며 주위의 동정과 비난을 버텨내려면 무엇보다도 잘 나온 가슴 근육과 팔뚝 그리고 건강한 다리가 필요하다는 사실을 알게 되었다"고 말한다. 또한 그는 "배짱은 가슴속에 들어 있는 것이 아니라 가슴 근육 속에 들어 있었다"고도 말한다. 그래서 그는 시간을 내서 무조건 걷는 운동을 시작하였다. 하체에 힘이 붙어나는 것에 비례해, 팔굽혀펴기로 근육이 만들어지는 것이 비례해, 사업도 서서히 자리를 잡아가게 되었다고 한다.

오래전, 조직을 떠나 재기를 위해 몸부림을 칠 때 나도 김승호 사장처럼 생각했다. 누군가의 도움을 기다리거나 누군가의 위안을 바라기보다는 스스로 실천할 수 있는 것을 꾸준히 실행에 옮김으로써 재기의 발판을 마련한다는 것이다. 위기가 닥쳤을 때는 바깥에서 해법을 찾을 것이 아니라 안에서부터 찾아야 한다.

역경을 만났을 때는 그동안 삶의 궤적이 총체적으로 드러나게 된다. 사람에게는 '역경 극복용' 근육이나 지능이 있다는 생각이 든다. 운동선수가 결전의 날을 대비해서 꾸준히 훈련을 해야 승리를 거둘 수 있듯이 역시 그런 훈련의 결과로 난관을 극복하고 승리할 수 있다.

전직에서 실패한 이후 연구소를 차리고 차디찬 세상에 혼자 나왔을 때 나를 지킨 것은 다름 아닌 새벽 기상 습관이었다. 물론 평소 일찍 일어나는 습관을 가진 편이었지만, 조직 생활을 하며 많이 망가졌던 부분도 있었다. 당시에는 '새벽 기상 시간만 잘 지켜도 재기할 수 있겠다'는 굳은 의지로 아침 일찍 일어났다.

재산이 많다고 해서 권력이 있다고 해서 역경을 극복할 수 있는 것은 아니다. 실력이든 인품이든 습관이든 꾸준히 준비해 온 사람은 언제든 다시 일어날 수 있는 기백을 가질 수 있다.

물론 평범한 환경에서 무난하게 자라온 보통 사람이 강한 기백을 기르기란 쉽지 않다. 일부러 어려운 환경에 자신을 노출시키는 일도 쉬운 것이 아니다. 이런 경우 기백을 키우려면 매사에 본인을 한계점까지 밀어붙여봐야 한다. 일이든 사랑이든 무엇이든 끝까지 가보는 것이다. 그것은 사람을 강인하게 만드는 과정이다. 바닥을 친 사람만이 바닥을 차고 올라갈 수 있다.

소크라테스는 자기를 끝까지 밀어붙였던 사람이다. 그리고 자신에게 돌아올 이해득실을 따지지 않고 자기 삶을 굉장히 충실하게 살았던 사람이다. 그렇기에 내면세계에 강인함이 축적되었던 것이다.

평소에 치열하게 살아오지 않은 사람은 재기가 쉽지 않다. 매사에 너무 계산적인 사람은 강한 기백을 가지기가 어렵다. 그만큼 큰 도약을 이루며 대성하기도 어렵다. 인생에 무모할 필요는 없지만 지나치게 계산적인 삶을 사는 것 또한 위험한 일이다. 예를 들어 일을 배울 수 있다면 당분간 낮은 보수를 받고서라도 일할 수 있는 기백이 있어야 한다. 흔히 받은 만큼만 일한다는 생각은 일신의 편안함을 줄지 모르지만, 더 큰 기회를 가져다주지는 않는다.

최근 젊은 사람들은 연봉을 기준으로 최소한 이 정도에서 시작해야지 하는 생각을 많이 하는 것 같다. 물론 똑똑하게 자기 앞가림을 하는 것은 무척 중요한 일이지만 자신의 일과 인생의 만족도가 당장의 이익만으로 결정되어서는 안 된다. 인생은 길기 때문에 큰 그림에서 그 일의 가치 등을 따져보며 우직하게 처신하는 것 또한 매우 중요하다.

중견기업의 부회장을 지내다가 은퇴해서 멋진 이모작 인생을 살아가고 있는 김종헌 씨는 젊은 날을 회고하면서 "나는 회사 다닐 때 한 번도 '여기까지 내 일이고, 여기부터는 회사 일이다'는 식으로 쩨쩨하게 몸을 사리지 않았습니다"라고 말한다. 오늘날 기준으로 보면 우둔한 사람이라는 평을 받을 수 있을지 모르지만, 그렇게 우직하게 살아야 자기 길을 제대로 개척할 수 있다. 나는 우직함을 하나의 '지능'이라고 생각한다. 그 우직함을 실행에 옮기는 사람이 드물기 때문이다.

『논어』에 '절차탁마(切磋琢磨)'라는 말이 나온다. 옥이나 돌 따위를 갈고닦아서 빛을 내는 것처럼 부지런히 학문과 덕행을 닦는다는 뜻이다. 평소에 그렇게 절차탁마하는 노력을 통해 그릇을 키워두어야 역경이 닥쳤을 때 담대하고 의연한 모습을 지닐 수 있다.

손익을 따지지 말고
옳고 그름을 따져라

크리톤 : 숙고의 결론은 한 가지네. 다가올 밤에 이 모든 것을 실행해야 하네. 만일 계속 지체한다면 결코 더는 실행할 수가 없네. 어떻게든 내 말에 따르고, 결코 달리 행하지는 말게나.

소크라테스 : 나는 이제 처음이 아니라, 언제나, 추론해 보고서 내게 가장 좋은 것으로 보이는 원칙 이외에는 내게 속해 있는 다른 어떤 것에도 따르지 않는 그런 사람이기 때문이네. 그러니 내게 이런 운명이 닥쳤다고 해서 내가 이전에 말한 원칙들을 지금 내던져버릴 수는 없네. 그것들은 내게 이전과 거의 같아 보이며, 나는 바로 그 동일한 원칙들을 이전처럼 우선시하고 존중하네. 만일 지금 우리가 이것들보다 더 좋은

것들을 제시할 수 없다면, 나는 자네에게 동의하지 않으리라는 걸 잘 알아두게. p.36(46a:6~9, 46b:5~46c:2)

잉여의 삶을 살 것인가, 나답게 살다가 흔적을 남길 것인가. 그런 고민을 할 때 나를 지켜주는 것이 '주관'이자 '삶의 원칙', '철학'이다. 『크리톤』은 내가 지켜야 될 개인적인 원칙에 대해 다시금 확인하게 한다.

크리톤이 탈옥을 하라고 권유하자 소크라테스는 죽을 운명이 닥쳐도 어떤 상황에서도 법을 지키겠다는 자신의 원칙을 지키겠다고 한다. 이는 무엇이 득이 되고 아니고를 떠나 옳고 그름의 가치에 대해 되새기게 하는 대목이다.

크리톤은 소크라테스를 찾아가 탈옥을 해야 할 일곱 가지 이유를 든다. 그리고 소크라테스에게 외국으로 도망갈 것을 적극적으로 권한다. 사실 배심원 앞에 서기 전인 예비 심문 단계에서 소크라테스가 다른 나라로 떠나겠다고 제안하였다면 고발자인 아뉘토스가 소를 취하했을 가능성도 있었다. 크리톤은 소크라테스에게 많은 돈을 주지 않아도 탈옥을 도와줄 사람들이 있을 뿐더러 밀고자들조차 돈으로 매수할 수 있다고 한다.

그는 만일 자신이 지나치게 많은 돈을 사용하는 것이 부담스럽다면 외국인인 테베 출신의 심미아스와 케베스가 도움을 줄 수 있을 거라고 전한다. 특히 심미아스는 소크라테스의 도망을 돕기 위해 거액을 갖고 대기하고 있는 상태라고 말이다. 그는 친구에게 "우리 일을 염려해서 주저하지 말라"고 간곡하게 호소한다.

그렇다면 크리톤은 왜 소크라테스에게 탈옥을 권했을까? 하나는 친구의 죽음이라는 가슴 아픈 일을 막고 싶은 인간적인 고뇌 때문이고, 다른 하나는 자신에 대한 평판이 실추되는 것을 두려워했기 때문이다. 부유한 크리톤이 친구 소크라테스의 죽음을 막을 충분한 돈이 있음에도 나서지 않는다면 사람들이 비난할 게 틀림없었다.

크리톤은 소크라테스에게 자식을 부양해야 하는 아버지의 의무를 강조한다. 아직 아버지의 도움이 필요한 어린 자녀들이 있는데도 자신의 원칙에 맞지 않는다고 이들을 내버려둔 채 죽는 것은 올바르지 않다고 한다. 이것은 보통의 남자들이 가장 가슴 아프게 생각할 부분이자 심각하게 받아들일 부분이다.

아버지의 의무를 저버리는 일에 대해 크리톤은 더 뼈아픈 비판을 한다. 끝까지 책임져 주지 못할 바에는 자식을 낳지 않아야 했고, 그게 아니라면 힘들더라도 자식을 양육하고 교육시키는 책임을 다해야 한다고 한다. 죽는 것은 오히려 그 책임을 벗어나고자 하는 안이한 선택이라고 주장한다.

소크라테스가 평범한 생활인이었다면 친구의 평판이 실추되는 것은 둘째 치고 '자식 때문에'라는 말은 무시할 수 없었을 것이다.

사실 사회적으로 비난받을 만한 일을 저지르고서 '자식들 때문에' 혹은 '자식들 일이라서'라는 핑계를 대고 합리화하는 사람들이 얼마나 많은가. 자식 문제와 관련해서 많은 사람들이 스스로 관대해져 불법을 행하고 도덕적 양심을 저버리곤 한다. 공직에 앉아야 할 사람들이 청문회장에서 자식 교육을 위해 '위장전입'쯤은 아무것도 아닌 태도를 보이는

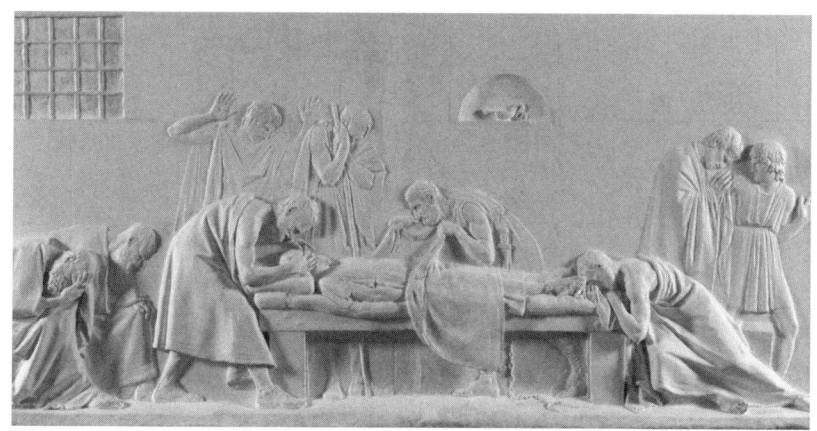

소크라테스의 눈을 감기는 크리톤 소크라테스는 탈옥하라는 친구 크리톤의 권유를 뿌리치고 결국 죽음을 택한다.

모습을 종종 본다.

만약 내가 소크라테스였다면 크리톤의 권유에 흔들리지 않았을까. 그저 담담히 죽음을 받아들일 수 있었을까. 자신의 원칙을 저버리지 않기 위해 죽음을 택한 소크라테스의 행동은 단순히 죽음을 넘어 영원히 사는 더 현명한 방법일지 모른다.

그러나 막상 내가 선택을 해야 하는 상황이었다면 많이 흔들렸을 것이다. 자식을 가진 사람의 눈으로 보았을 때 이렇게 초연할 수 있다는 것은 보통 일이 아니다.

가끔 사회 운동을 하느라고 자식과 가정, 생계도 팽개친 채 대의를 위해서 움직이는 사람들을 본다. 그들이 비록 부모로서의 도의를 저버렸다고 하더라도 나는 그 개인의 판단을 존중한다. 다만 내게 정치할 기회가 생겨도 하지 않겠다고 하는 이유 가운데 하나가 바로 자식 뒷바라지 문제 때문이다. 그만큼 자식 문제는 큰 것이다. 그런 의미에서 소크라테스는 지나치게 이기적인 아버지일 수 있고, 또 그만큼 대단한 철학자일지 모른다.

크리톤은 어린 자식의 앞날을 위해서라도 소크라테스에게 자신의 원칙을 어느 정도 양보할 수 있어야 한다고 주장한다. 그러면서 일평생 덕에 마음을 써왔노라고 주장해 온 사람으로서 훌륭하고 용기 있는 선택을 해야 하는데, 그것이 바로 자식들을 위해 탈옥을 감행하는 것이라고 말한다.

이에 소크라테스는 결연한 의지를 보인다. 죽음을 택할지언정 올바르지 않은 일, 즉 탈옥을 선택하지는 않을 것이라고 말한다. 그리고 탈옥은 실용성이나 부모로서의 의무 문제가 아니라 옳고 그름의 문제임을 분명히 한다.

소크라테스는 어떤 행위든 이익이나 손실을 따지지 말고 원칙에 따라 행해야 한다고 생각했다. 소크라테스는 올바른 원칙을 세우고 그 원칙에 따라 행동하는 것에 대해 깊은 믿음을 갖고 있었다. 고발당했을 때나, 사형 언도를 받았을 때나, 사형을 하루 앞두었을 때나, 상황이 바뀌어도 그는 원칙에 어긋나는 행위를 하지 않았다. 원칙이란 행위의 기준이 되는 원리이며 의사 결정을 하거나 선택과 행동을 할 때 기준점, 근거 혹은 전제가 된다.

중요한 의사 결정을 앞두고 어떻게 판단하고 행동해야 하는가를 결정함에 있어서 소크라테스의 기준은 실용성이 아니라 옳고 그름이자 정의였다. 행위의 기준을 실용성에 두면 자칫 '코에 걸면 코걸이, 귀에 걸면 귀걸이'가 되기 쉽다.

어떤 상황에 처하든 옳고 그름을 명확히 한 다음 행동해야 한다는 데 동의한다. 개인들이 생활 속에서 견지할 수 있는 행위의 기준 가운데 최소한은 실정법을 지키는 일이다. 그리고 자기 양심의 소리에 귀를 기울이는 것이다. 특히 공인(公人)은 윤리적이고 도덕적인 면에서 일반 사람들보다 그 기준이 훨씬 엄격해야 할 것이다.

나는 '훌륭한 사람'이 되는 것에 삶의 원칙을 두고 있다. 훌륭한 사람의 필수 조건은 무엇보다 공정한 삶을 사는 것이다. 때문에 어떤 행위를 할 때 옳고 그름의 문제는 내게 중요한 판단 기준이 된다. 열심히 살 것인가 대충 살 것인가는 나한테는 옳음 그름의 문제다. 사람을 대할 때 지위고하를 막론하고 정중하게 대하는 것도 나한테는 옳고 그름의 문제이다.

개인이 자신의 원칙을 지키는 것도 어렵지만, 조직 생활을 하는 사람은 더욱 힘들다. 개인의 옳고 그름과 조직의 옳고 그름이 일치하지 않는 데서 오는 갈등이 있을 수 있다. 조직의 정의를 용인할 수 있을 때는 참을 수도 있지만, 스스로 그렇지 못하다는 판단이 서면 과감하게 끊을 수 있어야 한다.

물론 기업과 같이 이익을 따지는 집단에서는 이 옳고 그름을 가지고만 이야기할 수는 없다. 실용성을 무시할 수 없고 상황에 따른 유연한 대처가 중요할 때도 있다. 나 역시 원칙을 고수하는 소크라테스의 일면을 닮고 싶지만, 내가 만약 이해득실을 우선순위로 따지는 기업가나 정치인이었다면 어찌했을지는 장담할 수 없다.

그러나 실용성에 기준을 두면 항상 합리화를 시도하게 된다. 인간이 가진 매우 중요한 심리적 특성 가운데 하나가 자기 합리화 혹은 자기기만이다. 뇌물을 받을 때 사람들은 반드시 합리화 과정을 거친다. "이 정도를 받는 것은 별 문제가 없어. 관행이니까" 하고.

그렇기 때문에 우리는 반드시 행위를 판단하는 나름의 원칙을 갖고 살아야 한다. 최소한 개인의 차원에서는 철학자의 원칙에 가까이 다가가는 노력, 가능한 한 매순간 옳고 그름의 기준에 맞춰 생각하고 행동하는 노력이 필요하다. 장기적으로 보면 원칙에 따른 삶이 훨씬 더 이득이 되는 삶이다.

다수와 배치되더라도 지켜야 할
원칙은 변함이 없다

소크라테스: 그러면, 더없이 훌륭한 친구여, 우리는 다수의 사람이 우리에 대해 뭐라고 말할 것인지에 그토록 크게 주목할 게 아니라. 정의로운 것들과 정의롭지 못한 것들에 관해 전문 지식을 가진 한 사람과 진리 자체가 뭐라고 말할 것인지에 주목해야 하네. 그러니 우선, 자네가 정의로운 것들과 아름다운 것들 및 좋은 것들 그리고 이것들과 상반된 것들에 관해 다수의 판단에 주목해야 한다고 권고를 할 때 자네는 옳게 권고하는 것이 아니네. "하지만 분명 다수의 사람은 우리를 죽일 수 있다"고 누군가가 말할지도 모르네.

크리톤: 그것도 분명하네. 정말 누군가가 그렇게 말할지도 모르니까, 소크

라테스.

소크라테스: 맞는 말이네. 하지만 놀라운 친구여, 우리가 검토해 온 그 원칙은 내게 여전히 이전과 같아 보이네. 그럼 이번에는, 사는 것이 아니라 훌륭하게 사는 것을 가장 중시해야 한다는 것이 여전히 우리에게 유효한지 아닌지를 고찰해 보게.

크리톤: 여전히 유효하네.

소크라테스: 그리고 훌륭하게 사는 것과 아름답게 사는 것과 정의롭게 사는 것이 같다는 건 유효한가 아닌가?

크리톤: 유효하네. p.40(48a:6~48b:10)

소크라테스가 위의 글에서 언급하는 '우리가 검토해 온 그 원칙'은 무엇을 뜻하는 것일까? 다수의 의견이라고 해서 모두 존중해야 하는 것은 아니라는 사실 즉, 어떤 의견은 존중해야 하겠지만 또 어떤 의견은 존중할 필요가 없는 것을 말한다. 이를 풀어서 설명하면 다수가 올바르다고 믿어 의심치 않는 의견이라 할지라도 존중해야 할 필요가 없다면 존중하지 않아도 된다는 것이다. 다수 의견에 맹종하는 것을 거부하는 소크라테스의 확고한 믿음을 확인할 수 있는 부분이다.

조직 생활을 할 때 나는 자기 의견을 많이 개진하는 편이었다. 다수가 늘 옳다고 생각하지는 않았기 때문이다. 또한 다수가 혁신을 지지하기는 쉽지 않고, 다수는 대부분 쉽고 편안한 길을 선택한다고 생각했기 때문이다.

소니가 맨 처음 MP3를 발명했을 때 회사 내의 다수는 그것을 상품화하면 소니 음반이 타격을 입는다는 주장에 대해 동조했다. 카메라 필름으로 유명한 세계적 기업 코닥은 최초로 디지털 카메라를 만들었지만 회사 내의 다수는 주력 분야인 필름 시장의 이익에 침해되기 때문에 상품화를 반대했다. 우리가 알다시피 이후 디지털 카메라 시대가 열리며 필름 산업은 사양길에 접어들었다.

스티브 잡스가 다수가 원하는 것을 했다고 보는가? 불편한 진실이기는 하지만 혁신과 창조는 대부분 자기 길을 고집했던 사람들이 만들어 낸다. 그런데 자신의 길을 가기 위해서는 상당한 확신이 있어야 하기 때문에 매우 열심히 자기 문제를 고민하는 사람들만이 자기 주장을 내세울 수 있다.

크리톤은 소크라테스에게 탈옥을 권유하면서 다수의 의견이나 판단이 올바르지 않더라도 충분히 고려해야 한다고 말한다. 아니, 고려하는 데 그치지 않고 받아들이라고 말하고 싶어 한다. 크리톤이 이처럼 다수의 판단에 신경을 써야 한다고 주장한 것은 다수가 가진 엄청난 파급력 때문이다. 아테네와 같은 직접 민주주의 체제에서 배심원 다수의 판단은 죄가 없는 사람의 생명을 빼앗을 수 있을 정도로 무소불위의 힘을 갖고 있었다. 사실 소크라테스는 죄가 없음에도 불구하고 사형선고를 받지 않았는가?

그러나 소크라테스는 크리톤을 설득한다. 설득의 핵심은 주의를 기울여야 하는 판단도 있지만, 주의를 기울일 필요가 없는 판단도 있다는 것이다. 소크라테스는 "우리는 다수의 사람이 우리에 대해 뭐라고 말할 것인지에 그토록 크게 주목할 게 아니라. 정의로운 것들과 정의롭지 못한 것들에 관해 전문 지식을 가진 한 사람과 진리 자체가 뭐라고 말할 것인지에 주목해야 하네"라고 이야기한다.

가령 체조 선수가 되기 위해 노력 중인 학생이라면 일반인들이 그를 찬양한다거나 비판하는 의견에 귀 기울이는 것은 바람직하지 않다. 우선적으로 전문가인 체육 교사의 의견에 귀를 기울여야 한다. 질병이 걸린 사람도 전문가인 의사의 이야기를 들어야지 무분별하게 일반인들의 이야기를 듣는 것은 올바르지 않다.

우리가 중요한 결정을 내려야 할 때면 주변에서 조언과 충고를 하는 사람들이 많다. 그들은 "사회의 통념이니까 혹은 대다수 사람들이 그렇게 생각하니까 당신도 다수 의견을 따르는 것이 좋겠다"라고 말하기도 한다.

그러나 사람들의 숫자가 중요한 것이 아니라 한 사람이라도 귀를 기울일 만한 자격을 갖고 있는 사람인가에 주목해야 한다. 누가 전문가인가를 살펴보고 전문가의 이야기에 우선적으로 귀를 기울여야 한다. 그렇다고 해서 전문가의 의견을 전적으로 따라야 한다는 말은 아니다. 전문가의 의견에 우선권을 주고 더 깊은 관심을 가져야 한다는 말이다. 또한 다수 의견을 참조할 수 있지만 이들을 전적으로 따르는 것은 위험하고 경솔한 일이기도 하다.

그런데 위의 인용문에서 눈여겨봐야 할 대목은 다수의 의견에 대한 내용이다. 소크라테스는 철학자로서 아테네 사람들을 깨우치기 위해 애쓰는 과정에서 다수의 의견이 원칙에 배치되는 경험을 많이 했을 것이다. 뿐만 아니라 배심원들이 자신에게 사형선고를 내린 데서 다수의 폭정이나 무지함에 대해 더욱 확신을 가졌을 것이다. 숫자가 많다고 정의의 가능성을 높여주지는 않는다. 그러므로 항상 '다수가 옳다고 생각하니까'라는 기준을 적용할 때는 주의해야 한다.

한편 다수가 올바르지 않다고 판단하면, 소크라테스는 탈옥을 감행할 수도 있지 않았을까? 왜 그는 탈옥을 권하는 크리톤의 설득을 받아들이지 않았을까? 바로 이 부분이야말로 『크리톤』의 백미(白眉)이다. 단 한 문장으로 정리하면, 크리톤에게 탈옥은 '가능하면 할 수 있는' 실용적인 문제였지만 소크라테스에게 탈옥은 '결코 받아들일 수 없는' 정의의 문제였다.

소크라테스는 감옥에서 도망갈 것인가, 그냥 감옥에 머물 것인가를 정의(正義)와 불의(不義)의 문제로 받아들인다. 그러니까 그에게 탈옥할 것인가 말 것인가는 단순히 자신의 생명을 구할 것인가 아니면 사형을 당할 것인가의 문제가 아니다. 그래서 도망가는 일이 과연 정의로운 일인가를 두고 크리톤과 대화를 주고받는다.

반면 크리톤을 비롯해서 소크라테스를 도우려는 사람들에게 그것은 정의나 불의의 문제가 아니었다. 그보다는 탈옥이 가능한가, 탈옥 이후엔 어디로 가서 어떻게 생활할 것인가, 탈옥을 정당화하는 이유가 있는가 등이 의사 결정의 중요한 대상이었다. 이렇듯 소크라테스의 의사 결정 기준과 그를 도우려는 사람들의 의사 결정 기준은 크게 달랐다.

여기서 한 가지 의문이 든다. 다수에 의해 죽임을 당할 처지에 놓였는데도 정의의 원칙을 지켜야 하는가. 이에 대해 소크라테스는 다수의 의견에 맞서 지켜야 할 정의의 원칙에 또 하나의 원칙을 추가한다. 그 원칙은 비록 죽을지라도 훌륭하게 살아야 한다는 것이다. 훌륭하게 사는 것은 부끄럽지 않게 사는 것, 즉 아름답게 사는 것이기도 하고 정의롭게 사는 것이기도 하다.

소크라테스는 다수의 의견이 명백히 잘못되었음에도 불구하고 탈옥하는 것은 정의에 어긋나는 일이라고 생각한다. 그러니까 배심원들의 판단이 가진 부당함에도 탈옥하는 것은 올바르지 않다는 것이다. 그가 가진 가치판단의 원칙에는 다수가 어떻게 생각하는가에 관계없이 절대적인 정의(올바름)가 존재한다. 여기서 소크라테스는 도덕적 혹은 윤리적 절대주의에 대해 굳건한 믿음을 갖고 있었음을 알 수 있다. 상황이나 시대를 뛰어넘는 절대 선이 존재한다고 믿었다.

다수의 의견과 배치되더라도 원칙에는 변함이 없어야 한다. 이때 중요한 게 내면의 나침반이다. 사실 다수의 의견을 듣지 않고 나의 원칙을 내세울 때는 무엇보다 먼저 나 자신이 옳아야 하는데, 자신이 옳은지 아닌지의 기준이 되는 것이 바로 '내면의 나침반'이다. 예를 들어 가장 가치 있게 생각하는 것, 양심에 걸리지 않는 것, 내가 추구하는 핵심적인 목표 등과 같은 것이다. 이것이 다수의 의견과 조화를 이룰 수 있는 부분인지 아닌지에 대해 생각하고 결정하는 기준이 되면, 남의 의견에 크게 좌지우지되지 않는다.

나는 다수의 의견이라도 거부하는 일을 두려워하지 않는다. 내가 옳다고 생각하는 것에 대하여는 다른 사람과 타협을 하지 않는 편이다. 어떤 판단을 할 때 나의 내면의 나침반은 바로 자유이다. 누구의 구속 없이 능력이나 지식이 꽉 차 있는 자유로운 인생, 그리고 사회적 비난을 받지 않는 것은 중요한 가치 중의 하나다. 이것은 바로 훌륭한 삶과 연결된다.

사실 다수의 의견을 따르지 않는다는 게 쉽지 않고, 또한 다수의 의견을 늘 비판하라는 것도 아니다. 다만 다수의 의견에 무조건적으로 휩쓸리거나 함몰되지 말라는 것이다.

그러려면 우선 부지런히 배워야 한다. 자신의 분야에 대해 끊임없이 공부하고 고민하지 않으면 내면의 자신감이 생겨나지 않기 때문이다.

지성과 이성의 힘을 갈고닦아서 타인의 의견이나 주장에 실린 의도를 정확하게 읽을 수 있어야 한다. 전문가들의 의견에도 자신의 입지나 집단의 이익을 반영하는 경우가 많다. 이를 변별해 낼 줄 알아야 한다. 그냥 순진하게 믿어버리거나 믿고 싶은 것을 사실과 관계없이 받아들이는 것은 매우 위험한 일이다.

의심할 수 있는 것도 큰 용기다. 개인적으로도 사회적으로도 의심을 해볼 수 있어야 한다. 남들이 옳다고 하는 것에 대해 진짜 옳은지 의문을 가져야 된다. 무모하게 추종하지 말고 점검해 보는 것, 그 자체만으로도 자신을 보호하는 것이다.

이 책의 원고를 한참 다듬고 있을 즈음, 오랫동안 집을 떠나 있는 아이들과 함께 식사를 할 기회가 있었다. 사소하게 보이는 실수로 어려움에 처한 지인에 대한 이야기를 나누다가 아이들에게 이런 말을 해주었다.

"걸어온 길을 돌아보면 이따금 아찔한 순간이 있는데, 그것은 원칙을 접고 편의에 따라 누군가를 봐준 것이었다. 설령 그런 일들이 선의에서 나온 일이고, 내 이익을 구하는 일이 아니라 하더라도 지금 와서 생각해 보면 상당히 위험한 판단과 행동이었다. 삶에는 뚜렷한 원칙이 서 있어야 하고 설령 약간의 불이익이 따르더라도 이런 원칙을 어떤 상황에서도 양보하지 않고 우직하게 지켜내는 것이 자신을 보호하는 길이자 올바른 삶의 길이기도 하다."

그냥 살아선 안 된다,
정의롭게 살아야 한다

소크라테스: 정의롭지 못한 짓을 하는 것도, 보복으로 정의롭지 못한 짓을 하는 것도, 해를 입었을 때 보복으로 해롭게 하여 자신을 지키는 것도 결코 옳지 않다는 것으로부터 말이네. 아니면 자네는 이런 출발점을 거부하고 그것을 나와 공유하지 않는 것인지? 나는 오랫동안 그렇게 생각해 왔을 뿐 아니라 지금도 여전히 그렇게 생각하네. 만일 자네가 어떻게든 달리 생각한다면 내게 말하고 가르쳐주게. 하지만 만일 자네가 앞서 우리가 논의한 것들을 고수한다면, 그 다음 것에 귀를 기울이게나.

크리톤: 물론 나는 그것들을 고수하며 나도 그것들이 맞다고 생각하네. 그러니 말해 보게.

소크라테스: 그럼 그 다음 것을 말하겠네. 아니 오히려 물어보겠네. 누군
　　가가 다른 누군가와 합의한 것들이 정의롭다면, 그는 그것들을 이행해
　　야 하는가, 아니면 어겨야 하는가?
크리톤: 이행해야지. pp.43~44(49d:8~49e:10)

　올바른 삶, 정의로운 삶은 어떤 것인가. 소크라테스는 다수가 올바른 삶이라고 말하는 것이 반드시 올바른 삶은 아니며, 올바른 삶이란 상황에 따라 달라지는 것이 아니라고 말한다. 올바른 삶을 가능하도록 만드는 원칙들이 존재한다는 점을 소크라테스는 분명히 한다.
　소크라테스는 탈옥하는 것이 과연 정의로운가를 놓고 크리톤과 대화하며 행위의 기준이 되는 정의의 원칙들을 정리한다. 소크라테스가 제시하는 정의의 원칙들은 다음의 다섯 가지로 정리할 수 있다.
　첫째, 정의롭지 못한 짓을 행하지 않아야 한다.
　둘째, 보복으로 정의롭지 못한 짓을 행하지 않아야 한다.
　셋째, 남에게 해를 입히지 않아야 한다.
　넷째, 해를 입더라도 보복으로 정의롭지 못한 짓을 해선 안 된다.
　다섯째, 누군가가 다른 누군가와의 합의를 통해 이룬 것들은 지켜져야 한다.
　요컨대 감옥에서 탈옥하는 것은 정의롭지 못한 일이기 때문에 소크라테스는 그런 행위를 하지 않아야 한다는 결론을 끌어낸다.
　이 가운데 보복을 금지하는 것은 당시로서는 혁신적인 도덕론이었

함무라비 법전 높이가 2.25m 되는 돌기둥의 계시법(揭示法)으로, 쐐기문자에 의하여 전문·후문 이외에 282조의 규정이 새겨져 있다. 루브르 박물관 소장.

다. 당시 사람들은 대부분 보복이 정의로운 것이라고 생각하는 '보복적 정의론'에 동의하고 있었다. 인류 최초의 문명이라 불리는 기원전 5000년 무렵의 수메르 문명도 보복적 정의관을 기록으로 남겼으며, 고대 바빌로니아의 함무라비(기원전 1810년경~1750년경) 법전에도 '눈에는 눈 이에는 이'와 같은 보복적 정의관이 들어 있다. 또한 고대 그리스의 시인인 아르킬로코스(기원전 675년경~635년경)의 "나는 내게 해를 입힌 사람에게 고약한 치욕으로 앙갚음할 수 있는 큰 하나의 기지를 갖고 있다"라는 주장은 당시 사람들의 보편적 정의론을 엿볼 수 있는 대목이다.

'잘 사는 것은 어떻게 사는 것인가?'

이 질문에 대해 소크라테스는 명쾌하게 자신의 입장을 밝힌다. 소크라테스는 앞에서 말한 바와 같이 원칙을 분명히 세우고 살아가는 일이야말로 잘 사는 방법이라고 강조한다. 그 핵심 원칙 중 하나가 절대로 나쁜 일을 행하지 않는 일이다. 다시 말하면 정의를 손상시키거나 불의를 조장하는 어떤 행위도 하지 않는 것이다. 이는 평생 동안 삶의 지침으로 삼을 만한 조언이다.

책을 읽으며 이 부분을 다른 사람들은 어떻게 해석했을지 궁금했다.

『크리톤』을 영역한 샌더슨 벡은 '절대로 나쁜 일을 해서는 안 된다(We must not do wrong)'라는 소제목을 붙여놓았다. 곰곰이 생각해 보면 잘 사는 일은 이 한 문장으로 나타낼 수 있다. 그러나 나쁜 일을 행하지 않는 것만으로는 충분하지 않다. 이는 기본이고, 거기에 더해 올바르고 명예롭게 살 수 있어야 한다.

소크라테스는 감옥으로부터 탈출 문제를 다루면서 탈옥을 결정하는 유일한 판단 기준은 과연 그것이 올바른 행동인가, 즉 정의로운 행동인가 아닌가 하는 점이었다. 그리고 소크라테스는 탈옥이 결코 올바른 행동이 아니라고 단정한다.

배심원의 판결을 따르는 것은 국법에 명시되어 있다. 그러면 국법이란 무엇인가? 사회 구성원들의 합의에 의해 만들어진 것이다. 어떤 사람은 이에 대해 반론을 제기할 것이다. 내가 동의한 바가 없다고 말이다. 그러나 그가 그 나라를 떠나지 않고 한 국가의 시민으로 살고 있다는 사실은 그 나라 사람들이 만든 국법을 따르는 것에 암묵적으로 동의한다는 뜻이다.

그렇다고 해서 모든 국법이 올바른 것은 아니다. 주권재민처럼 국민으로부터 선출된 정치 권력에 의해 만들어진 법률만이 합법성과 정당성을 갖는다. 아테네 민주정에서는 시민들이 직접 참여하는 민회는 법령 인준 이외에도 입법권을 갖고 있었기 때문에 시민들이 민회에 참여해서 만든 법을 시민들이 지키지 않을 명분이 없었다.

만약 소크라테스가 탈옥을 감행하여 국법을 어겼다면 어떤 일들이 일어났을까? 소크라테스의 탈옥은 법률과 국가 공동체를 파멸시키는 것을 뜻한다.

그런데 소크라테스는 배심원들이 죄없는 사람을 죄가 있다고 정의롭지 못한 판결을 내렸기 때문에 탈옥해야 한다고 말할 수도 있다. 이러한 보복적 정의관에 소크라테스가 동의한다면 탈옥이 정당화되었을 것이다. 그러나 소크라테스는 보복적 정의관에 분명히 반대한다. 설령 법률과 국가 공동체가 자신에게 정의롭지 못한 일을 한다고 하더라도 소크라테스 자신이 나서서 앙갚음으로 정의롭지 못한 일을 할 수는 없다고 한다.

"우리(법률과 국가 공동체)가 당신을 파멸시키는 게 정의롭다고 생각해서 우리가 그렇게 하려 하면, 당신도 우리 법률과 조국을 가능한 한 보복으로 파멸시키려 하고, 또한 당신은 진정으로 덕에 마음을 쓰는 자로서, 이런 일들을 하면서도 정의로운 일들을 행하는 거라고 주장하겠소?"라는 가정문에 대한 소크라테스의 답은 '그렇지 않다'이다. 설령 자신이 죽음을 맞는 일이 있더라도, 원칙에 대해 어떤 타협도 허용하지 않은 소크라테스의 면모를 엿볼 수 있는 부분이다.

여기서 두 가지 사례를 살펴보면 지금까지의 논의를 이해하는 데 도움이 될 것이다. 사회 생활을 하다 보면 자신이 느끼기에 부당한 관행, 제도 그리고 법령을 만나게 된다. 여기서 '부당함'이란 '불편함'과 비슷하다. 법률이란 '나는 이렇게 행동하고 싶은데, 혹은 나는 이렇게 믿고 싶은데'를 제어하는 역할을 하게 된다.

대개의 한국인들은 이런 경우 항의를 한다. 이는 개인의 삶에서뿐만 아니라 한국이란 공동체에서 자주 일어나는 일들이다. 그러면 제도를 운영하는 사람들은 당황해하면서 어쩔 줄 몰라 한다. 왜냐하면 정해진 규정을 어기면서 상대방이 원하는 것을 해주기 힘들기 때문이다. 그래서 한국 사회는 언제 어디서나 소란스럽고 갈등이 많다.

예를 들어 데모를 할 때 노란색의 폴리스라인을 설치해 두면 미국인들은 당연히 지켜야 하는 것으로 받아들인다. 그러나 한국인들의 경우엔 지켜도 그만 지키지 않아도 그만이라고 생각하는 경향이 짙다. 그리고 폴리스라인을 어겼을 때 공권력의 행사에 대해서도 양국 국민들은 다른 반응을 보인다. 우리의 경우엔 대부분 공권력이 부당하다고 여겨 항의를 한다. 그러나 미국인들의 경우에는 비록 상하원 의원이라도 공권력에 순응한다. 이에 대해 하버드대 법대의 석지영 교수는 "민주주의는 평화적 시위를 할 권리를 수반하지만 법은 폭력적 위협을 통해 집행된다"고 말한다.

이런 점에서 미국 사회와 우리 사회는 법에 대한 분위기와 인식이 다르다. 미국은 다민족으로 구성된 나라이기 때문이기도 하겠지만 합의를 통해 이미 만들어놓은 제도나 법령에 대해서는 이의를 제기하지 않는다. 그들은 일단 정해진 규칙이 마음에 들지 않더라도 반드시 지켜야 한다고 생각한다. 이미 존재하는 규칙을 지키는 것과 나중에 더 나은 것으로 고쳐나가는 것은 별도의 과제라고 받아들인다. 그리고 현행 제도나 법령을 모두가 지켜야 한다는 사회적인 압력도 대단히 강하다. 항의하고 떼를 쓰는 우리와는 상당히 대조적이다.

이런 차이는 법을 대하는 태도나 문화와 법률이 등장하는 배경의 차이이기도 하겠지만 앞으로 우리가 고민해 봐야 할 주제이기도 하다. 한 사회의 구성원들이 이 나라에서 살아가기를 선택했다는 것은 국법 중에서도 가장 상위법인 헌법이 규정한 '자유민주적 기본 질서'를 준수하기로 합의했음을 뜻한다고 생각한다. 그렇기 때문에 헌법적 질서를 지키는 것은 모든 시민의 의무이며, 헌법적 질서의 테두리 내에서 더 나은 사회를 위해 노력하는 것이 올바른 시민의 태도이다.

또한 아무리 나의 이익에 반하는 일이라도 누군가와 합의한 것은 지켜야 한다. 법은 강제하는 것이다. 어떤 사람한테는 반드시 불편하다. 그러나 불편하다고 해서 자기 편의대로만 법을 해석할 수는 없다. 저 사람은 안 지키는데 왜 나는 지켜야 하는가 하는 식으로는 공동체가 유지될 수 없다.

현대인은 살아가면서 다양한 의사 결정을 해야 한다. 그럴 때 다수의 의견을 무작정 따를 때도 있고, 눈앞의 이익을 앞세울 수도 있으며, 자기 합리화를 시도할 수도 있다. 그런데 어떤 상황이나 환경에서도 변함없이 적용할 수 있는 나름의 뚜렷한 의사 결정 원칙을 갖고 있다면 실수와 잘못된 결정으로 인해 자신을 위기에 빠뜨리는 경우를 피할 수 있을 것이다.

소크라테스는 그냥 사는 것이 아니라 훌륭하게 사는 것을 중요하게 여겨야 한다고 강조한다. 소크라테스에게 훌륭하게 사는 삶은 부끄럽지 않게 사는 것, 아름답게 사는 것, 그리고 정의롭게 사는 것이다.

그래도
국법을 지켜야 한다

소크라테스: 그러면 이렇게 고찰해 보게. 법률과 국가 공동체가 여기서 달 아나려는—이를 어떻게 표현하든—우리에게 다가와 앞에 서서 다음과 같이 말한다고 가정해 보세.

"소크라테스, 내게 말해 보시오. 당신은 무엇을 하려는 것이오? 당신이 착수하려는 이 일로 당신은 당신이 관여할 수 있는 한 법률인 우리와 나라 전체를 파멸시킬 작정이 아니오? 당신이 생각하기엔 어떤 나라에서 법정 판결들이 무력하게 되고 개인들에 의해 효력을 상실하고 파괴된다면, 이 나라가 전복되지 않고 계속 존립할 수 있겠소?" (……) 그러나 당신들 가운데 누구라도 우리가 판결을 하는 방식이나 그 밖의 일들에서 나라를 경영하는 방식을 보면서도 머물러 있다면, 이미 그는 우리가 명하는 것들을 이행하기로 그런 행위에 의해 우리와 합의한 것이라고 우리는 말하오. 그리고 복종하지 않는 자는 세 가지 방식으로 정의롭지 못한 짓을 하는 것이라고 말하오. 그건 태어나게 해준 우리에게 그가 복종하지 않기 때문이고, 양육받게 해준 우리에게 복종하지 않기 때문이며, 또한 우리에게 복종하기로 합의하고서 복종하지도 않고, 우리가 뭔가를 잘못하는 경우 우리를 설득하지도 않기 때문이오.
p.44(50a:5~50b:4), pp.47~48(51e:3~10)

소크라테스 하면 가장 많이 떠오르는 것이 '너 자신을 알라' '악법도 법이다'와 같은 구절이다. 근데 이 '악법도 법이다'는 사실 지금까지 소크라테스가 한 말인지 아닌지에 대한 진위 문제가 있는데, 여기서 고집스러울 만큼 이 법을 따르겠다고 얘기를 하는 것을 보면 그가 직접적으로 그 말을 하지는 않았지만 그의 주장과 일맥상통하다는 것을 알 수 있다.

그런데 다수가 잘못된 판단으로 사형선고를 내렸음에도 불구하고 소크라테스가 그 판결을 기꺼이 받아들이는 점을 의아하게 생각하는 독자들도 있을 것이다. 『소크라테스의 변론』에서는 배심원들이 소크라테스를 선처하여, "다시는 아테네에서 지금까지와 같이 젊은이들을 타락하게 하는 활동을 행하지 않는다면 방면해 주겠다"라고 했어도 그는 법정의 그런 결정을 받아들일 수 없다고 말했기 때문이다. 소크라테스가 법정의 명령에 따르지 않은 것은 법정의 명령보다 신의 명령에 따르는 것이 더 정의로운 일이었기 때문이다. 소크라테스에게는 신의 명령이 우선이고 그 다음이 법의 준수였다.

계속해서 소크라테스는 크리톤과 탈옥을 포함해서 국법을 어기는 것이 과연 정당한 일일 수 있는가에 대해 이야기한다.

소크라테스는 감옥을 탈출하는 일이 정의의 다섯 가지 원칙 가운데 두 가지를 침해한다고 말한다. 그 하나는 보복에 대한 것이다. 많은 사람들이 흔히 '이에는 이 귀에는 귀'라는 보복에 대해서 무심코 정당성을 부여한다.

하지만 소크라테스는 이에 분명히 반대 의견을 표한다. 상대방이 자신에게 해를 입히더라도 이를 되갚기 위해서 악을 악으로 갚는 일은 올바른 일이 아니라고 말한다. 마찬가지로 조국이 자신에게 부당한 사형 선고를 내렸다고 해서 그가 조국에 대해 폭력을 행사하는 일, 즉 조국의 명령을 어기고 탈옥을 감행하는 일은 정의로운 일이 아니라는 점을 분명히 한다.

또한 다른 한 가지 원칙은 소크라테스를 포함한 아테네 시민들과 국가의 관계로 설명된다. 시민들은 국법을 준수하고, 국가는 시민들의 안위를 위해 여러 가지 혜택을 제공하는 묵시적 계약 관계에 있다. 여기서 묵시적 계약 관계는 국가와 시민 사이에 합의라는 말로 대체할 수 있다.

앞에서 언급한 바와 같이 "누군가가 다른 누군가와 합의한 것들이 정의롭다면, 그는 그것을 이행해야 한다"는 정의의 원칙에 비추어볼 때 탈옥은 그 원칙에 위반되는 것이다. 어떤 사람은 '내가 언제 합의한 바가 있는가'라고 물을 수도 있다. 이런 의문에 대한 답은 소크라테스가

소크라테스의 죽음 소크라테스는 최후의 순간까지도 제자들에게 정의의 문제에 대해 설파했다. 자크 루이 다비드. 뉴욕, 메트로폴리탄 미술관.

"당신(시민)들 가운데 누구라도 우리(법률이나 국가)가 판결을 하는 방식이나 그 밖의 일들에서 나라를 경영하는 방식을 보면서도 머물러 있다면, 이미 그는 우리가 명하는 것들을 이행하기로 그런 행위에 의해 우리와 합의한 것"이란 대목에서 명확하게 확인할 수 있다.

『크리톤』에서 소크라테스는 자신이 칠십 평생 사는 동안 훌륭한 법을 갖춘 라케다이몬(스파르타)이나 크레테로 이민갈 수 있는 자유가 있었음에도 그런 선택을 하지 않은 것은 자발적으로 국법 준수에 합의하였음을 뜻한다고 말한다.

"당신이 강요에 의해 합의한 것도, 기만당해 합의한 것도, 잠시만 숙고하도록 강제된 상태에서 합의한 것도 아니고, 70년을 숙고한 끝에 합의한 것인데도 말이오. 이 기간에 우리가 당신에게 만족스럽지 못하고 합의가 당신에게 정의로운 것으로 보이지도 않았다면 당신은 떠날 수 있었을 것이오." p.49(52e:1~5)

또한 감옥을 탈출하는 일에 대해 소크라테스는 세 가지 면에서 정의롭지 못한 일이라고 말한다. 첫째, 탈옥 자체가 국법을 어기는 일이기 때문에 나쁜 일이다. 둘째, 자신의 이 같은 행위가 아테네 시민들에게 불법적인 행동을 부추길 수 있기 때문에 나쁜 일이다. 셋째, 자신이 평생 올바르다고 생각해 왔던 정의의 원칙(보복하지 않는 것, 합의한 것을 지키는 것)을 저버리는 일이기 때문에 나쁜 일이다.

평생 원칙을 지키며 살아온 사람들이 노년이 되어 자신의 목숨을 구하기 위해 원칙을 저버리는 모습을 지켜본 적 있는 소크라테스는 자신이 그런 부류가 되길 원하지 않는다. 그는 "이 나이에 우리가 서로 진지하게 대화를 나누다가 (우리가 앞서 합의한 그 모든 것을 요 며칠 사이에 다 잊어버리고) 우리 자신도 모르는 사이에 한참 전에 어린아이들과 전혀 다를 바가 없게 된 것인가?"라고 자신과 크리톤에게 확인한다.

특히 소크라테스는 첫 번째와 두 번째 면의 중요성을 크게 강조한다. 국법을 어기는 일이 정의롭지 못하다는 데 소크라테스는 강한 믿음을 갖고 있었다. 어느 누구도 국법을 어길 권리나 정당성이 없다는 것이야말로 소크라테스가 탈옥할 수 없는 중요한 이유를 차지한다. 소크라테스는 국법을 어기는 일에 대해 왜 이토록 완강한 입장을 갖고 있었을까? 특별히 소크라테스가 애국자였기 때문일까?

소크라테스가 살았던 시대는 전쟁이 끊이질 않았다. 때문에 아테네를 비롯한 도시국가의 시민들은 외침으로부터 스스로를 보호해야 하는 중요한 책임을 갖고 있었다. 이런 이유로 소크라테스 역시 세 번이나 전쟁에 출정하기도 했다. 아테네 시민들 개인과 나라는 현대인들이 생각하는 것보다 훨씬 강력한 유대 관계를 갖고 있었다. 개인의 생사 문제가 국가의 생사 문제와 강하게 연결되어 있었던 것이다. 이런 사실은 국가의 부름을 받아 전쟁터에 나갔을 경우 어떻게 처신해야 하는지에 대한 소크라테스의 이야기에서 명확하게 드러난다.

"굴복하거나 후퇴하거나 제 위치를 떠나서는 안 되고, 전쟁터에서나 법정에서나 그 어디에서나 나라와 조국이 명령하는 것은 무엇이든 이행하거나 아니면 정의로운 것이 본래 어떠한지에 대해 나라를 설득해야 한다는 것을 말이오." pp.46~47(51b:9~51c:2)

그에게 정의로운 일은 아버지나 조상들보다 더 중요한 국가가 만든 법을 확실히 따르는 것이었기에 그는 탈옥의 길을 선택할 수 없었다.

국가에 대한 생각은 사람마다 그 경험치에 따라 매우 다를 것이다. 나의 경우엔 국가란 개인에게 베이스캠프 같은 존재라고 생각한다. 개인이 한껏 자신의 능력을 발휘할 수 있도록 도움을 주는 곳으로서 말이다. 편안하게 잠잘 수 있고, 재산을 소유할 수 있고, 자유롭게 선거하고, 표현할 수 있는 것은 국가가 있기 때문에 가능한 것들이다. 그렇기 때문에 이러한 기본적인 공동체가 유지되기 위해선 소크라테스의 의견에 동의하게 된다.

그렇다면 국법(실정법) 가운데 잘못된 것도 많은데 그런 법도 지켜야 하는 것일까? 법은 시대의 변화보다 더디게 변화한다. 그렇기 때문에 법과 현실 사이의 부조화로 말미암아 개인적인 손해를 보는 경우도 적지 않다. 아주 예외적인 경우도 더러 있겠지만, 불합리한 점이 있다고 하더라도 국가의 구성원이라면 실정법을 지켜야 한다. 불합리한 법이라도 일단은 지키면서 고쳐나가는 것이 올바른 일이라 생각한다. 만일 모든 이들이 불합리성을 핑계로 불복종 운동을 벌인다면 국가의 존립 자체가 위협받게 될 것이다.

법에 대한 불복종을 두고 소크라테스는 "당신이 생각하기엔 어떤 나라에서 법정 판결들이 무력하게 되고 개인들에 의해 효력을 상실하고 파괴된다면, 이 나라가 전복되지 않고 계속 존립할 수 있겠소?"라고 되묻는다.

얼마 전 일부 대기업들의 불법 상속과 편법 증여가 사회적인 문제가 되었다. 고려대 조명현 교수는 수시로 발생하는 이 같은 문제점을 해결하기 위해 "정부와 국민이 대주주에 대한 상속세율을 어느 정도 완화하는 데 동의해 줌으로써 한국의 대표 기업들에 대한 비판의 핵심이 되어 온 편법 혹은 불법 상속 문제를 해결해 가는 실마리를 제공하자"는 주장을 편 바 있다.

조 교수에 의하면 대기업 대주주의 상속세율은 65퍼센트이고 한국 재벌의 오너 평균 지분은 10퍼센트 미만이라고 한다. 결국 65퍼센트의 상속세를 내고 나면 지분이 3.5퍼센트가 채 남지 않아 경영권을 유지하기는 힘들다. 때문에 계속적인 불법 상속과 편법 증여 문제가 일어나고 있다고 조 교수는 지적한다. 요컨대 조 교수는 현행법이 불합리하기 때문에 재벌들이 범법을 저지를 수밖에 없으니 법을 바꾸자는 주장을 조심스럽게 개진하고 있다. 사정을 이해하는 사람들 중에는 고개를 끄덕이는 분들도 있을 것이다.

그러나 법은 항상 느릿느릿 변하게 마련이다. 그렇다면 법이 개정되기 이전에는 어떻게 해야 하는가? 여기서 고민이 생기게 된다.

이때 이미 존재하는 불합리한 법을 문제 삼아서 편법이나 불법을 범하는 것이 과연 정의로운 일인가. 소크라테스가 말하는 정의의 원칙을 적용하면, 법이 개정될 때까지는 실정법을 지키는 것이 옳다.

최근 우리 사회에는 법 적용에 부당함에 분노하는 사람들이 많다. 사람에 따라서는 충분히 그렇게 느낄 수 있더라도 합법적인 절차를 통해서 만들어진 법이라면 지키는 것이 순리이다. 그리고 불합리하다고 느낀다면 개정 작업을 추진해야 하고 새로운 법이 제정될 때까지는 현행법을 지켜야 한다.

소크라테스는 '악법도 법이다'는 말을 한 적은 없지만, 그의 주장을 유추해 보면 사람에 따라서는 부당하게 느껴지는 법이라 하더라도 절차적 정당성을 가진 법이라면 지키는 것이 정의라는 말로 이해할 수도 있을 것이다.

소크라테스의 경우에 대해 한 번 더 생각해 보자. 민회에 의해 제정된 배심원제는 합법적 절차를 따른 법이다. 배심원들이 고소한 측과 고소당한 측의 의견을 참작해서 판결을 내리는 것도 합법적 절차를 따른 법이다. 그러나 소크라테스를 중심으로 보면 배심원들의 판결이 잘못되었다고 생각하더라도 1차 투표와 2차 투표 모두 배심원들은 소크라테스를 유죄로 판결하여 사형을 언도하였다. 소크라테스의 입장에서 판결 자체를 악법의 한 부분으로 받아들일 수 있다. 하지만 제3자의 입장에서 보면 그 악법 역시 합법적 절차를 통해 만들어진 법인 것이다.

얼마 전 논란의 중심이 된 전직 국회의원이 허위 사실 유포죄에 대해 유죄 판결을 받은 것도 마찬가지 결론을 얻어낼 수 있다. 당사자의 입장에서 억울하기 짝이 없을 것이고, 그의 입장에 동의하는 사람들도 많다. 그래서 이화여대 졸업생 및 재학생 865명은 《한겨레 신문》 1면 광고를 통해서 "무너진 삼권분립과 짓밟힌 민주주의를, 비리가 도덕을 억압하고, 거짓이 진실을 구속하는 것을 보았습니다"라고 울분을 토한다. 그러나 전직 국회의원에 대해 내린 판결은 재판의 공정성을 위해 한 사건에 대해 세 번 심판을 받을 수 있는 삼심제(三審制)라는 적법한 절차를 밟아서 내려진 결정이다. 일부 학생들의 주장처럼 삼권분립이 무너졌다면, 한 가지 사실이 입증되어야 한다. 그것은 1심, 2심, 그리고 대법원의 사건 담당 재판관들이 행정부나 입법부로부터 부당한 압박을 받거나 피고인에게 불리하도록 누군가로부터 뇌물을 받았다는 사실이다.

우리가 분명히 해야 하는 것은 보고 싶은 것과 봐야 하는 것을 구분하는 일이다. 그렇게 믿고 싶더라도 믿고 싶은 것이 진실이 아닌 경우가 많다. 나는 재판관들이 자신들의 양심과 양식 그리고 법리 해석에 따라 내린 판결이라고 본다.

합법적으로 제정된 법률에 대해서는 모두가 이를 준수하는 것이 법의 안정성을 실현할 수 있다는 점에서 필요하다. 《독서신문》 황인술 논설의원은 절차적 합법성을 지닌 법의 준수에 대해 이런 의견을 피력한다.

"악법도 형식과 절차에 의해 만들어졌다면 법 안전성을 위해 준수되어야 한다. 무질서가 난무하는 상태에서는 정의와 합목적성의 달성을 이룰 수 없기 때문이다. 그러나 악법이라고 분명하게 드러난 경우에는 내용에서부터 사회 정의에 어긋나고 지지를 상실한 것이므로 일정한 절차에 따라 빠르게 개정되어 정의와 합목적성을 획득해야 한다."

법을 대하는 사람마다 스스로가 법을 받아들일 것인가 아닌가를 결정한다면 법의 안정성은 심하게 손상될 것이다. 그러니까 각자의 편의나 이익에 따라 현행법의 해석이 달라지고 적용 여부를 결정하는 것은 올바르지 않다. 특히 주권재민에 바탕을 둔 법이라면 이를 지키는 것이 정의롭다.

그러나 국가가 주권재민이라는 법적 정통성을 상실한 경우라면 실정법의 준수는 강제할 수 없는 일이다. 북한을 다루는 방송에서 "북한에서 사형에 처해지는 범죄에는 국가와 인민에 대한 반역이 포함된다"는 소식을 전한다. 그러나 이때 국가는 인민으로부터 권력을 위임받은 적도 없고, 고대 그리스 시대의 참주정 이상의 잔혹함을 갖고 있음을 고려하면 민중의 저항권은 충분히 가능하다 할 수 있다.

요즘 우리 사회에는 법은 지키지 않아도 된다는 둥, 국가에 대한 불만이 커지고 있다. 그런데 시대는 다르지만 소크라테스는 국가에 대해 고마움을 표현하고 있다. 자기를 있게 하고 보호해 주고 있기 때문이다. 우리도 국가라든지 공동체에 대한 예우가 굉장히 중요하다는 생각이 든다. 그런 예우 중 가장 중요한 하나가 국법을 지키는 것이다.

소크라테스는 내가 법을 어기면 딴 사람도 법을 어길 것이라는 문제를 고민한다. 그것이 사회의 기본이다. 일단은 있는 그 자체를 지키고, 그리고 필요하면 다시 적법한 절차에 따라 고치면 된다. 그때까지는 지켜야 된다. 만약 안 지키기 시작하면 너도나도 법을 어겨서 무질서한 상태에 놓이게 될 것이다.

역설적으로 국법을 지킨다면 비록 죽지만 이게 바로 법이라는 것이 지향해야 하는 도덕적인 가치라는 것을 소크라테스가 일부러 보여주었다는 느낌마저 들었다. 나도 법을 지킬 테니 배심원 당신들도 절대 어기지 마라 하는 저항의 느낌도 있다.

우리는 국가를 폄하하고 국법은 개인이나 집단의 이익과 편의에 따라 가볍게 여기는 시대를 살고 있다. 물론 그렇게 하는 사람들은 저마다 국법을 어길 수밖에 없는 이유가 있다. 그럼에도 개개인의 사정을 떠나 공동체란 시각에서 보면 일단 정해진 국법을 지키는 것이 바람직하다. 이런 점에서 『크리톤』은 우리 개개인에게 법이 어떤 의미를 지니고 있는지를 깊게 겸허하게 생각해 볼 기회를 던져준다.

3장

탁월함에 대한 고찰
『메논』

"탁월함은 스스로 이루어내는 것이다"

> 탁월함은 본성적으로 있는 것도, 가르쳐질 수 있는 것도 아닐 테고, 신적인 섭리에 의해 누구든 그것이 생기는 사람에게 지성 없이 생길 것이네.
>
> — 소크라테스

CLASSIC BRIDGE

우리는 어떻게 탁월함에 이를 수 있는가

"누군가 나에게 '당신에게 인생이 무엇이냐?'라고 묻는다면, 나는 '인생은 탁월함을 향한 전진이자 탁월함을 향해 도(道)를 닦아가는 여행길이다'라고 답하고 싶습니다. 어느 누구도 영원히 그 경지에 도달할 수는 없지만 누구든 한 분야를 선택해서 계속 정진해 볼 만큼 가치 있는 것이 탁월함이라고 말하고 싶습니다." 공병호, 『탁월함에 미치다』, p.368

'탁월함을 향한 열정(Passion for Excellence)'
내가 늘 가슴에 담고 살아가는 말이다. 그런데 과연 이 탁월함이란 무엇인가? 평소에 나는 직업인으로서만이 아니라 한 인간으로서 이 질문에 대해 늘 궁금증을 품어왔다. 내가 기대하는 성공과 행복은 탁월함에 의해 크게 좌우된다고 생각하기 때문이다. 요즘과 같이 개인의 성공과 성취가 중요해진 시대에 이 말은 더욱 더 의미 있지 않을까 싶다.

한편 현재보다 더 나아짐, 탁월함을 향해 자신을 연마해 가는 사람들에게 강연과 아카데미를 통해서 지식을 전하고 나의 경험을 공유하면서 다음과 같은 의문이 늘 따라다닌다. 탁월함은 선천적인 것일까? 아니면 후천적인 것일까? 누군가로부터 배우거나 가르칠 수 있을까? 배울 수 있다면 어떻게 배워야 할까?

『메논(Menōn)』은 바로 이러한 주제, 즉 탁월함이 가르침이나 배움을 통해 갖출 수 있는 것인지, 탁월함을 가르칠 수 있는 사람이 있는지에 대해 다루고 있는 플라톤의 대화이다. 플라톤 나이 40세~41세(기원전 388년~387년) 무렵, 플라톤의 〈대화편〉 중에서도 초기와 중기 사이에 씌어진 『메논』은 중기 작품들인 『파이돈』과 『향연』보다 먼저 씌어졌다. 고대 그리스의 젊고 부유한 테살리아 귀족 메논(기원전 423년~400년)과 칠십을 바라보는 노철학자인 소크라테스의 대화로 이루어졌는데, 메논이 소크라테스에게 '탁월함이 가르쳐질 수 있는 것인지, 아니면 선천적으로 타고나는 것인지'에 대해 묻는 것으로 시작된다. 소크라테스와 메논 사이의 대화 시점은 기원전 402년경으로 추정된다.

기원전 5세기부터 4세기까지 아테네는 민주주의의 발전과 함께 모든 시민들의 정치 참여에 대한 문호가 개방되었다. 역사학자 존 R. 헤일은 아테네 민주주의 황금기를 '삼단노선(아테네 해군의 3층으로 된 36미터의 전함) 황금기'에 비유하기도 한다. 즉 아테네가 삼단노선으로 지중해의 제해권을 장악하였던 시기인데, 그 시기는 아테네가 주축이 되었던 그리스 함대가 페르시아 함대를 격파한 기원전 480년 9월 19일 살라미스 해전으로부터 알렉산드로스의 후계자들이 보낸 마케도니아 수비대가 해군 기지를 점령하기 위해 들이닥친 기원전 322년 9월 20일까지의 158년 동안이다.

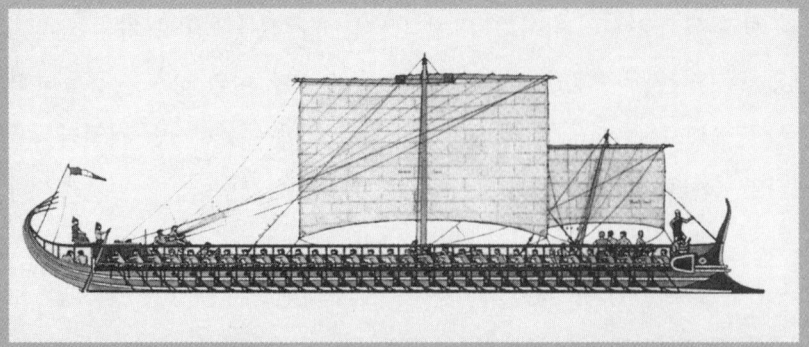

삼단노선 그리스에서 가장 빠른 이 함선은 3단으로 된 양쪽 갑판에 앉은 170명의 사공이 배를 젓도록 되어 있었으며 길이는 120피트(36미터)에 이르렀다. 아테네의 황금기는 삼단노선의 황금기였다.

오늘날 우리가 기억하는 고대 그리스의 위대한 유산인 파르테논 신전을 비롯한 기념비적인 신전과 조각들, 플라톤의 『국가』, 아리스토텔레스의 『정치학』, 그리고 그 유명한 희비극들과 같은 저작물들은 대부분 기원전 5세기 아테네가 강력한 해군에 의해 지중해 제해권을 장악하던 시기부터 아테네가 정점에서 내려오던 시기에 나온 것들이다. 물산(物産)뿐만 아니라 지식인들도 아테네로 몰려들며 아테네의 황금기를 가속화했다. 왜냐하면 바로 그곳에 시장, 그것도 아주 큰 시장이 있었기 때문이다.

이렇게 꽃을 피운 민주주의는 조리 있게 말하는 능력의 중요성을 크게 부각시키는데, 기원전 5세기 후반부터 소피스트라 불리는 새로운 교사들이 출현한 것은 이 때문이다. 이들은 본래 아테네에서 생겨난 것은 아니었다. 그리스의 여러 지역에서 활동하다가 기원전 450년을 전후해서 아테네로 이동하게 된다. 민주제에서 사회적인 성공을 열망하는 사람들 사이에 민주적 의사 결정에서 필수적인 토론과 비판적 논쟁에 대한 능력이 중요한 자질로 떠올랐다. 야심있는 젊은이라면 민회나 평의회, 그리고 배심제에서 상대방을 제대로 설득하는 일을 하고 싶어 했다. 출세에 큰 무기가 되었기 때문이다.

따라서 이런 능력에 대한 학습의 필요성과 함께 수요가 급증했다. 글로벌 시대 취업과 입시의 성공 열쇠로 영어가 더욱더 중요해지면서 학생, 직장인 할 것 없이 영어에 목매는 우리의 모습과 다르지 않다.

수요는 필연적으로 공급을 낳는다. 이런 기회를 포착하고 등장한 사람들인 소피스트들은 입신출세에 필요한 비판과 설득의 기술을 가르치는 사람들이었고, 스스로를 '지자(知者)'라고 일컬었다. 그러나 소피스트들은 성공을 위한 소양을 가르치는 데 골몰하며 참 지혜가 아닌 껍데기에 불과한 지식을 가르친다는 비판을 받으며 나중에는 궤변론자들로 분류되기에 이른다. '기술' 공부에 매달려 '인간' 공부에 대한 참된 깊이를 전하지 못하며 점차 시류에 편승한 '교사' 집단으로 변질되었던 것이다.

플라톤의 〈대화편〉『소피스트(Sophistēs)』를 참조하면 그들이 어떤 특성을 가진 교사들인가를 짐작하는 일은 어렵지 않다. 그들은 '지자(知者)'가 아니면서도 스스로 유능한 현자들인 것처럼 말하고 행동하였을 뿐만 아니라 자신의 가르침에 대해 상당한 수업료를 받았다. 짐작하건대 배움을 구하는 사람들은 많았기 때문에 유명한 소피스트들의 경우엔 거액의 수업료를 받았던 것으로 보인다.

또한 자신이 제시하는 의견이 여러 가지 가능한 의견들 가운데 하나임에도 불구하고 자신의 의견을 훌륭함(덕)에 대한 앎(지식)으로 둔갑시키는 요술을 부리곤 하였다.

그리고 타인의 의견을 논박으로 폐기하게 한 다음 자신의 의견으로 대체하는 짓을 아무렇지 않게 저지르곤 하였다.

오늘날의 기준으로 보면 별 문제가 없는 것처럼 보이지만 당시만 하더라도 배움을 상거래 대상으로 삼는 사람들은 온전하게 보지 않았다. 그런데 소피스트들은 더 많은 돈을 벌기 위해서 부유한 젊은이들을 자신의 수업을 듣도록 낚는 사냥꾼과 같은 활동을 펼치곤 했다. 오늘날로 말하면 지식을 마케팅과 세일즈 대상으로 삼았다.

특히 『메논』에는 당시에 지식을 전파하던 네 부류의 교사들이 언급된다. 첫 번째 부류는 탁월함의 교사로 자칭하면서 가르침에 대한 대가를 받는 직업 교사인 프로타고라스(기원전 485년경~414년경)이고, 두 번째 부류는 말을 잘하게 돕는 설득의 수사학자인 고르기아스(기원전 483년경~376년경)다. 고르기아스는 특이한 음성적인 수단을 사용해서 과장된 효과를 거두는 방식으로 명성을 얻었다. 프로타고라스와 고르기아스는 당시 대표적인 소피스트였다. 이 책의 주요 등장인물인 메논은 바로 고르기아스의 제자로서 그의 입장을 대변하고 있다. 세 번째 부류는 소피스트들에 맞서는 보수적 성향의 민주파 정치가 아뉘토스(기원전 403년에 트라쉬불로스와 함께 '30인 통치'를 종식시키는 데 결정적 역할을 맡은 아테네의 유력한 정치가로 소크라테스의 주 고발자로 알려져 있다)로, 그는 소피스트들과 소크라테스 모두를 사회에 위험한 개혁가들로 보았다. 그는 오히려 앞서 살았던 뛰어난 정치가들이야말로 탁월함의 교사들이라고 받아들였다. 그리고 네 번째 부류는 소크라테스다. 시민들 가운데는 소크라테스 역시 공동체를 위협하는 소피스트들 가운데 한 부류에 불과하다고 생각하는 사람들이 있었다. 하지만 플라톤은 소크라테스와 위의 세 사람은 뚜렷한 차이를 드러내고, 소크라테스가 진정한 철학자라고 말한다.

소피스트들의 활동과 입장은 사람마다 차이가 있지만 공통점은 아테네 시민들이 진리로 받아들였던 신에 관한 전통적인 믿음과 도덕 기준을 훼손하는 것들이었다.

프로타고라스는 절대적인 신이 존재하는지 아닌지를 알 수 없다는 불가지론(不可知論)을 펼쳤다. 그 이유로 "주제의 애매모호성, 인간 생명의 단명함 등 그런 문제에 대한 지식 획득을 방해하는 요소들이 너무 많기 때문이다"라고 말한다. 이는 신들이 인간사의 모든 것을 주관한다는 당시 아테네인들의 신앙관을 근본적으로 뒤집는 것이기 때문에 아테네인들의 입장에서 신성모독에 해당하는 주장이었음에 틀림없다.

프로타고라스는 절대적인 진리에 대해서도 회의적인 주장을 종종 펼쳤다. 그는 모든 문제에는 두 가지 서로 수용 불가능한 측면이 있기 때문에 어느 것이 올바른지 아닌지를 판명할 수 없는 상대주의를 주장하였다. 사람에 따라서는 옳을 수도 있고 그럴 수도 있다고 말한다. 그는 "인간은 만물의 척도이다. 만물의 상태가 이러이러하다 혹은 이러이러하지 않다는 것에 대해서는 인간이 주된 척도가 된다"고도 했다. 어떤 주장의 옳고 그름은 모두 수사학의 대상이 될 수 있다는 사실은 도시국가가 공유하는 가치를 심하게 훼손할 수 있었다. 나에게 옳은 것이 당신에게 옳지 않은 것일 수도 있다면, 시민들의 입장에서 얼마나 불편하고 불안하였겠는가?

한편 젊은 귀족 메논은 아테네를 방문할 때 많은 노예들을 데리고 올 정도로 부유했고, 고르기아스의 제자임에 큰 자부심을 갖고 있었다. 그는 유력한 귀족 가문의 후손이며 좋은 교육을 받았기에 겸손함과는 거리가 먼 인물이었다. 『메논』의 역자인 연세대학교 철학과 이상인 교수는 메논의 인간 됨됨이에 대해 플라톤의 인물평을 참조해서 '대범함으로 치장된 오만과 자만과 교활함으로 가득 찬 무절제한 자'라고 소개하고 있다. 그는 기원전 403년 무렵 정치적 목적을 위해 아테네의 아뉘토스 집에 손님으로 초청된다.

메논이 확신에 찬 어조로 탁월함은 가르칠 수 있고 수련될 수 있다고 주장하자 소크라테스는 "하지만 난 탁월함이 가르칠 수 있는 것인지, 아니면 가르칠 수 없는 것인지 알지 못합니다. 나는 실은 탁월함 자체가 도대체 무엇인지도 알지 못하니까요"라고 응답하면서 대화가 본격화된다.

책은 총 다섯 부분으로 구성되어 있는데, 탁월함이란 무엇인가, 배움이란 무엇인가, 탁월함은 가르칠 수 있는 것인가에 대해 다룬 다음, 내용을 한 번 정리해 주고, 다시 탁월함은 무엇인지를 다루고 있다.

특히 『메논』은 소크라테스식 문답법의 진수를 보여주는 책이다. 그의 문답법은 '시험' '검증' '반박' 과정을 거치며 행해지는 합리적 검증 및 비판적 검토 기술인데, 상대방이 갖고 있는 신념과 주장을 논리적인 검증과 반증을 통해 반박한다.

뿐만 아니라 『메논』에서는 이데아론과 더불어 플라톤 철학의 중요한 또 하나의 축인 상기론(想起論)이 본격적으로 등장한다. 우리는 어떻게 지식(앎)을 얻게 되는가? 우리가 지식을 얻게 되는 것은 우리의 정신 안에 태어날 때부터 이미 갖고 있는 이데아와 같은 생득관념을 통해서 가능하다는 것이 상기론이다.

우리가 얻는 앎에는 두 가지가 있다. 하나는 감각적 지각에 의해 얻는 '의견(판단)'이고, 다른 하나는 지성에 의한 앎 또는 이해인데, 이를 '상기'라고 말한다. 그래서 상기는 외부에서 주입식으로 이루어지는 가르침이 아니라 이미 타고난 것을 스스로 깨우침으로서 배우는 것이다.

그렇다면 소피스트들이 가진 문제는 무엇인가? 그들이 얻는 앎은 '의견'일 뿐이지 지성에 의한 앎과는 다르다. 따라서 소피스트들이 '의견들'을 버리고 자신의 혼을 순수한 상태에 놓이게 함으로써 지식(앎)을 얻을 수 있도록 해야 하는데, 여기서 소크라테스와 플라톤이 일정한 역할을 맡게 된다. 이렇게 해서 소크라테스의 문답법이 자연스럽게 등장하게 된다.

상기론은 이데아론과 마찬가지로 영혼불멸론과 밀접한 관련이 있다. 영혼이 소멸해 버린다면 상기를 가능케 하는 생득관념을 갖는 일이 불가능해진다. 이 주장은 인간은 백지로 태어나며 모든 지식은 오로지 후천적인 경험을 통해서 가능하다는 주장인 경험주의와 오랫동안 대립해 왔다.

그렇다면 2,500년 전의 소크라테스가 생각하는 '탁월함'과 21세기의 공병호가 생각하는 '탁월함' 사이엔 어떤 차이가 있을까? 우선 그 시간만큼 큰 간극이 있을 수밖에 없다. 또한 현실 속 생활인이 말하는 것과, 철학자의 이야기에도 큰 차이가 있을 것이다. 하지만 나는 그들이 탁월함에 대해 어떤 생각을 가졌을지 호기심이 인다. 그들의 지혜에는 분명 본질을 꿰뚫는 해답이 있을 것이기 때문이다. 고대 철학자들의 탁월함에 대한 순수하고 깊은 고민이 현대인들에게 더 많은 생각거리와 교훈을 제공해 줄 것이다.

* 이 장의 원전 인용문의 출처는 이상인 번역의 『메논』(이제이북스, 2009)입니다.

탁월함이란
무엇인가

메논: 제게 말씀하실 수 있습니까, 소크라테스? 탁월함은 가르쳐질 수 있는 것입니까? 아니면 가르쳐질 수는 없고, 수련될 수 있는 것입니까? 아니면 수련에 의해서나 배움에 의해서 생기는 것이 아니라, 본성적으로 사람들에게 생기거나 아니면 다른 어떤 방식으로 생기는 것입니까? (……)

소크라테스: "(……) 난 탁월함이 가르쳐질 수 있는 것인지, 아니면 가르쳐질 수 없는 것인지를 알지 못합니다. 나는 실은 탁월함 자체가 도대체 무엇인지도 전적으로 알지 못하니까요." 사실 나 역시, 메논, 그런 처지에 있네. 나는 이 문제와 관련해서 다른 시민들과 더불어 빈곤을

겪고 있고, 탁월함에 관해 전적으로 모르는 까닭에 그런 나 자신을 탓하고 있네. 그것이 무엇인지를 알지 못하는데, 그것이 어떤 것인지를 내가 정말 어떻게 알 수 있겠는가? pp.45~46 (70a:1~5, 71a:6~71b:4)

언젠가 노트에 이런 내용을 적은 적이 있다.

"아버지가 된다면, 어떻게 하면 훌륭한 아버지가 될 수 있을까? 가장이 된다면, 어떻게 하면 훌륭한 가장이 될 수 있을까? 직장인이거나 사업가가 된다면, 어떻게 하면 훌륭한 직장인이나 사업가가 될 수 있을까? 이런 생각을 자주 하는 게 사는 데 큰 도움이 될 것이다."

30대 초반 커리어를 다지기 위해 밤낮 없이 열심히 달리고 아이들이 한창 커가던 시절에 적어놓았던 글귀다. 어린 시절부터 늘 '잘되어야 한다'는 신념이 강했던 나는 비단 남에게 보이기 위해서가 아니라 나 스스로를 갈고닦음으로써 좀더 나아지는 것, 탁월해지는 것이야말로 내 인생에 대한 예의라고 생각했다. 그것이 일이든, 취미생활이든, 관계이든 말이다.

사실 '탁월하다'는 말의 사전적 의미는 '남보다 두드러지게 뛰어나다'이다. 단지 남과 비교하여 좀 낫다는 뉘앙스로 이 말을 쓰지는 않는다. 완벽을 향해 나아가는 기세를 품고 있는 말처럼 느껴진다. 그러므로 훌륭하다거나 걸출하다는 것 이상의 느낌이다. 도달하기 힘든 아득한 높이를 말하는 것 같기도 하다.

예술 장인들의 경우를 보면 보통 사람으로서는 범접하기 어려운 경지로 한 발 내디딘 사람들이다. 그들은 완벽함을 만들어내는 단 한 번의 붓질이나 칼질만으로도 진리의 영역이 흘끔 엿보이는 순간을 누렸을 것이다.

플라톤도 탁월하다는 뜻의 그리스어 '아레테(aretē)'는 고유한 기능이나 능력을 '완전'하게 발휘하는 상태로 보았다. 플라톤은 탁월함을 인간을 포함해서 다양한 대상에 적용하는데, 특히 『국가』에서는 '탁월함(aretē)'과 '기능(ergon)'의 개념을 연결시켜 설명하고 있다. 각각의 대상이 그 기능과 능력을 완전하고 탁월하게 발휘하는 것을 '아레테'로, 불완전하고 열등하게 발휘하는 것을 '카키아(kakia)'라고 부른다. 탁월함에 대비해서 후자를 무능함, 열등함, 불완전함 등과 동의어로 해석할 수 있다.

예를 들어, 눈의 탁월함은 단순히 보는 것을 넘어서 아주 잘 보는 것을 뜻하지만, 눈의 열등함은 잘 보지 못하는 것을 말한다. 이처럼 우리는 흔히 '탁월함'을 무엇을 하든 자신의 일을 아주 잘하는 것, 즉 고유기능과 능력을 최고로 잘 발휘한 상태를 뜻하는 것으로 받아들인다.

탁월한 인물이라고 해서 꼭 유명한 인물만을 이야기하는 것은 아니다. 예능이나 학문 같은 특별한 분야만을 이야기하는 것도 아니다. 자신의 분야에서 맡은 책임과 의무를 '완전하게' 수행하는 인물을 탁월하다고 평한다면 누구든 탁월한 인물이 되기를 꿈꿀 수 있고, 이를 위해 매일 힘껏 노력할 수 있다. 따라서 탁월함이 무엇을 뜻하는지, 탁월함을 가르칠 수 있는지, 그렇다면 어떤 방법으로 가르치고 배울 수 있는지 등에 관심을 가질 필요가 있다.

그런 의미에서 탁월함은 '장인'으로부터 손쉽게 발견할 수 있다. 얼마 전 황금 마스크로 널리 알려져 있는 이집트의 파라오 투탕카멘 전시회를 다녀왔다. 해외 기획 전시가 가능하도록 출품 당시의 보물 중에서 1천여 점이 카이로의 숙련된 장인들의 손을 거쳐 발굴 당시와 거의 비슷하게 재현되어 있었다. 실물과 거의 구분할 수 없을 정도의 복제품들을 둘러보면서 이집트 장인들의 손재주에 놀라움을 금할 수 없었다. 전시품 가운데 투탕카멘의 황금 옥좌에는 왕비 앙케세나멘이 남편의 어깨에 향유를 발라주는 장면이 황금색으로 정교하게 조각되어 있는데, 당장에라도 전시회장으로 튀어나올 것만 같았다. 이 전시회를 기획한 볼프 콜은 복제품을 만들어낸 장인들의 노고를 이렇게 평한다.

"투탕카멘 무덤에서 발굴된 모든 유물이 카이로미술대학에 의해 재창조됐는데, 꼬박 26개월이라는 시간이 걸렸다. 작품의 수준은 물론 원본에 결코 뒤지지 않을 정도로 훌륭했다. 실제로는 더 뛰어난 것들도 있었다." 《조선일보》, 『신비의 파라오 투탕카멘』 도록, p.122

런던대학교 사회학과 교수인 리처드 세넷은 『장인: 현대문명이 잃어버린 생각하는 손』에서 상고시대에 장인을 찬양하던 가장 오래된 노래 하나를 소개한다. 헤파이스토스(그리스 신화에 나오는 불과 대장간의 신)를 노래한 〈호메로스 찬가〉 가운데 한 대목은 이렇다.

"뮤즈의 낭랑한 목소리가 그를 노래하도다. 솜씨가 빼어난 헤파이스토스, 총명한 아테나와 함께 찬란한 실기(實技)를 온 세상에 가르쳤나니. 산속 동굴에서 짐승처럼 살던 사람들이었지만, 솜씨 좋은 헤파이스토스에게서 갖가지 실기를 배워 이제는 자기 집에서 일 년 내내 평화롭게 살도다."

헤파이스토스의 대장간 불을 이용하여 무언가를 만드는 사람들의 수호신. 벨라스케스, 프라도 미술관.

헤파이스토스의 이상에 깊이 공감했던 플라톤은 '실기'의 의미를 무언가를 만들어내는 기능이라는 뜻을 가진 포이에인(poiein)에서 찾았고, 이 말이 출발점이 되어 시(poetry)가 생겨났다. 시인도 많은 장인들 가운데 한 부류에 속하는데, 플라톤은 시인이든 목수든 도공이든 그들 각자가 자신의 일을 아주 잘하는 상태에 주목했다. 여기서 '탁월함', 즉 '아레테'라는 단어가 등장한다.

리처드 세넷은 〈호메로스의 찬가〉 이래로 장인과 장인 정신이 어떻게 변화해 왔는가를 추적했다. 그리고 플라톤이 부각시킨 아레테에 대해 "플라톤은 어느 일이든 그 이면에는 추구하는 품질 목표가 있다고 보고, 그 최고의 경지를 아레테라고 불렀다"고 한다. 보상이 있든 없든 인간의 본성에는 자신이 행하고 있는 일을 대충 하지 않고 최고의 수준에 도달하려는 강한 욕망이 존재한다.

물론 장인 정신은 한 개인이 갖고 있는 직업관이나 인생관에 의해 크게 좌우된다. 우리는 은연중에 이런 질문에 대한 답을 선택한다. '이왕 한 번 살다가는 것, 최고를 향해 달려야겠다'고 할 수도 있지만, '한 번 사는 것 즐기면서 그냥 편히 지내야겠다'고 할 수도 있다. 이처럼 자신의 분야에서 자신이 할 수 있는 최선의 상태를 목표에 두고 이를 위해 노력하느냐 마느냐는 개인의 선택이다.

나의 경우 몇 번이나 직장을 옮기고 홀로서기를 시도하면서 늘 탁월한 경지에 도달하기 위해 노력했다. 조직에 몸담고 있을 때에는 의제의 중심에 서기 위해 주어진 일에 가슴이 뻐근할 만큼 강하게 에너지를 쏟아부었다.

가정에서도 마찬가지였다. 부모로서 가장으로서 최선을 다해야 한다고 늘 되뇌었다. 그것은 생존의 문제이기도 했고 나 개인의 자존심 문제이기도 했다. 더 크게는 인간으로서의 의무라는 생각도 있었다. 현대와 같이 경쟁이 치열한 세상에서 누구든 탁월하지 못하면 결코 내가 원하는 삶을 살 수 없다는 생각이 강했다. 그 노력의 과정이 반드시 결과를 만들어낸다고 믿었다.

그러면 탁월함이란 것은 배울 수 있는 것인가. 메논은 확신에 찬 어조로 탁월함은 가르칠 수 있고 수련될 수 있다고 주장한다. 당대의 대표적인 소피스트였던 고르기아스의 제자로서 돈을 주고 가르침을 받았던 그이니 당연한 입장일 것이다. 하지만 소크라테스는 특유의 고백을 한다. 즉 '그것에 관해 나는 알 수 없다'고 말한다. 여기서 주목할 것은 탁월함을 가르칠 수 없다고 단정적으로 이야기하지 않고 가르칠 수 있는지 없는지를 잘 알 수 없다고 말하는 점이다.

소크라테스가 그렇게 주장한 것은 소피스트들과 입장이 달랐기 때문이다. 그는 타인에게 무언가를 가르칠 수 있는 교사가 곧 무언가를 잘 아는 지자(知者)라는 주장을 강하게 부인했다. 소크라테스는 메논과의 대화를 통해서 가르침과 배움에 대해 자신과 소피스트들의 차이를 분명히 밝히고 있다.

따라서 플라톤이 『메논』에서 주장하는 것 중 하나는 스승인 소크라테스가 어떤 의미의 교사였는지, 그리고 어떤 의미로 교사가 되기를 거부했는지 밝히는 것이다. 이런 점에서 보면 플라톤은 『소크라테스의 변론』에서 소크라테스가 소피스트들과 다른 것에 대해 말했던 것처럼 『메논』에서도 스승과 소피스트들 사이의 차이점을 분명히 지적하고 싶어한다. 그런 의미에서 『메논』은 또 하나의 『소크라테스의 변론』이라고 말하는 전문가들도 있다.

탁월함을 정확하게 정의할 수 있다면 이를 가르칠 수 있는 사람도 배울 수 있는 사람도 등장할 수 있다. 그리고 전문 지식을 파는 일을 하는 소피스트들이 설 자리가 보장된다. 그러나 탁월함이란 정확하게 정의할 수 없다는 주장이 맞다면, 이는 소피스트들이 설 자리를 완전히 빼앗아버리는 것이다. 결국 탁월함에 대한 앎의 문제는 소크라테스가 옳은가 소피스트들이 옳은가의 문제로 발전한다. 그렇다면 궁금하지 않은가? 왜 소크라테스는 탁월함이 무엇인지 알 수 없다고 말하는지.

본질과 현상,
전체와 부분을 구분할 수 있어야 한다

메논: 소크라테스, 우선 당신께서 남자의 탁월함을 원하신다면, 그건 쉽습니다. 이게 남자의 탁월함입니다. 나랏일을 수행하는 데 능하고, 나랏일을 수행할 때 친구들은 이롭게 하되 적들은 해롭게 하며, 자신은 이와 같은 일을 결코 겪지 않도록 조심하는 것 말입니다. 그리고 여자의 탁월함을 원하신다면, 그걸 설명하는 것도 어렵지 않습니다. 여자는 집안일을 돌볼 뿐 아니라 남편에게도 순종하면서 가정을 잘 관리해야 하는 것입니다. 그 외에도 남자아이든 여자아이든 아이의 탁월함도 있고, 자유인이든 노예든 어른의 탁월함도 있습니다. 그리고 수많은 다른 탁월함들도 있고, 그래서 탁월함에 대해 그것이 무엇인지를 말하는

데 어떤 난관도 없습니다. 왜냐하면 우리들 각자에게는 각각의 행위와 각자의 나이에 적합한 각각의 일과 관련해 제각기 다른 탁월함이 있고, 열등함 역시, 소크라테스, 그와 마찬가지라고 저는 생각하기 때문입니다. (……)

소크라테스: 메논, 그것은 탁월함인가, 아니면 탁월함의 일종인가? p.47, 51

(70e:1~72a:5, 73e:1~2)

메논이 소크라테스에게 던진 탁월함에 대한 질문은 30여 년 전 당시 37세 정도였던 소크라테스가 15세쯤 나이가 많았던 프로타고라스에게 던졌던 질문이기도 하다. 소크라테스의 지적은 "선생님이 사람으로서의 탁월함(훌륭함)은 가르칠 수 있다고 말씀하시면서, 올바름과 절제, 경건함 등을 들곤 하시는데, 이들은 탁월함의 부분들에 지나지 않을 뿐 탁월함 그 자체는 아닌데요"라고 하는 대목이다. 전체와 부분, 그리고 본질과 현상을 구분해야 한다는 소크라테스의 지적이다. 그런데 여기서는 19세의 당돌한 젊은 귀족 메논이 67세의 노철학자 소크라테스에게 묻고 있다.

사실 소크라테스는 스스로 누군가에 무엇을 가르치는 사람이라고 생각하지 않았다. 이런 면에서 그는 스스로 교사라고 생각하지 않았다. 단지 소크라테스는 질문을 던져 상대가 스스로 답을 찾아가게 만드는 사람이라고 생각한다. 소크라테스는 무지한 자들을 설득하느라고 진땀 흘릴 일이 없지만 상대는 자신의 무식함 때문에 자존심 상하는 일이 종종 있었다. 소크라테스의 '논박'과 '산파술'에 걸린 사람은 대화의 끝자락에서는 어김없이 "내가 잘못 알고 있었습니다"라고 자인하기 때문이다. 그래서 소크라테스는 자신은 지식을 전달하는 사람이 아니라 상대의 지식을 낳게 해주는 '산파'라고 했다.

여기서 메논은 탁월함에 대해 정의(定意)를 내리기 시작한다. 그런데 메논이 탁월함이라고 드는 것은 탁월함 그 자체가 아니라 탁월함의 다양한 사례들이다. 그는 탁월함은 여러 개별적인 탁월함들로 나뉘기 때문에 서로 다를 수밖에 없다고 생각한다. 하지만 소크라테스의 주장은 '모든 사람들의 탁월함은 동일하다', 즉 모든 탁월함에는 공통되는 '어떤 하나의 형상'이 존재한다는 것이다. 소크라테스는 탁월함에도 역시 '하나의 절대 진리'가 존재한다고 생각했다.

이에 대해 『메논』의 번역자 이상인 교수는 탁월함을 알 수 있는가 없는가를 구분하는 차이점에 대해 이렇게 설명한다.

"메논은 탁월함의 개별적 사례들과 개별적 종류들을 거치면서 더 높은 보편성과 일반성에 점진적으로 도달하지만, 소크라테스가 요구하는 보편성은 탁월함의 사례나 종류 '모두에' 공통되게 적용할 수 있는 '탁월함'이다." p.126(73e:3에 대한 각주 46)

따라서 소크라테스는 메논이 드는 탁월함의 사례들이 '탁월함이 무엇인가?'라는 질문에 대한 본질적인 해답은 아니라고 말한다. 한 걸음 나아가 소크라테스는 탁월함의 부분들이 무엇인지 안다 하더라도 탁월함 그 자체를 알 수는 없다고 주장한다. 탁월함 그 자체와 탁월함의 부분들, 즉 탁월함의 사례들은 별개라고 생각했기 때문이다.

때문에 소크라테스가 메논에게 묻고 싶은 점은 "자네는 탁월함이 무엇인지 모르는 사람이 탁월함의 부분이 무엇인지를 알 수 있다고 생각하는가?"일 것이다.

말문이 막힌 메논은 탁월함의 사례에서 한 걸음 나아가 '정의(올바름, 正義)는 탁월함'이라고 말하기도 하지만, 이 역시 소크라테스에게 반박을 당하고 만다. 소크라테스는 정의(올바름) 역시 탁월함의 여러 사례 중 한 가지 사례, 혹은 탁월함의 일종이라고 말한다.

이와 비슷한 대화는 소크라테스와 프로타고라스의 대화를 기록한 『프로타고라스(Protagras)』에도 등장한다. 프로타고라스는 자신이 사람으로서의 탁월함(훌륭함)을 가르칠 수 있다고 말할 뿐만 아니라 그런 탁월함의 사례로 올바름과 절제 그리고 경건함을 든다. 그러나 소크라테스는 프로타고라스가 탁월함이라고 말하는 올바름과 절제와 경건함은 탁월함의 부분들이지 탁월함 그 자체는 아니라고 말한다. 마치 얼굴을 탁월함이라고 하면 입, 코, 눈 그리고 귀 등과 같은 것들이 탁월함의 부분들이라 할 수 있는 것과 같다.

우리의 생활 속에서도 이렇듯 용어에 대한 정의(定義, definition)가 뚜렷하지 않음으로써 혼란이 발생할 때가 많다. 말하는 사람이 갖고 있는 정의와 듣는 사람이 갖는 정의의 차이로 말미암아 인간 관계는 물론, 조직과 사회에서도 문제가 생길 수 있다. 따라서 무엇

프로타고라스 인류는 만물의 척도이다. 요한 프리드리히 그루티에, 샌프란시스코 미술박물관.

본질과 현상, 전체와 부분을 구분할 수 있어야 한다

이든 정의를 명확히 하는 일이 사람들 사이의 오해와 갈등을 줄일 수 있다.

우리는 너나 할 것 없이 성공하기를 원하고 행복하기를 원한다. 왜 사느냐고 묻는다면 아무래도 행복이 앞서고 그 다음 성공이 뒤따를 것이다. 성공도 결국 행복하기 위함이다. 그러면 행복이 무엇인가? 이런 질문에 대한 답은 전체이자 본질이다. 그런데 대개 행복이 무엇인가라는 질문에 대해서 행복할 수 있는 다양한 방법들을 든다.

학생들을 가르쳐보면 행복이 무엇인가라는 본질적인 질문에 대해서는 주로 돈을 많이 가지게 되는 것, 좋은 대학에 들어가는 것, 사고 싶은 것을 사는 것 등을 든다. 물론 이들이 행복을 이루는 하나하나의 구성 요소임에 틀림없지만 행복 그 자체는 아니다. 전체와 본질 그리고 부분과 현상을 뚜렷이 구분할 수 있다면 살아가면서 만나게 되는 다양한 문제들을 슬기롭게 해결할 수 있다.

소크라테스와 메논의 대화를 보며 많은 생각이 떠올랐다. 우리 역시 메논처럼 늘 본질은 건드리지도 못하고 현상만 보고 사는 게 아닌지 인생을 변죽만 울리면서 사는 것은 아닌지 모르겠다. 혹은 전체를 보지 못하고 부분만 만져보고 전체를 아는 것처럼 행동하는 건 아닌지, 속은 들여다보지 못하고 겉만 만져보고 전체를 아는 체하는 건 아닌지 모르겠다. 만일 그렇다면 세상을 헛사는 게 된다. 플라톤의 말대로 평생 그림자만 보고 살게 되는 것이다.

무엇을 하든 핵심이나 본질을 꿰뚫으면 만사가 훤히 보인다. 소크라테스는 바로 그것을 늘 찾으면서 살았던 사람이다. 철학을 하는 이유는 바로 이것이다. 고전을 읽어야 하는 이유도 마찬가지이다.

삶의 핵심이나 본질을 꿰뚫는 것은 쉬운 일이 아니다. 20, 30대의 젊은이들에게 지금 꼭 할 일이 무엇인지를 물어보면, 대부분 배우자를 구하는 일, 집 장만하는 일, 안정된 직장을 찾는 일 등이라고 대답한다. 물론 그런 현실적인 준비도 해야 한다. 이런 현실적인 삶을 잘 살아가다 보면 삶의 본질에 다다르기도 한다.

그러나 그것은 부분에 불과하다고 본다. 20, 30대는 좀더 본질적으로 긴 인생살이에서 무엇을 하고 살아야 하는지를 발견하고, 이를 가능하게 하는 기본 실력을 확고히 다지는 일이 중요하다고 생각한다.

물론 사람마다 다를 수 있지만 전체와 부분 그리고 본질과 현실을 현명하게 구분할 수 있다면 성공적인 삶에 다가설 수 있을 것이다.

비판과 반박으로
무지를 깨뜨려라

메논: 소크라테스, 저는 당신을 만나기 전에도 당신께선 틀림없이 스스로도 난관에 빠져 있을 뿐 아니라 다른 사람들 역시 난관에 빠뜨린다는 사실을 듣곤 했습니다. 그리고 어쨌든 제가 보기에는, 당신께서 주술을 걸어 저를 호리고 현혹하며 전혀 꼼짝 못하게 한 나머지 지금 저는 난관으로 가득 차게 되었습니다. 그리고 제가 농담을 약간 해도 된다면, 제가 보기에 당신께서는 외모나 다른 측면들에 있어서 전적으로 바다에 사는 넓적한 저 전기가오리와 아주 비슷합니다. 왜냐하면 이것 역시 접근하거나 접촉하는 것을 항상 마비시키지만, 제가 보기에는 당신께서도 지금 제게 그와 같은 뭔가를 가했기 때문입니다. (……)

소크라테스: (……) 나는 말일세, 전기가오리 자체가 그렇게 마비되어 있으면서 다른 것들을 마비시키는 것이라면, 물론 그것과 비슷하네. 그러나 그게 아니라면, 비슷하지 않네. 왜냐하면 나 자신은 난관을 벗어날 길을 알면서 다른 사람들을 난관에 빠뜨리는 것이 아니라, 그 누구보다도 나 자신이 난관에 빠져 있으면서 다른 사람들 역시 그렇게 난관에 빠뜨리기 때문이네. 지금도 탁월함에 관해서는 그것이 무엇인지 난 알지 못하네. pp.64~66 (80a:1~80b:1, 80c:7~80d:2)

메논은 드디어 헷갈리기 시작한다. 자신만만하게 대화를 이끌어가다가 혼돈에 빠진 것이다. 자신이 모른다는 사실 드러나기 시작했기 때문이다. 그래서 사람을 난관에 빠뜨린다느니 마비시킨다느니 하면서 전기가오리에 대한 이야기까지 들먹인다. 그는 자신이 소크라테스와 함께 점점 본질에 다가가고 있다는 사실은 아직도 깨닫지 못하고 있다.

『메논』은 소크라테스식 문답법의 진수를 보여주는 책이다. 소크라테스 문답법은 절대적인 옳고 그름이란 존재하지 않는다고 주장하는 소피스트들을 공박하여 참된 지식(앎)이 존재함을 입증하기 위해 나온 인식론이다. 때문에 그의 문답법은 상대방이 갖고 있는 신념을 논리적인 검증과 반증을 통해 반박하고 스스로 포기하도록 만드는 것이다.

문답법은 크게 '반박'과 '산파술'로 구성된다. 주로 소피스트들(혹은 대화의 상대방)은 '~는 이다'라는 신념을 갖고 있다. 그들은 '탁월함은 가르칠 수 있다'는 '의견(doxa)'을 갖고 있으며, '의견'이 '지식(앎)'이라는 굳센 믿음을 갖고 있다. 그러니까 소피스트들은 의견을 진리로 착각하고 살아가고 있다.

소크라테스는 그들의 의견(혹은 믿음이나 신념 그리고 주장)을 질문 형식, 즉 '탁월함은 가르칠 수 있는가?'처럼 '~는 무엇인가?'라는 의문문을 제시함으로 '논박'을 시작한다. 이 질문에 대해 소피스트들이 갖고 있는 의견들을 하나씩 검증하고 검토함으로써 반박한다. 반복적인 반박을 통해 '~무엇인가?'라는 질문의 본질에 차근차근 접근하는데 이 과정에서 상대방은 무지를 자각해 나가도록 돕는다.

이때 반복적인 반박은 현상(pathos)이 아니라 본질(ousia)에 초점을 맞추며, 반박 과정에서 '(지적) 산파술'이 사용된다. 소크라테스는 소피스트들처럼 '~는 이다' 혹은 '~는 아니다'는 결론을 내려 상대방을 가르치려 하지 않는다. 상대방의 의견을 옳고 그름을 검증할 때 상대방의 동의를 얻어서 스스로 깨우치도록 차근차근 진행한다.

여기서 소크라테스가 소피스트들에게 가혹하다는 인상을 심어주게 되는 것은 소피스트들의 논쟁술과는 다른 방법을 사용하기 때문이다. 소피스트들은 상대방의 의견을 자신의 '의견'으로 대체하는데, 약한 의견을 강한 의견으로 대체하곤 한다. 하지만 소크라테스는 아예 '의견' 자체를 대체해 버리는 방법을 사용한다. 그러니까 상대방의 입으로 '저의 의견인 ~가 틀렸습니다"는 식으로 자신의 '의견'을 포기하고 소크라테스가 제시하는 새로운 지식(앎)으로 대체하도록 유도한다.

이때 소피스트들은 스스로 자신의 의견이 논리적인 모순이 있음을 인정하고 새로운 지식을 받아들이게 된다. 결국 소크라테스의 문답법은 감각적 지각에 의존하는 '의견'을 이성에 의존하는 '지식(앎)'으로 대체하는 것을 말한다.

『플라톤의 국가·정체(政體)』를 번역한 박종현 교수는 소크라테스의 문답법과 플라톤의 인식론 사이의 관계를 "(소크라테스)의 논박에 해당하는 것이 (플라톤의) 인식 주관의 순수화(카타르시스)이고, 산파술에 해당하는 것이 상기(想起), 즉 지성에 의한 앎(이해) 또는 순수 사유에 의한 직관 내지 인식이다"라고 명쾌하게 두 사람을 비교한다.

문답법은 대단한 인식 추구의 기술이지만, 상대의 입장에서는 자신이 그동안 가져왔던 확신이 틀린 것 같다고 인정할 즈음이 되면 기분이 상할 수밖에 없다. 그리하여 메논의 입에서 나온 표현이 '전기가오리'다. 지중해 지방에서 볼 수 있는 전기가오리는 원반 형태의 전기 기관을 몸 양쪽에 하나씩 갖고 있어서 지나가는 물고기를 전기 충격으로 감전시켜 잡아먹는다. 그 충격이 얼마나 큰지 성인도 넘어뜨릴 정도라고 한다.

메논이 전기가오리의 비유를 든 것은 소크라테스의 비판적 검토가 마치 전기가오리처럼 확신을 가진 사람의 영혼과 입을 마비시키는 강력한 힘을 갖고 있음을 뜻한다.

소크라테스의 비판적 검토와 반박이 무지를 깨우침과 동시에 진리에 가까이 다가서도록 하는 대단한 것임에도 불구하고, 그와 대화를 나누었던 수많은 사람들에게 분노를 안겨다주었다는 것을 짐작할 수 있는 대목이다. 자신의 확신이 깨지는 것을 이성적으로는 수긍하지만 감정적으로는 수치심과 분노를 느끼는 것이다.

우리는 논쟁을 불편하게 생각한다. 연장자와 연소자를 구분하는 장유유서(長幼有序)의 분위기나 의견과 사람을 구분하지 못하는 관행 때문에 건설적인 논쟁이 쉽지 않다.

오래전 미국 유학 경험을 되살려보면 학교의 분위기에 따라 교육 내용이 달랐다. 시카고대학 출신이라고 해서 모두가 그런 것은 아니지만 비교적 그 학교 출신들이 논리가 강하고 논쟁에 능하다. 경제학 박사학위 과정을 마무리하고 난 다음 사람들을 만나보면 어떤 학교에서 지적 훈련을 받았는가에 따라서 논쟁하는 능력에 크게 차이가 났다. 나 역시 반복적인 논박 때문에 당혹스러웠던 경험이 지금도 기억의 한편을 차지하고 있다. 어린 시절부터 사람과 의견을 구분하고 활발하게 시시비비를 가리는 훈련이 되어 있지 않는 한 의견이 반박되는 것은 유쾌하지 않다.

때문에 어떤 목적으로 누군가를 설득할 때는 막다른 골목으로 밀어붙이지 말고 퇴로를 열어주며, 가능한 한 부드럽게 상대방을 설득하는 것이 중요하다. 논리적인 대결에서는 승리하더라도 섭섭함이나 원한이라는 후환을 상대방에게 남길 수 있기 때문이다.

실제로 그런 일이 소크라테스에게도 일어났다. 나중에 이 대화에 참여했던 아뉘토스는 소크라테스에게 반박을 당하자 그가 자신을 무시한 것으로 오해하고 심하게 화를 냈다. 3년 뒤 아뉘토스는 소크라테스를 고발하고 소크라테스는 그때 처형을 당한다. 바로 『소크라테스의 변론』에서 소크라테스를 고발한 핵심 인물이 아뉘토스다. 혹시라도 이 대화중에 생긴 앙심 때문이었다면 참 안타까운 일이다.

탐구와 배움은
아는 것을 회복하는 것이다

소크라테스: 그리하여, 영혼은 불멸할 뿐 아니라 여러 번 태어나고 여기 지상뿐 아니라 하데스에 있는 이 모든 것들을 보았기 때문에, 영혼이 배우지 않은 것은 없다네. 그래서 탁월함에 관해서든 다른 것들에 관해서든 영혼이 어쨌든 전에 인식한 것들을 상기할 수 있다는 것은 결코 놀랄 일이 아니네. 왜냐하면 자연 전체가 같은 혈통이고 영혼은 모든 것들을 배웠기 때문에, 단 하나를 상기한 사람이—이것이 바로 사람들이 '배움'으로 부르는 것이네—그가 용감하고 탐구하는 데 지치지 않는다면 다른 모든 것을 스스로 발견하지 못할 이유는 전혀 없기 때문이지. 탐구와 배움은 결국 모두 상기니까 말일세. 그러니까 이런 논쟁적인 논변에 결코

설득돼서는 안 되네. 왜냐하면 이 논변은 우리를 게으르게 만들 것이고 유약한 인간들의 귀를 즐겁게는 하겠지만, 지금의 논변은 우리를 부지런하게 만들 뿐 아니라 탐구에 매진하게 만들기 때문이네. 나는 이 논변이 참되다고 믿기에 자네와 탁월함이 무엇인지를 함께 탐구하길 바라는 거네. p.68 (81c:5~81e:3)

메논으로서는 짜증이 날 때가 되었다. 그래서 탁월함이 무엇인지 알 수 없다고 고백하는 소크라테스에게 어떤 방식으로 탁월함을 탐구할 것인지 되묻는다. 여기서 『메논』의 두 번째 주제인 '배움이란 무엇인가?'에 대한 대화가 시작된다.

소크라테스의 이야기를 듣기 전에 누군가 우리에게 '배움이란 무엇인가?'고 묻는다면, 어떻게 답할 수 있을까? 꼭 같은 질문을 받는다면, 나는 '직업인으로서 그리고 한 인간으로서 완성도를 높여가기 위해 행하는 가장 중요한 도구이자 수단'이라고 답할 것이다. 그러니까 내 인생을 하나의 작품으로 보면 그 작품의 완성도를 높이는 과정에서 성과나 역량 그리고 행복이란 결과물이 나오게 되는데, 그 결과물을 얻기 위해서 빼놓을 수 없는 것이 배움이라 생각한다. 때문에 배움이란 밥을 먹고 옷을 입는 것처럼 필수적인 것이다.

그렇다면 소크라테스에게 배움이란 어떤 것일까? 그는 우리의 기대와는 전혀 다른 대답을 한다. 그에게 배움은 이미 다 알고 있는 것을 다시 떠올리는 것이다.

그는 "여러 번 태어나고 여기 지상뿐 아니라 하데스에 있는 이 모든 것들을 보았기 때문에, 영혼이 배우지 않은 것은 없다네"라는 지적에서 짐작할 수 있듯이 혼은 이미 모든 것을 알고 있다는 것이다. 우리가 생각하듯이 '배움은 모르는 것을 알아가는 것'이 아니라 소크라테스에게 배움은 '이미 알고 있는 것을 떠올리는 것 즉, 상기하는 것'을 말한다. 기대 밖이기도 하고 놀랍다. 소크라테스의 이야기를 좀더 들어보자.

소크라테스는, 인간은 자신이 전혀 알지 못하는 것을 탐구할 수 없을 뿐만 아니라 이미 알고 있는 것도 탐구하지 않는다고 말하면서 배움에 대한 대화를 시작한다. 다시 말하면 그는 첫째, 전혀 알지 못하는 것에 대해서는 무엇을 탐구해야 할지 모르고, 둘째, 아는 것에 대해서는 이미 알고 있기 때문에 추가적인 탐구의 필요성을 못 느낀다고 말한다.

후자의 것은 이해할 만하다. 왜냐하면 이미 알고 있는 것을 굳이 탐구할 필요가 없기 때문이다. 그러나 전자는 좀 아리송하다. 알지 못하는 것이라면 당연히 탐구해야 하지 왜 할 수 없다고 하는 것일까?

나는 『메논』을 읽으며 이 난관을 넘어서기 위해 각고의 노력을 벌였다. 어떻게 보면 인생의 많은 부분을 무언가를 배움으로써 깨우칠 수 있다는 신념을 가지고 살아온 셈인데, 소크라테스의 말이 맞다면 대부분의 인간들은 아무것도 배우지 못하고 무지의 상태에서 일생을 마칠 것이기 때문이다. 이 대목에서 적잖이 당혹스러웠다. 그리스의 젊은이들에게 참 지혜가 무엇인지를 깨우쳐주고자 했던 소크라테스의 행적만 놓고 보아도 쉽게 납득이 되지 않은 부분이었다.

만약 인간이 알지 못한다는 이유로 배울 수 없다면 발전이 없을 뿐더러 우리는 영혼을 닦지 못한다. 그저 동물의 상태로 살아갈 뿐이다. 나의 경우 독서와 사색은 내가 가보지 않은 세상을 알게 하고 새로운 지식을 줌으로써 좀더 성장하고 앞으로 나아가는 데 많은 도움이 되었다. 그것만으로도 내가 무엇을 해야 할지 떠올랐다. 철학은 알려는 노력이다. 모르기 때문에 알려고 철학하는 것이다.

그렇다면 소크라테스에게 탐구와 배움은 진정 무엇이었을까? 그리고 탐구와 배움이 어떻게 이루어지는 것이라고 생각했을까? 여기서 그 유명한 플라톤의 '상기론(想起論)'이 등장한다. 상기론이란 인간이 무언가를 이해하고 알게 되는 것은 사고에 의한 것이 아니며, 우리 영혼에 이미 주어져 있던 것을 떠올릴(상기) 뿐이라는 설이다.

예를 들어, 어린아이들이 꽃을 보고 본능적으로 아름다움을 느끼는 것은 아이의 영혼이 이데아의 세계에 머물렀었고, 그때 보고 배웠던 아름다움이라는 이데아를 떠올릴 수 있기 때문이라는 것이다.

인간이 죽음을 맞이하면 육체는 소멸하지만 영혼은 이데아의 세계에 살아남아 지상의 것들뿐만 아니라 지하의 것들까지 모두를 보고 배운다. 인간의 탄생은 영혼이 다시 육체 속으로 돌아오는 것인데, 이때 영혼은 망각(레테)의 강을 건너오지만, 이데아의 세계에 머물렀던 일을 완전히 잊는 것이 아니라 기억에 잠재되어 있다. 그리고 사물을 보는 순간 기억 속의 이데아를 떠올린다. 이것이 상기론이다.

이렇듯 지식이나 진리는 우리에게 전혀 없었던 것을 새로 얻는 것이 아니라, 이미 가지고 있는 것을 회복하는 것이라고 말한다. 플라톤은 영혼불멸과 영혼 윤회사상에 바탕을 두고 배움은 전생에 이미 배운 것을 상기하는 것으로 이해했다. 따라서 교육 역시 새로운 지식을 피교육자에게 주입하는 것이 아니라 이미 피교육자가 갖고 있는 것을 떠올리도록 돕는 활동이다.

상기론에 기초하여 배움을 두 가지로 나눠볼 수 있다. 하나는 '전생의 배움'이고 다른 하나는 '이승의 배움'이다. 그런데 이승의 배움이 가능하기 위해서는 반드시 전생의 배움이 있어야 한다. 이승의 배움을 결과로, 전생의 배움을 조건으로도 이해할 수 있다.

때문에 학습은 전생에 이미 배웠지만 망각한 것을 찾아가는 활동으로 이해할 수 있다. 플라톤의 상기론은 배움이 이미 알고 있는 것을 회복해 가는 과정임을 말해 주기 때문에 배움을 계속해서 추구하는 사람에게 큰 힘을 준다.

『메논』의 역자인 이상인 교수는 상기론을 '추론을 통한 합리적 배움과 탐구는 전적인 무지에서 지(知)로 가는 과정이 아니라 어떤 의미의 지(知)에서 지로 이행하는 과정이다'라는 설명을 더한다.

여기에서 다시 한 번 소크라테스에게 배움이 무엇인지를 정리해 보자. 그에게 배움은 첫째 우리가 알고 있는 배움에 대한 정의와 다르다. 즉 우리는 모르는 것을 알아가는 것이 배움이라고 생각하지만 그에게 모르는 것은 배움의 대상이 아니다. 둘째 그에게 배움은 이미 알고 있는 것을 회복하는 즉 상기하는 것이다. 상기는 곧 배움이며 배움은 전생에서 이미 배웠던 것들을 회복해 가는 과정이다. 셋째 누구든지 전생의 배움을 갖고 있기 때문에 배움에 대한 열의와 의지만 있다면 훌륭한 학습자(학생)가 될 수 있다.

이른 새벽에 일어나서 원고 작업을 하는 나는 이따금 잠을 자는 동안 고치고 있던 고전 속의 문장을 꿈속에서도 볼 정도였다. 이른 새벽에 '상기론'에 대한 내용을 다시 고치다가 내 머릿속에는 하나의 이미지가 불현듯 선명하게 떠올랐다.

30여 년 전 미국 휴스턴 라이스대학의 중앙 도서관인 폰더런 라이브러리(Fondren Library). 도서관 바깥은 태양이 작열하고, 안쪽은 좀 과하다 싶을 정도로 서늘하게 냉방이 되어 있었다. 그곳에는 다소 침침한 조명들 아래에 촘촘히 들어선 서가가 끝없이 이어져 있었다. 유학 생활 동안 나는 그 도서관에서 책을 정리하는 아르바이트를 했다.

카트에 책을 담아서 일련번호를 확인하고 한 권 한 권 책을 정리를 하던 나는 잠시 일손을 멈추고 끝없이 이어진 서가를 물끄러미 바라보았다. 바로 그때 보았던 길고 긴 서가의 모습이 '상기론'과 맞물려서 떠올랐던 것이다.

소크라테스가 상기론에서 이야기하고 싶은 것은 우리 모두 태어날 때부터 영혼에 '길게 늘어선 서가'들을 갖고 태어난다는 점이다. 그렇다면 훌륭한 자와 그렇지 않은 자의 차이는 무엇인가? 전자는 계속해서 배움을 행하는 자이고 후자는 배움을 중단해 버리는 자이다. 배움은 바로 자신이 태어날 때부터 갖고 있는 서가에서 책을 한 권 한 권 빼서 읽어나가는 것을 말한다. 사람들은 누구나 거대한 서가를 갖고 태어나지만, 그 많은 책들을 그냥 보기만 할 뿐 스스로 선택해 읽어나가지 않으면 배움을 진행할 수 없다.

우리는 누구나 부지런히 탐구하면 더 나은 인간이 될 수 있다. 왜냐하면 이미 거대한 서가를 갖고 태어났기 때문이다. 때문에 배움을 게을리하는 것은 인간으로서 의무를 소홀히하는 일일 뿐만 아니라 어떤 면에서는 죄악이라고 생각한다. 우리는 자신이 원한다면 언제든지 서가 속에서 책을 끄집어내서 읽고 생각할 수 있는 존재가 되어야 한다.

이 이야기가 좀 추상적이라면 근래의 경험들을 들어보자. 나이를 먹어 주변을 둘러볼 여유가 생기면서 자주 그림 전시회나 박물관을 찾곤 한다. 그럴 때마다 젊은 날에 맞볼 수 없었던 감동을 경험하게 된다. 내 자신이 젊은 날에도 이런 성향이 조금은 있었지만 이런 시간들을 지금처럼 즐길 수 있게 되리라곤 상상하지 못했다. 분주한 일과 속에서 잠시 전시회장을 들르게 되면 나는 그림 앞에서 상념에 잠기기도 하고 작품에 대한 나름의 해설을 덧붙이고 한다.

이때 그림에 대해 특별히 공부를 하지 않더라도 인간은 본래 아름다움 그 자체를 인식할 수 있는 능력을 타고 난다는 생각을 하게 된다. 그래서 강연장에서 중년분들에게 자주 "시간을 내서 멋진 기획전을 꼭 방문해 보라"고 권한다. 그곳에서 사업에 대한 아이디어를 얻을 수도 있지만 행복감과 유쾌함, 그리고 텅 비어가는 내면세계를 꽉꽉 채울 수 있다고 말하곤 한다. 이는 내가 소크라테스의 '상기론'을 만나기 전부터 가져왔던 믿음이다.

"인간은 태어날 때부터 아름다움을 보고 들을 수 있는 능력을 타고 나는 존재입니다. 후천적으로 특별한 교육을 받지 않더라도 이것이 가능하답니다. 우리 모두가 인간으로 태어나기만 한다면 말입니다."

한편 소크라테스는 메논뿐만 아니라 자기 자신도 배움에 대한 확신을 갖고 꾸준히 노력해야 한다고 말한다. 왜 그렇게 해야 하는 것일까? 아래의 인용문에서 소크라테스는 알지 못하는 것을 탐구하는 사람만이 더 나아지고, 남자다워지고, 덜 게으름을 피울 것이라고 말한다. 지적인 탐구에 대한 계속적인 추구를 촉구하는 소크라테스의 조언은 현대인들도 귀담아 들어야 한다. 변화무쌍한 시대에서 자신을 보호하고 더 나은 삶을 보장해 주는 것은 배움을 사랑하는 태도이기 때문이다.

"그럼 있는 것들(예를 들어 보이는 것들과 보이지 않는 것들)의 진리가 언제나 우리의 영혼 속에 있다면, 영혼은 불멸할 테고, 그러니까 자넨 용기를 내어 자네가 지금 인식하고 있지 않을 것을—즉, 자네가 기억하고 있지 않은 것을—탐구하고 상기하도록 노력해야만 하지 않겠나? (……) 우리가 인식하고 있지 않은 것들을 발견할 수도 없고 탐구할 필요도 없다고 생각할 때보다도 알지 못하는 것을 탐구해야만 한다고 우리가 생각할 때 우리는 더 나아지고 더 남자다워지며 덜 게을러질 거라는 사실, 바로 이것을 위해 난 기필코, 내가 할 수 있다면, 말뿐 아니라 행동으로도 싸우려는 것이네." p.81(86b:1~4, 86b:9~86c:2)

여기서 상기의 두 가지 즉, 탐구(探求)와 배움에 대해 잠시 살펴볼 필요가 있다. 탐구는 내적으로 알아가는 것을, 배움은 주로 외적으로 알아가는 것을 말한다. 그렇다면 마음의 그림을 효과적으로 떠올리는 일, 즉 효과적으로 학습하기를 원한다면 어떻게 해야 할까? 탐구라는 면에서 보면 학습자 스스로가 무지를 깨우치고 진리를 알아야겠다는 강한 열정을 갖고 노력해야 한다. 그리고 배움이란 면에서 보면 학습자는 교사로부터 자극, 논박, 그리고 적극적인 대화 등의 도움이 필요하다.

이를 두고 소크라테스는 '교사의 산파술'이라는 용어를 사용한다. 여기서 소피스트들과 소크라테스의 근본적인 차이를 확인할 수 있다. 소피스트들은 배움과 가르침을 '지식의 전달과 수동적 수용'으로 이해한 반면에, 소크라테스는 가르침을 '피교육자가 상기하려는 것을 돕는 일'로 받아들였다. 때문에 소크라테스에게 교사는 '상기를 돕는 사람'의 의미를 지닌다.

상기론으로부터 우리가 얻을 수 있는 메시지는 누구든 학습할 수 있는 가능성을 타고난다는 것이다. 하지만 그 가능성이 구체적인 실력이나 능력으로 발전하기 위해서는 반드시 학습이 이뤄져야 한다. 학습은 자신의 열정과 노력, 그리고 교사나 교육을 위한 보조 기구의 도움을 받아서 행해진다.

바로 위의 인용문에서 살펴본 바와 같이 소크라테스가 자신이 현재 기억하지 못하는 것을 탐구해야 할 필요성을 역설하는 대목은 우리에게도 시사하는 바가 크다. 살아가는 것은 바로 학습하는 것이며, 학습하는 것은 성장해 가는 것이다. 이것이야말로 동물과 인간을 구분짓는 결정적인 차이다. 그리고 학습이 지적인 쾌락뿐만 아니라 실용적인 이득도 가져다줌은 물론이다.

일본의 유명한 수학자인 히로나카 헤이스케는 『학문의 즐거움』이란 책으로 우리에게 잘 알려져 있다. 초등학교 시험에도 떨어졌던 그는 수학의 노벨상이라는 필드상을 수상하고 하버드대 수학과 교수로도 재직했다.

"나는 수학을 연구하는 데 있어서 끈기를 신조로 삼고 있다. 문제를 해결하기까지에는 남보다 더 시간이 걸리지만 끝까지 관철하는 끈기는 뒤지지 않는다고 생각한다. 다른 사람이 한 시간에 해치우는 것을 두 시간이 걸리거나, 또다른 사람이 1년에 하는 일을 2년이 걸리더라도 결국 하고야 만다. 시간이 얼마나 걸리는가 하는 것보다는 끝까지 해내는 것이 더 중요하다는 것이 나의 생각이다."

자기 안에 있는 배움의 가능성을 끝까지 놓지 않고 꾸준히 '앎'의 세계로 다가갔던 그는 '배움'을 통해 자기 자신의 숨겨진 재능을 찾아내고 자신의 실체에 다가는 삶이야말로 값진 인생이라고 회고한다.

모르는 것을 깨우치는 과정에서 얻는 즐거움과 유쾌함을 한 번이라도 맛본 사람이라면 그 쾌락이 얼마나 대단한 것인가를 잘 알게 되기 때문에 배움에 대한 열의를 놓지 않게 된다. 그런 만큼 우리 스스로가 배움을 가까이 해야 할 뿐만 아니라, 아이들을 키울 때도 어렸을 때부터 배우는 즐거움을 맛보게 하는 것이 부모의 의무이자 책임이다.

탐구와 배움에 대한 내 경험은 '상기론'과 관련해서도 의미가 있는 사례가 될 것이다. 내가 제대로 나 자신을 만들어가고 있다는 생각이 들 때는 '자신을 가르치는 교사' 직분을 충실히 수행하고 있음을 느낄 때이다. 여기서 중요한 사실은 '남을 가르치는 교사'가 아니라 바로 '자신을 가르치는 교사'라는 점이다. 내 말과 글 그리고 사고를 독자가 어떻게 받아들일 것인가는 사실 내가 통제할 수 없는 영역이다. 다만 내가 완벽하게 다룰 수 있는 영역에서는 스스로 최고로 잘 계발해 가야 한다.

그렇다면 자신을 계발하는 일은 무엇을 말하는 것일까? 나는 자주 두뇌 속에 세로와 가로로 촘촘히 연결된 도로망을 떠올리곤 한다. 한편으로 연결망은 수많은 작은 사각형들의 조합으로도 보일 수 있다. 극사실주의 화가이자 판화가인 척 클로스라는 작가의 작품과 거의 비슷한 이미지이다. 그의 작품은 거대한 이미지가 무엇이든 모두가 아주 작은 격자무늬로 이루어져 있다. 수많은 격자무늬들이 모여 큰 이미지를 만들어낸다. 나는 배움을 행하면서 격자무늬처럼 생긴 그 도로망들의 작은 부분들이 연결되어 간다고 생각한다. 죽는 날까지 연결해야 하는 도로망이 수없이 남아 있겠지만 이를 하나하나 연결해 나가면서 탄성을 자주 내뱉게 된다.

십수 년 전에 읽었던 시오노 나나미의 『로마인 이야기』에는 로마와 카르타고가 전쟁을 벌이는 이야기가 등장한다. 해전다운 해전 경험을 갖지 못하였던 초기 로마인들은 하나의 도구를 발명해서 이를 활용하는데, 이것이 바로 갈고리이다. 그러니까 배를 카르타고의 함선에 바짝 다가서게 한 다음 갈고리를 이용해 끌어당겨 육박전을 치름으로써 로마는 크게 승리했다. 멋진 혁신 사례 가운데 하나이다. 로마인들의 기발함에 대해 시오노 나나미는 놀라움을 금하지 못하였다.

그런데 최근 존 R. 헤일, 『완전한 승리, 바다의 지배자』라는 아테네 해군의 성장사를 다룬 책에는 갈고리를 사용한 사람들이 로마인들보다 훨씬 전에 있었음을 확인할 수 있는 내용이 등장한다. 기원전 415년부터 413년 사이에 아테네가 대규모 함대를 발진시켜 시칠리아의 시라쿠사를 공력할 때 이미 쇠갈고리를 사용한 경험이 있음이 나온다. "지휘관들은 비장한 각오로 대장장이에게 쇠갈고리를 만들도록 지시했다. 그것을 적선에 걸어, 적선이 충각 공격을 한 뒤 뒤로 물러서지 못하게 해놓고 보병들이 적선에 올라타 백병전을 치루는 동안 궁수병과 창병들이 화살과 창을 날려 엄호하려는 것이었다"라는 내용이다.

이런 대목을 만나면 나는 십수 년 전에 읽었던 것과 새로운 것이 합쳐지면서 거대한 도로망 가운데 한 부분이 연결됨을 느끼곤 한다. 나에게 배움은 이처럼 대단히 구체적인 행위이다. 하나하나 두뇌 속의 도로망을 연결하는 작업 말이다.

탁월함은 가르칠 수 없다, 스스로 이루는 것이다

메논: 맞습니다. 그러나 당신께는 탁월함의 교사들이 없다고 생각되십니까?

소크라테스: 그야 누군가 탁월함의 교사들이 있을까 여러 번 찾았지. 그러나 온갖 노력을 기울였지만 난 발견할 수 없었네. 그것도 어쨌든 많은 사람들과 함께 찾았고, 특히 내가 그 일에 가장 경험이 많다고 생각한 사람들과 함께 찾았는데도 말일세. (……)

소크라테스: 소피스테스들도, 훌륭하고 뛰어난 사람들 자신도 그 문제의 교사들이 아니라면, 다른 어떤 사람들도 그 문제의 교사들이 아닐 거라는 건 분명하지 않겠는가?

메논: 저는 그렇다고 생각합니다.

소크라테스: 그런데 교사들이 없다면, 학생들 또한 없겠지?

메논: 당신께서 말씀하신 대로라고 전 생각합니다.

소크라테스: 그런데 교사들도 없고 학생들도 없는 그런 문제는 가르쳐질 수 없는 것이라는 데 우리가 동의했지?

메논: 동의했습니다.

소크라테스: 그러면 탁월함의 교사들은 어디에도 없는 것으로 보이지 않는가?

메논: 그렇습니다.

소크라테스: 그런데 교사들이 없다면, 학생들도 없겠지?

메논: 그렇게 보입니다.

소크라테스: 따라서 탁월함은 가르쳐질 수 있는 게 아니겠지? p.88, pp.100~101

(89e:4~9, 96b:7~96c:11)

메논이 드디어 백기를 드는 장면이다. 이 장면에서 『메논』의 세 번째 주제 '탁월함은 가르칠 수 있는 것인가?'란 질문이 등장한다. 소크라테스는 탁월함에 관한 여러 가설들과 사례들로부터 탁월함이 학습할 수 있는 것인지를 알아내려는 시도를 한다. 학습 가능성에 대한 증명은 크게 두 부분으로 나누어진다.

가설 1 탁월함이 인식이라면, 탁월함은 가르칠 수 있는 것이다

이 가설을 입증하기 위해 소크라테스는 상위 가설들을 이용한다. 첫째, 탁월함은 뛰어난 것이다. 둘째, 뛰어난 것은 유익한 것이다. 셋째,

그러므로 탁월함은 유익한 것이다. 넷째, 그런데 유익한 것은 앎이다. 다섯째, 그러므로 탁월함은 앎이다.

이렇게 두 단계의(탁월함=뛰어남, 뛰어남=유익함, 고로 탁월함=유익함, 그런데 유익함=앎, 그러므로 탁월함=앎) 삼단논법을 통해서 '탁월함은 인식(앎)이다'라는 결론을 끌어낼 수 있기 때문에 '탁월함은 가르칠 수 있는 것이다'라고 말할 수 있다. 이 정도에서 끝나면 탁월함의 학습 가능성은 입증되고 만다. 그러나 소크라테스는 물러서지 않고 탁월함의 학습 가능성에 회의를 드러내면서 두 번째 가설을 입증하기를 원한다.

가설 2 탁월함을 가르칠 수 있다면, 탁월함의 교사가 있다

이 가설을 반박하기 위해 소크라테스는 '후건부정형식(後件否定形式, modus tollens)'에 따라 추론하기를 원한다. 이것은 고전논리학의 단순하고 유효한 논증식의 하나로, 'A이면 B다. 그런데 B가 아니다. 그러므로 A가 아니다'라는 것이다. 소크라테스는 "탁월함뿐 아니라 어떤 것이든 그것이 가르칠 수 있는 것이라면 필연적으로 그것의 교사들이나 학생들이 있지 않겠나?"라고 메논에게 묻는다. 소크라테스의 주장을 입증하기 위해 '후건부정형식'을 취하면, '탁월함의 교사가 없다. 그러므로 탁월함은 가르칠 수 있는 것이 아니다'라고 정리할 수 있다. 결국 탁월함을 가르칠 수 있는가의 문제는 '탁월함의 교사가 없다면, 탁월함은 가르칠 수 없는 것이다'에 의해 결정된다.

그런데 이쯤에서 여러분의 생각은 어떤가? 탁월함의 교사가 있다고 생각하는가? 없다고 생각하는가? 아마도 다수의 독자들은 탁월함의 교사가 있다고 생각할 것이다. 구체적인 지식이나 기술을 가르치는 모든 교사를 탁월함의 교사라고 생각할 수 있기 때문이다. 그런 생각이 옳다면 탁월함을 가르칠 수 있는 것이다.

메논 역시 탁월함의 교사가 있다는 쪽에 손을 든다. 특정 분야에서 뛰어난 역량을 보여줌으로써 지식이나 기술을 팔고 돈을 받게 된 소피스트들은 그런 의미에서 전문 교사이기 때문이다. 그런데 소크라테스는 '탁월함의 교사는 없다'는 주장을 입증하기 위해 세 가지 사례를 소개한다.

첫째, 소피스트는 탁월함의 교사인가?

소크라테스는 메논에게 "자네는 소피스트들이 탁월함의 교사라고 생각하는가? 바로 이들이 교사라고 공언하는 유일한 사람들인데 말이야"라고 묻는다. 그러자 메논은 "때로는 그들이 교사로 생각되기도 하고, 때로는 교사로 생각되지 않기도 합니다"라고 답한다. 그러자 소크라테스는 소피스트들이 상황에 따라 어떤 경우에는 탁월함을 가르칠 수 있는 것처럼 말하고, 어떤 경우에는 가르칠 수 없는 것처럼 말하는 사례를 들면서 참된 의미의 교사라고 말하기 힘들다고 이야기한다.

둘째, 수사학자인 고르기아스는 탁월한 교사인가?

메논이 존경하는 고르기아스는 사람들을 말 잘하게 만드는 것을 목표로 자신의 지식을 판다. 때로는 수사학자로, 때로는 교사처럼 행동하는 고르기아스 역시 소피스트의 변종에 지나지 않는다고 소크라테스는 말한다.

셋째, 훌륭하고 뛰어난 아테네의 정치가들과 선조들이 탁월한 교사인가?

가르침을 얻게 하기 위해 젊은이들을 소피스트들에게 보내는 것은 미친 짓이라고 주장하는 아뉘토스는 훌륭한 아테네의 정치가들과 선조

테미스토클레스의 대리석 흉상 살라미스 해전에서 활약한 해군 전략가 테미스토클레스는 아테네의 미래가 바다에 있다고 믿었다. 자신의 용맹함과는 달리 아들을 훌륭히 키워내는 데는 실패했다. 오티엔세 박물관.

들만이 탁월한 교사가 될 수 있다고 주장한다.

그러나 소크라테스는 아뉘토스에게 결정적인 일격을 가한다. 아무리 탁월한 사람이어도 자신이 가장 아끼는 자식에게조차 그 자신의 탁월함을 가르칠 수 없다는 증거를 들이댄 것이다. 자신이 가진 탁월함을 가장 잘 전수하고 싶은 자식에게조차 전수할 수가 없는데, 어느 누구에게 탁월함을 가르칠 수 있겠는가?

여기서 눈여겨볼 것은 소크라테스가 탁월함의 교사는 존재하지 않으며, 탁월함을 가르칠 수 없다는 가설을 증명하기 위해 사용하는 멋진 사례다.

세상의 모든 아버지가 탁월함의 교사 역할을 자임하지만 자식 교육에는 그다지 성공하지 못하는 사례들을 이용한 것이다. 예를 들어 아테네의 민주주의 정치가이자 뛰어난 해군 전략가인 테미스토클레스(기원전 528년~462년)는 뛰어난 사람이었지만 그의 아들 클레오판토스는 버릇없는 망나니였다. 테미스토클레스는 자신의 탁월함을 아들에게 가르치기 위해 노력했지만 성과를 거둘 수 없었다.

"테미스토클레스가 다른 어떤 사람들도, 특히 아마도 그 자신의 아들 클레오판토스가 훌륭하고 뛰어나게 되길 원치 않았을 거라고 생각하는가? 아니면 자넨 그가 그의 아들을 시기하여 그 자신을 뛰어난 사람으로 만들었던 탁월함을 고의로 전달하지 않는다고 생각하는가? (……) 그가 자신의 아들을 교육시키길 원했지만 그 자신이 지녔던 지혜와 관련해서는 그를 결코 이웃들보다 더 뛰어나게 만들길 원하지 않았다고 생각해야 할까? 탁월함이 적어도 가르쳐질 수 있는 것이라면 말일세." p.95(93c:6~93d:1)

살라미스 해전을 승리로 이끈 조력자이자 '아테네에서 가장 훌륭하고 제일 정의로운 사람'으로 불리던 아리스테이데스(기원전 520년~468년) 역시 아들 뤼시마코스를 아테네서 가장 훌륭한 사람으로 키우고 싶어 했지만, 아들은 평범함에도 미치지 못하는 사람이 되고 말았다.

또한 아테네의 걸출한 정치가인 페리클레스(기원전 495년~429년) 역시 두 명의 아들 파랄로스와 크산팁포스를 두었는데, 이들 모두 기원전 429년에 흑사병으로 죽고 말았다. 이들에 대한 이야기는 『프로타고라스 I』에 소개되어 있는데, 여기서 페리클레스는 '자신의 탁월함을 자식들에게 전달하지 못한 실패한 교사'로 그려져 있다.

또한 페리클레스의 정적이자 명문가 출신이었던 아테네의 정치가 투퀴디데스는 두 아들 멜레시아스와 스테파노스를 훌륭하게 키우기 위해 상당한 노력과 돈을 들였다. 그는 고귀한 가문 출신으로 재력도 있었고 친구도 많았다. 그러나 그 역시 자신이 원하는 아들들을 만들 수 없었다.

자식을 키워본 사람이라면, 부모가 특정 분야에서 뛰어난 인물인 경우 자식 농사가 더욱 힘들다고 말한다. 탁월함을 얻었던 사람들의 자식 농사 실패기는 한 권의 책으로도 모자랄 정도다. 어니스트 헤밍웨이의 셋째아들 그레고리, 윈스턴 처칠의 장남 랜돌프, 토머스 에디슨의 장남 토머스 주니어, 마하트마 간디의 장남 할리랄 등도 모두 탁월함을 가르치는 데 실패한 사례에 속한다. 위대한 남자들의 자식 농사 실패기를 쓴 모리시타 겐지는 알코올 중독자로 생을 마친 간디의 장남 할리랄 간디를 두고 "장남 할리랄은 자녀들에 대한 간디의 이상주의 교육이 드리운 짙은 그늘이었다"라고 평한다.

여기서 한 가지 사실을 분명히 해둘 필요가 있다. 소크라테스가 소피스트들을 상대로 탁월함의 교사가 될 수도 없고, 탁월함을 가르칠 수도 없다고 말하는 이유는 이들이 가르치는 것이 '인간으로서(사람으로서)의 훌륭함(탁월함, arete)'이기 때문이다. 이것은 가르칠 수 있는 것이 아니다.

반면에 직업적 훌륭함에 필요한 기술들이나 기예 등은 얼마든지 가르칠 수 있다. 수학이나 영어 같은 각종 학과목에 필요한 공부법, 목표를 세우고 시간을 관리하는 방법, 직업인으로 살아가는 데 필요한 구체적인 지식들이나 기술 등은 모두 가르칠 수 있다.

소피스트들이 가르치는 것 가운데 일부분은 인간으로서의 훌륭함이지만, 또다른 부분은 의술처럼 구체적인 기술이다. 전자는 가르칠 수 없더라도 후자는 가르칠 수 있다. 그러나 소크라테스와 플라톤은 모두 소피스트들이 가르치는 것이 인간으로서의 훌륭함이라 가정한다.

소크라테스는 탁월함은 가르칠 수 있는 것이 아니며, 이를 가르칠 수 있는 교사도 없다고 한다. 그렇다면 탁월함은 어떻게 추구할 수 있을까? 모든 인간은 스스로 자신의 분야에서 저마다의 탁월함을 향해 노력해야 한다. 집안, 머리, 돈, 권세 등 그 어떤 것도 탁월함을 제공해 줄 수는 없다. 단지 탁월함을 이루는 데 도움을 줄 수 있을 뿐이다. 따라서 부모, 교사, 컨설턴트는 탁월함의 교사라기보다는 탁월함의 조력자라 할 수 있다. 직접 가르쳐줄 수는 없지만 도움의 손길을 내밀 수 있는 존재들이다.

한편 인간으로서의 탁월함을 직접 가르쳐줄 수는 없지만 얼마든지 긍정의 영향력을 발휘할 수는 있다. 한 집안의 가장이 자식들이 보기에도 감동적이라 할 만큼 성실하고 근면하고 지혜롭게 살아간다면 그것 역시 자식들에게 간접적으로 인간으로서의 탁월함을 가르쳐주는 것이다. 한 조직의 기관장은 올바름, 치열함, 절제, 용기 등과 같은 덕목을 몸소 실천함으로써 조직의 구성원들에게 긍정의 영향력을 행사할 수 있다.

인간으로서의 탁월함에 대한 모범적인 사례는 바로 소크라테스이다. 그는 주변 사람들을 가르치려는 의도를 갖고 있지는 않았지만 진리에 투철하였던 자신의 삶을 통해서 플라톤이란 걸출한 제자에게 깊은 영향력을 행사하였다. 그런 제자가 기록한 훌륭한 〈대화편〉을 통해서 2,500년이란 시간과 고대 그리스라는 공간을 초월해서 현대를 사는 우리가 인간으로서의 훌륭함과 탁월함에 대해 깊이 성찰하고 있지 않는가?

결국 탁월함은 스스로 구하고 얻어내야 하는 것이다. 이런 진실이야말로 '탁월함을 가르칠 수 없다'는 소크라테스의 주장으로부터 우리가 얻을 수 있는 중요한 교훈이다. '나는 집안이 가난하기 때문에' 혹은 '나는 머리가 나쁘기 때문에' 탁월함에 다가설 수 없다고 변명하는 사람이라면 깊이 새겨야 한다.

세상사의 많은 부분은 자기 하기 나름이라는 생각을 하게 된다. 따라서 탁월함은 자기 주도적이란 꾸밈말과 함께할 수 있지만, 소크라테스는 신적인 섭리에 의해 생기는 부분, 즉 어느 정도 운명론적인 부분도 무시할 수 없다고 말하기도 한다. 태어날 때부터 어떤 분야의 탁월함을 타고난 사람들이 드물게 있는데, 이들은 운명에 의해 축복을 받은 사람들이다. 특히 예술이나 스포츠 같은 분야에서 신적인 섭리가 차지하는 비중을 무시할 수는 없다.

『메논』이 우리에게 주는 교훈은 무엇일까? 여기서 다루는 세 가지 질문인 탁월함은 무엇인가, 배움이란 무엇인가, 그리고 탁월함을 가르칠 수 있는가 같은 질문에 대한 답을 잘 새겨두면 살아가는 데 도움이 된다.

첫째, 탁월함에 대해 올바른 정의를 세우는 일은 직업인으로서뿐만 아니라 생활인으로도 중요하다. 탁월함과 기능의 개념을 서로 연결시켜서 기능과 능력을 완전하게 발휘하는 것을 '아레테(탁월함)'로, 불완전하고 열등하게 발휘하는 것을 '카키아'로 구분한 플라톤의 설명은 인상적이다. 누구든 탁월함을 향해 나아갈 수 있다면, 자신뿐만 아니라 가족과 사회를 유익하게 만들 수 있을 것이다. 뿐만 아니라 스스로 행복해지는 비결이기도 하다. 다만 탁월함 그 자체와 탁월함의 사례는 구분할 수 있어야 한다.

둘째, 상기론에 바탕을 둔 학습론, 탐구와 배움의 특성에 대한 소크라테스의 설명, 그리고 왜 배워야 하는가를 역설하는 부분도 우리에게 도움이 된다. 특히 상기론은 사람이라면 누구나 무엇인가를 배울 수 있는 준비가 되어 있음과 배움은 우리에게 전혀 없었던 것을 새로이 얻는 것이 아니라 우리가 이미 갖고 있는 것을 회복하는 것이라는 주장이 가슴에 와닿는다. 또한 배워야 하는 이유를 확실하게 인지할 수 있는 자라면 배움을 선택이 아니라 필수로 받아들일 것이며 특별한 사람의 일이 아니라 생활의 일부가 되어야 함을 이해할 수 있을 것이다.

셋째, 자식 농사라는 사례를 들어 탁월함을 가르칠 수 있는가의 여부를 따지는 일도 새겨둘 만하다. 탁월함을 가르칠 수는 없지만 누구든지 스스로 탁월함을 향해 노력할 수 있다는 것은 오늘날의 유행어인 '자기 주도적 학습'이란 용어와 일치한다. 게다가 탁월함의 교사는 존재하지 않지만 탁월함의 조력자는 존재할 수 있다는 것에서 누군가를 이끌거나 가르칠 수 있는 자리에 있는 모든 사람들이 탁월함의 조력자로서 어떤 역할을 맡아야 하는지를 생각하게 해준다.

요즘처럼 조급함이 유행하는 시대에서 탁월함이나 훌륭함과 같은 묵직한 주제가 사람들의 마음 속에 얼마나 호소력이 있을지 모르겠다. 그러나 세상의 유행이 어떻게 변화해 가든지 직업인으로서뿐만 아니라 한 인간으로서 어떻게 사는 것이 올바른 삶인가에 대한 기본은 달라지지 않는다. 돈을 쫓으면 돈을 많이 벌 수 있는가? 성공을 쫓으면 성공을 거둘 수 있는가? 행복을 쫓아서 이리 뛰고 저리 뛰면 행복을 손에 넣을 수 있는가? 명성을 구한다고 해서 손에 넣을 수 있는 것인가?

이 모든 것들을 크게 연연해 하지 않고서도 조용히 손에 넣을 수 있는 방법은 '탁월함(훌륭함)에 대한 열망'을 갖고 살면서 그런 경지에 한 걸음 한 걸음 다가서기 위해 작은 일부터 실천하면서 사는 것이다. 누가 월급을 더 주기 때문에 열심히 하는 것이 아니라 스스로 훌륭함에 대한 열망 때문에 열심히 할 수도 있다. 누가 나를 보기 때문에 반듯하게 행동하는 것이 아니라 스스로 훌륭함에 대한 열망 때문에 열심히 할 수도 있다. 보상이 주어지기 때문에, 무엇을 손에 넣을 수 있기 때문에 열심히 한다는 것보다는 스스로 훌륭하게 자신을 만들어가기 위해 열심히 한다는 것으로 일과 세상을 대하면 어떨까?

4장

삶과 죽음에 관한 통찰
『파이돈』

"지혜로운 자여, 죽음을 두려워 말라"

"오히려 나는 다시 살아나는 일이 정말로 있고, 살아 있는 것은 죽은 것으로부터 생기고, 죽은 자의 영혼은 불멸하며, 착한 영혼은 악한 영혼보다 더 좋은 운명을 맞이한다는 것을 확신하네."

— 소크라테스

CLASSIC BRIDGE

올바른 생사관이란 무엇인가

～✣～

죽는다는 것은 무엇인가? 또한 산다는 것은 무엇인가?

2009년 2월 김수환 추기경이 선종하셨을 때, 나는 문득 죽음에 대한 질문을 던져보았다. 분명 한 사람의 죽음은 생의 끝이요, 사라짐이라고 생각했지만 '영원한 생명'이 있는 불멸의 세계에 든 듯한 추기경의 평화로운 임종과, 육신이 사라진 후에도 그의 말씀과 지혜가 여전히 우리 곁에 감도는 현상을 보며 감동을 받았다. 비록 가톨릭 신자는 아니지만 과연 죽음이 모든 것의 끝이기만 한 것일까하는 의문이 들었다.

마침 나이 오십에 막 들어섰을 때였는데, 육체와 욕망의 '쇠락'을 어쩔 수 없이 받아들이게 되면서 죽음에 한 걸음 더 가까워진 것을 느끼게 되었다. 그럴 때마다 문득 죽음이 두려워지지도 했다. 그러나 그 무렵 운 좋게 시작한 고전 읽기는 이런 죽음의 문제에 대해 한 번 더 깊이 생각해 볼 시간을 선사했다. 돌이켜보니 존재와 죽음이란 주제에 대해 이제까지 오롯이 생각했던 적은 없었던 것 같다.

그중 죽음과 사후 세계에 대한 소크라테스의 상세한 설명을 들을 수 있는 『파이돈(Phaidōn)』을 통해 죽음에 대한 막연한 두려움을 걷어내고 복잡한 세상사를 담담하게 바라볼 수 있는 또다른 시선을 가질 수 있었다.

『파이돈』은 플라톤의 〈대화편〉 중 중기 작품으로 저자는 플라톤이지만 소크라테스의 애제자 파이돈이 친구이자 동료 철학자인 에케크라테스(Echecrates)에게 소크라테스의 사형 집행과 죽음을 전후한 당시 상황을 들려주는 대화를 담고 있다.

소크라테스의 사형 언도와 집행을 전후해서 기록된 대화록들에는 죽음과 사후 세계에 대한 이야기들이 〈대화편〉 여기저기 조금씩 담겨 있지만, 여기에 대해 소크라테스가 설파한 이야기들을 본격적으로 다룬 책은 『파이돈』이 유일하다. 이 책에는 소크라테스가 그의 가장 가까운 지인들에 둘러싸여 독즙이 든 잔을 비우는 최후의 모습이 비장하게 묘사되어 있다.

파이돈은 엘리스(올림피아의 북서쪽에 있던 나라)의 귀족 집안 출신으로, 엘리스가 기원전 401년에 아테네에 함락됨으로써 노예의 운명에 처하게 된다. 소크라테스는 그의 재능을 아껴 크리톤 같은 부자 친구들을 설득해 파이돈을 자유인이 되도록 주선하고 철학을 공부할 수 있도록 해준다.

"나는 소크라테스의 곁에 있으면서도 기이한 느낌에 사로잡혔습니다. 죽음의 자리에 있다는 생각이 거의 들지 않았습니다."

소크라테스의 마지막 순간을 전하는 파이돈의 이야기 중 이 고백은 매우 인상적이다. 소크라테스의 죽음을 가장 마음 아파했을 파이돈. 그러나 왠지 소크라테스의 영혼에 그의 영혼이 사로잡혀 죽음의 현장을 앞두고 있다는 사실마저 잊고 마음이 한없이 편안해져 그를 조용히 지켜본 듯하다.

죽음의 순간을 함께 지켜본 사람은 파이돈 외에 세 사람이다. 심미아스(피타고라스 학파의 철학자)와 케베스(역시 피타고라스 학파로 소크라테스의 탈옥을 위해 거액을 준비했던 철학자), 그리고 두 명의 동료 철학자인 크리톤과 아폴로도로스였다(아폴로도로스는 소크라테스의 제자로 그를 열렬히 숭배한 나머지 소크라테스를 흉내내 맨발로 따라다닐 정도였다).

『파이돈』의 앞부분에서 임종 장소에 입회한 심미아스는 죽음에 대한 소크라테스의 사상을 충분히 설명해 달라고 요구한다. 그것이 소크라테스가 자신들에게 남겨줄 마지막 선물이라 생각했기 때문이다.

생사를 초월한 듯한 소크라테스의 최후는 파이돈뿐만 아니라 우리에게도 많은 것을 생각하게 만든다. 죽는다는 것은 무엇일까? 사후 세계는 어떤 세계일까? 소크라테스는 어떤 생사관을 갖고 있었기에 그토록 죽음 앞에 초연할 수 있었을까? 사후 세계를 이해하기 위한 노력은 어떻게 살아갈 것인가라는 과제와 동전의 양면 관계다. 따라서 나름의 생사관을 정립해 두는 일은 죽음을 받아들일 때는 물론이거니와 하루하루 인생을 살아갈 때에도 무척 중요하다.

영혼 불사에 대해 확고한 믿음을 가졌던 소크라테스의 생사관이 현대 일반인들에게는 다소 생소할 수 있다. 하지만 그의 견해가 가진 한계를 인정하더라도 영혼 불멸을 증명하기 위해 그가 사용하는 논증들은 역시 특유의 정교한 논리 체계를 지니고 있어 『소크라테스의 변론』에 못지않은 소크라테스식 대화의 묘미가 있다.

대화가 이루어진 장소는 아테네에서 그리 멀지 않은 플리우스(코린토스 서쪽에 있던 나라)이며, 시점은 소크라테스가 지상에 머무는 마지막 날, 새벽부터 해질녘까지이다.

　대화의 주요 내용은 소크라테스의 사후 세계에 대한 이야기들로, 사람이 죽은 후에 영혼이 안식하는 사후 세계가 존재한다는 '영혼 불사'에 대한 주장이 담겨 있다. 이에 대해 케베스와 심미아스가 의문을 제기한다. 그러자 소크라테스는 죽음 이후에도 영혼은 영원히 살기 때문에 지혜를 추구하는 철학자는 영혼이 육체에서 해방되는 죽음 이후를 두려워하지 않아야 한다고 설명한다.

　한편 플라톤의 〈대화편〉들 가운데 집필 시대를 구분해 보는 일은 『파이돈』의 중요성을 이해하는 데 도움이 된다. 〈대화편〉 가운데 『에우튀프론』 『소크라테스의 변론』 『크리톤』은 모두 플라톤 초기 저작물들이다. 초기 작품들은 소크라테스가 처형되던 무렵인 플라톤의 나이 28세(기원전 399년) 때부터 그가 친구 디온의 부탁을 받고 시라쿠사의 포악한 참주 디오니시오스 1세를 만나러 방문하는 1차(기원전 387년) 여행을 마무리하는 40세까지의 저작물들이다.

　기대를 걸었던 여행길에서 실망하고 돌아온 그는 42세에 학문 활동의 중심이 되는 아카데미아를 설립하여 60세(기원전 367년)까지 집필하는데, 이때의 작품들이 플라톤 중기 저작물들이다. 『파이돈』은 이 기간 동안 집필된 대표 작품으로, 『메논』보다는 나중에 『국가』보다는 먼저 출간되었고, 『향연』과 비슷할 것으로 추측된다.

　『파이돈』의 출간 연대를 추정해 보는 일이 왜 중요한 것일까? 플라톤의 독자적인 이론에 해당하는 '이데아론'이 다듬어지지 않은 형태로 『파이돈』에 처음 등장하기 때문이다. 이런 점에서 다른 〈대화편〉들과 같이 스승의 입을 빌려서 대화를 진행하긴 하지만 소크라테스의 사상

아카데미아 정원 플라톤은 아카데미아 설립 후 교육과 집필에 몰두하고 『국가』와 같은 역작을 완성하게 된다. 헤르만 괼의 목판화.

과 철학을 계승하던 플라톤이 자신의 철학을 본격적으로 세워나가기 시작하는 시기의 저작물이라 평가할 수 있다.

이 책에서 소개하는 『파이돈』과 『향연』 같은 플라톤의 중기 작품이 가진 특성을 주목할 필요가 있다. 초기 작품들은 주로 논의를 제기하지만 대답이 주어지지 않는 아포리아(aporia, 그리스어로 '통로가 없는 것' '사물에 관하여 해결의 방도를 찾을 수 없는 난관'을 말한다) 상태로 끝나는 데 반해서 중기 작품부터는 해답이 주어진다. 게다가 초기에는 주로 정의라는 주제를 다루었지만 중기를 넘어가면서 죽음, 영혼 불멸, 언어 등의 주제로 확대된다. 무엇보다도 중기 작품의 가장 큰 특징은 이데아론의 등장을 들 수 있다.

이 책에서 다뤄지는 가장 중요한 내용은 '영혼은 죽지 않는가?'라는 주제에 대한 소크라테스의 논변들이다. 죽음을 눈앞에 둔 시점에서 주고받은 내용답게 혼(psychē)이 사멸하지 않는다는 영혼 불사성(불멸성)이 주요하게 다루어진다. 사형과 함께 몸(sōma)을 떠난 혼은 이승에서 저승으로 옮겨가서 사라져버리는 것이 아니고 그곳에서 머물러 살게 된다는 내용, 즉 죽음과 함께 이뤄지는 '혼의 이주'를 다루고 있다. 이 책이 어떤 내용을 담고 있을지를 짐작케 하는 대목은 책의 서두에 나오는 소크라테스의 다음과 같은 제안이다.

"이제 나는 저세상으로 떠나려고 하는 때이므로 내가 바야흐로 출발하려고 하는 순례(여행)의 길이 어떤 성질의 것인지, 이에 대해 생각하고 담론(談論)하는 것은 매우 어울리는 일 같군. 지금부터 해가 질 때까지(해가 지면 사형이 집행된다) 그 사이를 메우는 데 이보다 더 좋은 일이 있겠는가?" p.94

더욱이 혼의 정화(카타르시스)에 대한 내용도 상세히 다루고 있다. 이 부분은 소크라테스의 철학 방법 가운데 하나인 '논박'에다 플라톤의 인식론을 더한 대표적인 사례로 꼽히기 때문에 주목해서 읽을 만하다.

* 이 장의 원전 인용문의 출처는 김민숙 번역의 『소크라테스의 변명』(청목, 2008) 중 「파이돈」입니다.

자살은 인간이 절대로 해서는 안 되는 일이다

"철학 정신을 가진 사람은 누구든지 죽음을 두려워하지 않아야 하네. 그러나 그는 스스로 목숨을 끊어서는 안 되지. 자살은 절대로 옳은 일이 아니니까." (……)

케베스가 물었습니다.

"당신은 어째서 사람은 자살을 해서는 안 되지만 철학자는 죽을 각오가 되어 있어야 한다고 말합니까?" (……)

"(……) 우리들 인간은 신들의 소유물이라는 사실만은 나도 믿네. 자네는 동의하지 않나?"

"네, 나도 전적으로 동의합니다"라고 케베스는 대답했습니다.

"그러면 만일 자네의 소유물 중의 하나, 예컨대 소나 나귀가 죽는 것이 좋겠다고 자네가 말하지도 않았는데 그들 마음대로 자살한다면 자네는 분노하지 않겠나? 그리고 가능하다면 소나 나귀를 처벌하지 않겠나?"
케베스는 대답했습니다.
"화를 내고 처벌해야지요."
"그렇다면 문제를 이와 같이 볼 때, 사람은 응당 기다려야 하고, 신이 지금 나를 부르는 것처럼 신이 부를 때까지는 스스로 목숨을 끊어서는 안 된다고 말하는 데에는 까닭이 있다고 할 수 있네." pp.93~96

우리나라의 자살률이 OECD 국가 중 1위라는 보도를 보았다. 인기와 재력을 가진 유명 인사들이 스스로 목숨을 끊는 일이 적지 않게 발생하고, 학업 성적을 비관하거나 왕따 시달림에 못 이긴 청소년들의 자살률도 증가하는 추세다. 게다가 자살 카페와 같은 동호회 등을 통해서 집단적으로 죽음을 맞는 어이없는 일들도 사회면에 종종 오르내리곤 한다.

이런 보도를 접하면 우리들 앞에 놓인 삶이 너무 팍팍한 것은 아닌가 하는 생각이 든다. 살아가다 보면 비록 힘든 순간이 많겠지만 그럼에도 자신의 삶에 대해 너무 조급한 결론을 내린 것은 아닌가 하는 안타까움도 든다. 그만큼 올바른 생사관을 갖는 것이야말로 이 복잡한 시대에 단단하게 중심을 잡고 살아가는 데 매우 중요한 문제가 아닐 수 없다.

탈옥이냐 죽음이냐 하는 절체절명의 선택 앞에서 죽음을 선택한 소크라테스. 진리를 추구하는 철학자라면 죽음 앞에서도 초연할 수 있어야 한다고 말하는 소크라테스도 스스로 목숨을 끊는 행위는 부당하다고 한다. 소크라테스는 『파이돈』에서 본격적으로 죽음과 그 이후의 세계에 대한 이야기를 하기 전에 자살에 대한 자신의 입장을 명백히 밝히고 있다.

위의 인용문은 자살이 왜 죽음과 분리되어야 하는가에 대한 소크라테스의 설명이다. 그는 우리 육체와 영혼이 자신의 것이 아니라 신의 소유물임을 고려하면 자살이란 무책임하다고 주장한다.

흔히 자살을 선택하는 사람들은 스스로 죽을 권리가 있다고 생각한다. 신체는 자신의 소유이기 때문에 자기 신체에 대한 처분권도 갖고 있다고 생각하기 때문이다. 하지만 소크라테스는 생명의 소유자를 다르게 해석한다. 우리의 신체는 우리 것이 아니라 신의 소유물에 해당한다고 보는 것이다. 때문에 신이 소환할 때까지 기다리지 않고 스스로 목숨을 끊는 일은 신의 분노를 일으킬 수 있는 정의롭지 못한 행위라고 말한다.

그런데 우리의 몸이 우리 것이 아니라 신의 것이라는 부분을 설명할 때 비유로 드는 표현이 재미있다. '여러분의 집에서 키우는 소나 말 같은 가축들이 여러분의 허락도 받지 않고 살아가는 게 힘이 들거나 사는 게 싫어서 죽어버린다면 여러분의 마음이 어떻겠느냐'고 묻는다.

나는 이 대목을 읽으면서 자살에 대한 소크라테스의 견해가 언뜻 불교의 주장과 비슷하다고 생각했다. 부처님 가르침 가운데 으뜸가는 것 중 하나가 생명 존중이다. 불자가 지켜야 할 오계명 가운데 첫째가 살아 있는 생명을 해치지 말라는 '불살생계(不殺生戒)'다. 동물과 식물에 대한 살생도 금하는 것은 물론 자신의 몸을 해하는 행위에 대해서 불교에서는 엄격하게 금지하고 있다.

불교에서는 중생이 윤회하면서 인간의 몸을 받고 태어나는 것을 아주 어려운 일로 간주한다. 그렇게 귀한 신체는 본래 부처나 여래가 머무는 장소이고, 따라서 우리는 불성을 가진 존재들이다. 그래서 여래와 부처가 머물 장소를 파괴해 버리는 일은 당연히 죄악이다. 또한 자살은 살아서 쌓을 수 있는 선행이나 공덕의 기회를 없애버린다는 점에서도 비난받아야 할 일이다. 불교의 『화엄경』에서는 자살자는 8대 지옥 가운데서도 가장 무서운 지옥, 즉 괴로움이 끊임없는 무간지옥(無間地獄)에 떨어진다고 말한다.

어떤 이유에서든 현재를 살아가는 것이 너무나 괴로울 때 사람들은 죽음을 생각하게 된다. 그런데 역경이나 고난을 맞닥뜨렸을 때 이를 바라보는 관점, 즉 삶을 바라보는 관점을 바꾼다면 이러한 극단적인 생각에서 벗어날 수 있다고 믿는다. 그렇기에 지금 당장의 괴로움이나 역경도 관점을 달리하면 내 인생의 성장을 위해 유익한 일이라고 생각할 수 있다.

힘든 일에 감사를 하라니, 언어의 유희로 여기는 사람도 있을 것이다. 하지만 조금만 나이를 먹은 뒤 뒤를 돌아보면 즐겁고 유쾌했던 날들보다 역경 속에서 고군분투하며 이겨냈던 경험들이 오랫동안 추억에 남는다는 것을 알 수 있다. 자기에게 닥친 역경이나 곤경에는 무언가 알 수 없는 깊은 의미가 담겨 있다.

맹자는 "하늘이 큰 그릇을 만들려는 사람에게는 반드시 먼저 그에게 고난을 준다. 마음을 괴롭히고, 뼈를 깎는 고통을 주고, 가난에 빠지게 한다. 그 이유는 참을성을 기르고 지금까지 할 수 없었던 일을 할 수 있게 하기 위함이다"라고 했다. 즉 고통을 통해 인내심을 기르고, 거기에서 새로운 능력을 기를 수 있다는 것이다. 역경을 견뎌내면 그만큼 사람의 그릇이 달라진다는 이야기이다.

역경은 깜깜한 터널과 같다. 터널 저쪽에는 밝은 빛이 있는데도, 그 사실을 모르는 사람들이 자살을 택하는 것이다. 이렇게 말하면 당연히 항변이 나올지 모른다.

'당신은 성공했고 잘 살고 있으니까 그렇게 말을 쉽게 하지, 우리처럼 살기 버겁고 괴로운 사람들한테는 너무 힘든 이야기야!'

하지만 성공한 듯 보이는 사람들도 그 삶의 궤적을 살펴보면 어두운 터널을 여러 번 지나왔음을 알 수 있다.

나도 마찬가지였다. 20대 후반, 40대 초반, 유학 시절, 모두 녹록치 않았다. 미국에서 학위를 마치고 와서도 1년 넘게 실업 상태가 계속되자 엄청난 좌절감에 빠지기도 했다. 그 당시 누구에게나 직장 잡기란 어려웠고 나도 예외는 아니었다. 결혼은 했는데 취업은 안 되고, 다행히 아이는 없었지만 아내가 출근하면 집에 혼자 남아 암울해했다. 가장이 제 구실을 못하니 생활이 어려울 수밖에 없었지만 자존심 때문에 부모님께 내색할 수도 없었다. 유학을 갔다 올 때에는 잘될 거라는 기대감이 있었는데 희망이 다 사라진 듯한 느낌이었다. 그후 멀쩡히 조직생활을 하다 전직을 한 다음에는 아무것도 되는 게 없어 실패했다는 생각이 들었다. 그야말로 빈 들판에 혼자 서 있는 듯 외로웠다.

이처럼 모든 사람은 그 나름대로 인생의 무게를 가지고 산다. 자기만 힘들다는, 나만 안 풀린다고 생각하는 것은 정말 어리석다. 부모 세대와 그 이전 세대일수록 그보다 심한 고난의 이야기가 다 있다. 다만 이야기를 안 하고 안 보일 뿐이다.

얼마 전에 대우건설 신입사원을 대상으로 강연을 했다. 몇몇 신입사원들이 나이지리아에서 3개월 동안 현장 실습을 했는데, 그곳 사람들은 35만 원 받아서 자기 가족은 물론 친인척까지 다 먹여 살리더라는 것이다. 그만큼 힘든 상황 속에서도 꿋꿋이 살아가는 그들을 보고 한 신입사원은 대학 4년 동안 배운 것보다 훨씬 더 많은 가르침을 얻을 수 있었고, 삶에 대해 성찰의 기회가 되었다고 한다. 그리고 우리 아버지와 할아버지 세대가 얼마나 힘든 세월을 살았던가에 대해 한 번 더 생각했다고 한다.

자기 중심으로, 현재 중심으로, 자기 기대 중심으로만 보면 삶은 캄캄하기 이를 데 없다. 그러나 공간을 확장하고, 시간을 확장하고, 기대 수준을 조정하면 삶은 전혀 다르게 보인다.

'가진 것을 즐기는 것만 인생인가? 도전하고 치고 나가는 과정 자체도 얼마나 멋진 인생인가?' 나는 이렇게 생각한다. 비록 우리 앞에 돌부리가 놓여 있을지라도 고생하면 고생하는 대로, 엎어지면 엎어지는 대로, 거절당하면 거절당하는 대로, 그 자체가 우리 삶에 있어서 의미가 있다고 생각한다.

왜 꼭 우리는 좋은 결과만 얻어야 하는가. 과정도 있지 않은가. 세상 사람들 가운데는 과정에 그다지 의미를 두지 않는 사람들도 있다. 그러나 과정도 가치 있다고 생각하면 그 순간부터 가치 있는 일이 되고, 터널 저쪽 끝에 빛이 나타날 것이다. 결과 못지않게 과정을 충실하게 살아내는 것, 어려운 상황을 이겨내는 것 자체에 의미를 부여할 수 있다. 세월이 흐르면 역경은 소중하고 귀중한 것이 된다. 특히 젊은 날의 역경일수록 더욱 그렇다.

자살은 본인으로만 끝나는 일이 아니라 남은 사람들에게 엄청나게 어두운 유산을 남겨준다. 부모들의 힘든 경험들은 얼마든지 좋은 교훈을 줄 수 있지만, 생명을 끊는 것은 아이들에게 씻을 수 없는 정신적인 상흔을 남긴다. 인생은 살아도 그만 안 살아도 그만이 아니다. 꿋꿋이 살아내야 하는 것이다. 삶은 그냥 살아가는 것이 아니라 이겨내는 것이다.

나의 아버지는 50대 초반에 사업이 부도가 나 재산을 완전히 다 날리셨다. 우리 칠남매를 키웠던 집이 넘어가고, 그 많던 재산도 하나 남지 않았다. 어머니는 목수인 외할아버지가 딸을 위해 지어준 집이고 자식들을 다 낳고 키운 집인데, 그 집을 떠나려니까 눈물이 앞을 가려서 걸을 수가 없을 지경이었다고 말씀을 하시곤 했다. 그 집을 타인의 손에 넘기는 것은 삶의 뿌리가 송두리째 뽑히는 참담한 일이었다. 겨우 바로 옆 적산가옥(일제 시대 때 일본인이 지은 집)으로 옮겼는데, 밤낮으로 쥐가 들끓어 정신이 없었다.

부모님이 그런 역경에 처했던 때를 나는 생생히 기억한다. 그런 것이 평생 동안 내가 더 열심히 살아갈 수 있는 힘이 되었다. 부모가 잘 살아서 줄 수 있는 힘도 있지만, 못 살기 때문에 줄 수 있는 힘도 참으로 많다.

그때 아버지 심경은 잘 모르겠으나 언뜻 내 기억에 남아 있는 것은, 자식만 없으면 죽을 수도 있었다고 하신 이야기다. 채무자를 피해 부산의 이모님 댁으로 피신하여 있을 때 태종대 근처를 지나며 몇 번이나 죽으려고 생각했지만 우리 칠남매 얼굴을 떠올리며 버텼다고 하셨다. 그 힘든 순간을 이겨내기 위해 분투한 아버지의 모습이 오늘날까지 나를 살아오게 한 원동력이 아니었을까.

한국 사회가 자살률이 높은 이유는 성찰을 하지 않기 때문이다. 열심히 현실을 살며 물질을 추구하더라도 내적인 성찰을 통해서 정신적 토대를 굽혀야 한다. 물질만 추구하다 보면 결국엔 내적 공허감이라는 비용을 지불하게 된다. 젊은 시절과 나이 들었을 때 성찰의 빈도는 다르겠지만, 성찰을 계속해 나갈 수 있으면 문제가 없다.

소크라테스는 '우리는 신의 소유물인데, 우리가 기르는 소나 돼지가 제 맘대로 죽으면 기분이 나쁘듯이 신도 기분이 나빠할 거 아니냐'고 했다. 이 신은 아테네인들의 정신 세계를 관장하던 신들이겠지만 나는 이 부분을 읽을 때 신을 조상으로 생각했다. 우리의 몸은 수십만 년까지는 아니더라도, 고조부, 증조부 등 대대로 이어져내려온 조상들의 헌신의 결과물이다. 그 사람들은 모두 진화의 과정을 걸어오면서 자식을 남겨야겠다는 일념으로 생존 투쟁을 해왔다. 나는 그저 나 스스로 잘나서 이렇게 존재하는 것이 아니라 그들의 생존 투쟁의 결과물로 나온 것이다. 진화생물학에 대한 책을 읽다 보면 이런 생각에 더욱 더 확신을 갖게 된다.

우리 모두 조상의 빚을 진 사람들이다. 어떤 상황에 처하든지 열심히 살아가지 않는 것이 곧 죄라는 건 다른 의미가 아니고 조상이 자기 몸 안에 있기 때문에 하는 말이다.

언젠가 나이 지긋한 분과 대화를 나누는데, 그분이 '우리 몸은 조상들이 함께하고 있다'는 재미있는 표현을 사용했다. 우리가 혼자 힘으로 살아가는 게 아니라 오랜 시간에 걸쳐 조상들이 열과 성으로 만든 몸과 혼으로 살아가고 있다는 것이다. 이는 결국 생명을 어떻게 볼 것인가 하는 문제와 연결된다. 자신의 생명이 많은 사람들의 노고가 어우러진 종합 작품이라고 받아들인다면 스스로 목숨을 끊는 일을 쉽게 저지를 수 없을 것이다.

죽음은 영혼이 육체로부터 해방되는 것이다

"죽음은 영혼(soul, psychē)과 육체의 분리가 아닌가? 그리고 죽는다는 것은 이러한 분리의 완성인 것이다. 영혼이 독립해 있어서 육체로부터 해방되고 육체가 영혼으로부터 해방될 때, 이것이 바로 죽음이 아닌가? (……) 그리고 정신이 자기 본래의 모습으로 돌아가서 소리나 시각이나 고통이나 쾌락 따위에 지배당하지 않을 때, 곧 정신이 육신으로부터 떠나서 가능한 한 육신과 관계하지 않을 때, 다시 말하면 정신이 육체적 감각이나 욕망을 갖지 않고 오직 참된 존재만을 갈망할 때, 사유는 최상의 것이 되겠지?"
"물론입니다."(……)
"지혜의 획득에 대해서는 어떻게 말해야 할까? 육체가 만일 탐구에 참여한다면 방해가 될까, 도움이 될까? 다시 말하면 보고 듣는 데에도 어떤 진리가 있는가 하는 말일세."

"그러면 심미아스 정의라는 것은 있을까, 없을까?"

"분명히 있습니다." (……)

"그리고 사유 작용에 있어서 정신(혼)만으로써 위에서 말한 것에 접근하고 이성과 함께 시각이나 기타의 감각을 끌어들이지 않고, 명석한 정신(혼)의 빛으로써 각각의 진리 그 자체를 탐구하는 사람만이 정의 자체, 미(美) 자체 등에 관한 가장 순수한 진리를 획득하게 되는 것이 아닐까? 말하자면 눈이나 귀나 기타의 모든 신체는 영혼을 더럽힐 때에는 진리와 지식의 탐구를 방해하고 어지럽게 만드는 요인이 된다는 의견으로 가능한 한 눈이나 귀나 기타의 신체와 관계를 끊는 사람, 이 사람이야말로 참된 존재에 대한 지혜를 획득할 것이 아닌가?" p.100, pp.102~103, **는 원전에서 수정해서 수록함(65a:10)

소크라테스의 사형 집행 당시 플라톤은 병을 앓고 있었기 때문에 현장에 참석할 수 없었다. 처음부터 끝까지 그의 죽음을 지켜본 사람은 파이돈이었다.

파이돈은 소크라테스가 죽음의 자리에 있는 사람처럼 보이지 않았다고 당시 상황을 전하는데, 생사를 초월한 소크라테스의 태도를 잘 말해주고 있다.

소크라테스가 이렇게 초연할 수 있었던 이유는 무엇일까? 죽음을 맞이함으로써, 자신이 남겨두고 떠나는 사람들보다 더 나은 세상으로 간다는 것을 확고히 믿고 있었기 때문이다.

　소크라테스는 죽음은 영혼과 육체가 분리되는 과정이기에, 분리된 영혼은 육체가 필연적으로 요구할 수밖에 없는 다양한 욕망으로부터 자유로울 수 있다고 한다. 때문에 어떤 점에서는 죽음이 삶보다 진리를 추구하는 데 상대적으로 이점을 가질 수 있다고 생각했다.

　여기서 분명히 해야 할 점은 소크라테스는 죽음 이후에도 영혼은 살아남는다는 영혼 불멸을 믿었다는 것이다. 영혼 불멸을 믿지 않는다면 죽음은 그저 곧바로 모든 것의 끝을 뜻하는 것이 된다.

　그런데 소크라테스의 이 같은 설명이 얼마나 설득력을 가질 수 있을까? 현대인들이 소크라테스의 사후 세계에 대한 관점을 있는 그대로 받아들일 필요는 없고 받아들일 수도 없다. 그렇지만 그의 견해가 죽고 사는 문제를 새롭게 인식할 수 있는 계기를 제공하는 것만은 틀림없다. 그의 이야기는 한줌 흙으로 사라질 육신에 대한 지나친 애착으로부터 거리를 두고 생각할 수 있도록 도와주기 때문이다. 또한 죽고 사는 것에 대해 확고한 관점을 가질 수 있다면 죽음 앞에 담대해질 수 있음을 알려주기도 한다.

　생사관을 확고하게 정립하지 못하면 세속적인 지위나 성공 여부에 관계없이 죽음을 앞둔 시점에서 고뇌하고 방황하게 될 것이다. 그렇다고 해서 생사관을 잘 세우는 것만으로 충분한 것은 아니다. 왜냐하면 죽음은 단순히 앎의 문제만이 아니기 때문이다.

　평생 죽음만을 연구해 왔고 『죽음의 순간』 『인생 수업』 『상실 수업』 등 모두 20권 이상의 저술을 남긴 '죽음 전문가' 엘리자베스 퀴블러 로스조차도 막상 자신의 죽음 앞에 그다지 평온한 시간을 가지지 못했다. 솔직하게 말하자면 자신뿐만 아니라 주변 사람들에게도 힘든 시간이었던 것 같다.

　엘리자베스는 9년 동안 중풍을 앓았다. 수십 년간 독립적인 생활을 해오던 사람이 누군가에게 의지해 말년을 보내는 것이 얼마나 고통스러웠을까? 그녀가 "난 내가 겪은 이 고통을 이해하는 척하지 않습니다. 대신 내 상황에 대해 신에게 분노할 겁니다. 9년 동안 나를 한 의자에 앉혀 꼼짝없이 갇혀 있게 한 신에게 화가 납니다"라고 말한 데서 말년의 투병 생활이 힘들었다는 것을 짐작해 볼 수 있다. 그녀가 남긴 마지막 글에는 "나처럼 죽음의 과정이 연장되는 것은 실로 악몽이다. 끊임없는 고통과 마비와 사투를 벌여왔다"고 고백하면서 그녀가 투병 기간 동안 새롭게 배워야 했던 것이 두 단어 즉, '인내심'과 '타인으로부터 사랑받는 법'이었다고 한다. 인내심이란 단어가 힘들었던 마지막 시간들에 대해 여운을 남긴다.

　마지막 작품 『상실 수업』의 공저자로서 그녀의 말년을 지켜본 데이비드 케슬러 역시 "그녀는 (죽음을 맞은) 다른 사람들과 다를 바 없는 한 인간이었다"고 말한다. 또한 케슬러는 그녀를 존경했던 많은 사람들은 그녀의 죽음 앞에 일반인들과 다른 무언가 감동적이고 경이로운 일이 일어나지 않을까 하는 소망을 가지기도 했다고 한다. 왜냐하면 그녀는 죽음 전문가였기 때문에 일반인과 달리 '자신의 죽음을 초월할 수 있는 힘을 가지지 않았을까' 하는 기대가 있었던 것이다. 그러나 그녀의 죽음에는 어떤 의외의 일이 일어나지 않았다. 그녀 역시 일반인들이 겪는 죽음 앞에 당혹스러운 시간들이 있었음을 알 수 있다.

　결국 죽음에 대해 아는 것만으로 충분한 것이 아니라, 삶과 죽음에 관련된 지혜를 갖는 것이 중요하다. 나이가 들어가면서 우리가 해야 할 마지막 작업 가운데 하나는 죽음 앞에서도 흔들림 없는 확고한 생사관이나 믿음을 갖는 일이다.

최강 스테파노 신부님이 돌아가신 아버지에 대한 회고담을 정리한 '봄비와 아버지'라는 글을 읽었다. 말기암을 선고 받은 이후에도 신부님의 아버지는 별다른 의학적 조치를 취하지 않고 마치 아무 일도 없었던 것처럼 책을 읽고 일상 생활을 해나가셨다. 그래서 신부님은 화가 나기도 하고 슬프기도 했다고 한다. 그러던 어느 날 9시 뉴스를 함께 보던 아버지께 신부님은 "아버지, 지금 이런 순간에 저런 세상일들이 무슨 의미입니까?"라고 여쭈었다. 그러자 돌아온 답은 생과 사를 초월한 담담한 답이었다.

"지금 나에게 의미 있는 것은 저런 세상일들이 아니라 지금까지 살아왔던 삶의 방식을 마지막 순간까지 지키는 것이다."

또한 울먹거리는 가족들에게도 활짝 웃으면서 "세상에 태어난 그 어느 누구도 이 여행길을 피해가지 못했어. 어차피 우리 모두가 가야 하는 길이라면 이왕이면 웃으면서 가자. 웃으면서 보내줘라"라고 당부하기도 했다고 한다.

소크라테스도 인간이기 때문에 살고 싶었을 것이다. 죽음에 대한 두려움도 있었을 것이다. 그러나 살기 위해서 본인이 그토록 중요하다고 생각했던 원칙을 저버리고 싶지는 않았을 것이다. 그래서 소크라테스는 자기의 생사관을 정리하며 죽음에 대한 불안감을 어느 정도 해소하지 않았을까 하는 짐작을 해본다.

죽는다는 건 모든 사람에게 본능적으로 두려운 일이다. 그런데 생사관을 정리하면 죽음에 대한 두려움이 많이 사라진다. 본능적으로 불안감을 느끼는 존재인 인간은 신화와 신앙과 철학을 가짐으로써 불안감을 해소해 가는 게 아닐까 한다.

여기서 소크라테스와 플라톤의 혼(魂)에 대한 생각을 잠시 정리하고 넘어가야겠다. 스승과 제자 두 사람은 모두 혼의 불사성, 즉 영혼 불사성을 굳게 믿었다. 그들 모두 죽음은 몸과 혼이 분리되어 몸은 몸대로 혼은 혼대로 존재하는 것을 말하며, 몸은 사멸하지만 혼은 영원히 저세상에 살아 있게 된다고 믿고 있었다.

그렇다면 진정한 철학자는 왜 죽음을 두려워하지 않는가? 철학자의 관심은 몸에 관련된 것이 아니라 가능한 몸에서 멀리 떨어져 혼으로 향하게 되는 것, 즉 혼에 관련된 것이다. 때문에 몸에 관련된 것들, 먹는 즐거움, 입는 즐거움, 소유하는 즐거움, 성생활의 즐거움 등은 모두 죽음을 맞게 되면 끝나고 만다.

일반인들이 죽음을 두려워하고 철학자들이 죽음을 두려워하지 않는 이유가 바로 여기에 있다. 일반인들은 죽음을 자신들이 중요하게 여기는 모든 종류의 육체적 쾌락이 끝나는 것을 뜻하기 때문에 두려움을 느낀다. 그러나 철학자는 혼에 관련된 것에 주목하기 때문에 죽음처럼 몸에 관련된 것이 사라지더라도 흔들리지 않는다.

소크라테스로부터 갈라져 나오는 플라톤의 독자적인 이론 체계는 위의 인용문 중간 부분에서 시작된다. "지혜의 획득에 대해서는 어떻게 말해야 할까? 육체가 만일 탐구에 참여한다면 방해가 될까 도움이 될까?"

육체에서 자유로워진 혼으로 하여금 지혜의 획득을 가능하게 하는 것은 무엇일까? 소크라테스의 경우 혼이 최대한 순수한 상태에서 최상의 능력을 발휘하는 이성(logos)에 의해서이고, 플라톤의 경우는 지성(nous)에 의해 가능하다. 전자는 사고, 추리, 사유 등과 같이 심사숙고하는 이성의 기능을 말하며, 후자는 직관에 가까운 성격을 갖는다. 두 사람 모두 이성과 지성이 새로운 앎의 지평을 열어줄 것으로 굳게 믿었으며 이를 '이성에 의한 앎(이해)'와 '지성에 의한 앎'으로 표현하였다. 그러나 『파이돈』에서는 두 가지가 뚜렷이 구분되지 않고 훗날 『국가』에서 확연하게 구분되게 된다. 다만 여기서는 육체라는 감각적 지각에 반대되는 것으로 이성과 지성을 이해할 수 있다.

한편 소크라테스가 죽음으로 진리에 다가갈 수 있다고 한 것은 자칫 오해를 줄 소지가 있다. 소크라테스의 말대로 죽음을 단어 뜻 그대로 이해하기 이전에, 욕망으로부터 자유로워진 상태로 받아들이는 게 좋을 것 같다. 살아생전에는 육체의 힘, 즉 성욕·식욕·권력욕 등이 너무 강해서 진리·선·덕을 알아보기가 쉽지 않다. 그러나 죽음의 경지에서는 육신의 힘이 소멸하기 때문에 더 또렷하게 선과 덕을 바라볼 수 있는 가능성이 높다.

이는 소크라테스가 사형이 결정되자 평소에 가져왔던 생사관을 지인들에게 털어놓은 것이지 죽음 자체를 찬양하는 것은 아니라고 본다. 어쩌면 생사관을 제자들에게 찬찬히 털어놓으면서 스스로 생각을 명확하게 정리하고 죽음에 대해 다시 한 번 확고한 신념을 다졌을 수도 있다.

소크라테스와 플라톤 모두에게 중요한 것은 소멸하는 육체를 뛰어넘는 것이었다. 이는 죽어야만 진리를 볼 수 있다기보다는 육체적으로 초연해져야 한다는 의미일 것이다. 이런 부분을 읽으면서 지나치게 감각에 치우쳐 살아서는 안 되겠다는 생각이 든다. 현대인들이 물질을 추구하는 것은 모두 감각을 추구하는 것이다. 물론 그것을 지나치게 등한시하면 문제가 생기지만, 지나치게 강한 욕망으로 영혼을 손상시키는 일이 없어야 한다.

아이가 태어나서 자라게 되면 가르치지 않더라도 '내 것'에 대한 집

아크로폴리스에서 내려다본 아고라 '진리의 순교자'가 된 소크라테스 생전의 주요 활동 무대였다. 왼쪽으로 헤파이스토스 신전이 작게 보인다.

착을 보인다. 맛있는 것을 먹고 싶고, 좋은 것을 입고 싶고, 더 많이 갖고 싶어하는 본성은 굳이 가르치지 않아도 자연히 갖게 된다. 사실 욕망은 대부분 질기고 강력하기 때문에 욕망이 사라지는 것에 대해 굳이 걱정할 필요는 없다고 본다. 정작 걱정해 할 것은 욕망이 지나친 것에 대해서이다. 그래서 혼을 가다듬는 일은 질기고 강력한 욕망에 균형추를 다는 것과 같다.

한편 위의 인용문에는 플라톤의 그 유명한 이데아론 혹은 형상이론의 태동을 알리는 문장들이 등장하기 때문에 이에 대한 논의를 할 필요가 있다. 소크라테스가 심미아스에게 물음을 던지는 대목인 "심미아스, 정의라는 것은 있을까 없을까?"이다. 이 부분은 중요하기 때문에 그대로 옮겨보는 것도 의미가 있다.

"심미아스, 또다른 문제도 있네. 정의(올바름)라는 것은 있을까, 없을까?"
"분명히 있습니다."
"그러면 미(美) 자체, 선(善) 자체도?"
"물론입니다."
"그러면 자네는 자네의 눈으로 그러한 것들을 똑똑히 본 일이 있나?"
"결코 보지 못했습니다."
"혹은 다른 육체적 감각으로써 이러한 것들에 도달한 일이 있었나? 그런데 나는 이러한 것들뿐 아니라 크기 자체, 건강 자체, 힘 자체, 또는 만물의 본질, 또는 참된 본성도 말하고 있는 것일세. 자네는 육체의 감각기관을 통해서 이러한 것들의 실재(實在)를 지각해 본 적이 있었나? 아니면 지적 통찰력으로써 그가 고찰하는 각각의 사물의 본질을 가장 정확하게 파악하려고 노력하는 사람만이 자연에 대한 지식에 가장 가깝게 접근하는 것이 아닐까?"
"물론 그렇습니다." pp.102~103(65d:4~65e:5)

이 대목이 이데아 이론의 다듬어지지 않은 초벌에 해당한다. 플라톤은 육체로부터 나오는 감각적 지각으로 볼 수 있는 세계와 혼으로부터 나오는 지성으로 볼 수 있는 세계를 뚜렷이 구분하였다. 여기서 이데아론에서 얘기하는 가지계(可知界)와 가시계(可視界)의 개념이 등장하게 된다. 가시계는 눈에 보이는 세계, 가지계는 지성으로만 알 수 있는 세계이다.

예를 들어, 어떤 사물을 보고 '정말 크다'라고 말하는 것처럼 눈으로 볼 수 있는 것이 있지만, 분명히 그것을 넘어서 눈으로 볼 수는 없지만 '크기 자체'가 존재한다. 아름다운 여인을 보고 '정말 아름답다'라는 탄

성과 함께 눈으로 볼 수 있는 것도 있지만 그것을 넘어서 '아름다움 자체'도 존재한다. 볼 수 있고, 만질 수 있고, 느낄 수 있는 사물이나 현상이라면 그 모든 것에는 각각에 대응하는 '본질'이란 것이 존재한다. 다만 그 본질을 눈으로 보거나 만지거나 느낄 수 없다는 사실이다.

사물이나 현상은 부단히 변화한다. 하지만 사물이나 현상들에 있어서 변화하지 않고 존속하는 것이 있는데, 이를 '본질' 혹은 '실재' 혹은 '존재'라 부른다. 이들은 플라톤의 형상이나 이데아와 동의어이다. 따라서 사물 또는 존재의 본래 모습이나 참모습은 몸으로 알 수 있는 것이 아니라 '지성(nous)'에 의해서 알 수 있는 것이다.

다소 추상적인 이론으로 받아들일 수 있지만 이는 현상에 휘둘리지 않고 사물이나 현상의 본질을 꿰뚫도록 도움을 준다는 점에서 무척 중요한 의미를 지니고 있다. 육체로서 알 수 있는 세계와 혼으로 알 수 있는 세계에 대한 이데아론은 『파이돈』에서는 초벌 형태로 제시되지만 『국가』에 이르면 체계를 갖춘 플라톤의 대표 이론으로 자리잡게 된다.

아무튼 육체가 있기 때문에 생길 수 있는 다양한 종류의 욕망을 극복하면, 권력 앞에 담대할 수 있고, 입신출세에 대해 담대할 수 있고, 돈에 대해 담대할 수 있다.

내가 젊은 시절에는 입신출세를 지향하는 사회 분위기가 팽배했다. 소위 성공한 삶에는 일종의 규정된 코스가 있었다. 일단 좋은 대학에 가서 고시에 합격해 출세하는 것이 성공의 지름길이었다. 그렇기 때문에 나 역시 유학을 가지 않았나 싶다. 진리에 대한 탐구심도 있었지만 사실은 출세에 대한 욕망이 컸다. 부모에게 잘해야 하고, 가문을 일으켜야 한다는 생각이 강했다. 그런 부분에 근본적인 회의를 가진 것이 40대였으니 나는 상당히 늦은 셈이다. 기술 공부는 많이 했지만 기본적으로 인간 공부가 부족했던 게 아닐까 하는 반성을 해본다.

인간은 혼과 육신을 동시에 가진 존재이다. 때문에 혼과 육신의 문제를 동시에 가다듬고 살아야 한다. 건강을 챙기고 돈을 버는 문제와 영혼을 가다듬는 것은 겉으론 별개의 문제처럼 보이지만 하기에 따라서는 얼마든지 동시에 진행할 수 있는 것이다. 우리가 죽음에 대한 올바른 생각을 가지고 육체의 문제, 욕망의 문제에 담대해질 수 있다면 하루하루가 보다 더 충만해질 것이다.

육체의 욕망에서 자유로워야
지혜에 다가설 수 있다

'육체는 양식을 요구하는데 이것만으로도 우리에게는 끝없는 번거로움이 생기고 게다가 병이라도 나면 우리의 참된 존재에 대한 추구를 막고 방해하기 때문이다. 또한 육체는 우리의 마음속을 애욕과 욕망과 공포와 모든 종류의 환상과 끝없는 어리석음으로 가득 차게 만들고, 사실상 사람들이 말하는 바와 같이 사유의 힘을 완전히 빼앗아버리는 것이기 때문이다. 전쟁이나 불화나 분쟁은 왜 일어나는가? 육체와 육체의 욕망이 바로 그 원인이 아닌가? 전쟁은 재물을 좋아하기 때문에 일어나고 재물은 육체를 돌보기 위해서 획득하지 않으면 안 되는 것이다. 이러한 모든 장애로 말미암아 우리는 철학하는 데 쓸 시간이 없는 것이다. 그리고 마지막으로 또 가장 나

뿐 것이기도 하지만, 우리가 한가한 시간이 생겨서 사색에 잠기려고 하더라도 언제나 육체가 끼어들어 우리의 탐구에 동요와 혼란을 일으켜서 어처구니없게도 우리들이 진리를 보지 못하게 만든다. (……) 현세에 있어서는 가능한 한 육체와 관계를 갖거나 사귀지 않고, 또 육체의 본성에 물들지 않고, 신이 우리를 해방시켜 주는 날까지 우리 자신을 깨끗이 지킬 때 우리는 지식에 가장 가깝게 접근할 수 있다고 나는 생각한다. 따라서 육체의 무지로부터 풀려날 때 우리는 순수하게 될 것이며, 순수한 것과 사귈 것이며, 스스로 도처에서 밝은 빛을 보게 될 것이다. 그런데 이 빛은 바로 진리의 빛이다'라고 말할 것이라네." pp.104~105

　육체는 정말 많은 것을 요구한다. 식욕, 성욕, 소유욕, 지배욕, 권력욕 등 많은 욕망을 갖고 있다. 이런 욕망들이 개인의 성장과 발전뿐만 아니라 사회와 국가의 성장에 크게 기여하는 것은 틀림없는 일이다.
　때문에 보통의 생활인들이 이런 욕망을 없애는 일은 바람직하지 않을 뿐더러 불가능하다. 우리가 흔히 말하는 성취 동기라는 것도 절제된 욕망의 한 모습이다. 성취 동기가 없다면 행동이 나올 수 없으며, 행동이 없다면 그 어떤 발전도 이루어질 수 없다.
　흔히 사람들은 "너는 도대체 무슨 재미로 사니?"라는 말을 한다. 정신적인 활동에 집중하거나 일 또는 사업에 몰두해서 세속적 취미에는 관심이 없는 사람들을 보면 하는 말이다. 이 말 속에 보통 사람들이 맛보는 즐거움의 원천이 숨어 있고, 육체적 쾌락에 관심없는 사람은 삶의

소크라테스의 죽음 친한 친구들에 둘러싸여 독즙이 들어 있는 잔을 드는 소크라테스. 샤를 알퐁스 뒤 프레노아, 피렌체 우피치 박물관.

재미를 갖지 못한 사람이란 뜻을 내포하고 있다. 그러나 우리는 물욕이나 정욕에 눈이 먼 나머지 상당한 지위에 올랐거나 명성을 가진 사람들조차 어처구니없는 스캔들에 휘말려 물러나게 되는 경우가 있다. 이 또한 육체가 영혼을 가린 사례에 속한다.

때문에 소크라테스는 진리를 추구하는 철학자라면 오히려 육체가 영혼을 방해하지 않는 상태, 즉 죽음의 상태가 진리를 추구하기에 더 나은 상태라고 말한다. 그래서 진리를 추구하는 철학자들은 "우리가 육체와 더불어 있는 동안은, 그리고 영혼이 육체의 악에 감염되는 동안은 우리의 욕구는 충족되지 않는다"고 말한다.

적절히 제어되지 않는 욕망이나 바람직하지 못한 출구로 향한 욕망은 우리들의 삶을 그르치는 요인이 될 수 있다. 육체로부터 시작되는 욕망은 우리 마음에 애욕과 공포를 차고 넘치게 함으로써 사유 능력을 빼앗아버릴 수 있다. 소크라테스는 이를 두고 철학하는 데 사용할 시간을 없애버린다는 표현을 사용한다. 사유하는 능력은, 무엇이 옳고 그른지 어떤 것이 정의이고 불의인지를 구분할 수 있는 힘을 뜻한다. 다시 말하면 진리를 추구할 시간이 없어짐을 뜻한다.

　물론 생활인의 입장에서는 정의와 불의, 또는 옳은 것과 그른 것을 구분하는 능력은 당장 중요하지 않을 수 있다. 먹고사는 문제가 더 중요하기 때문이다. 하지만 이를 소홀히 하는 사람은 진리의 빛에서 영원히 멀어져버릴 수도 있다.

　그렇다면 진리를 찾는 일이 왜 중요한가? 독자들 중에는 실용서를 주로 쓰던 내가 고전을 읽고 해석하는 작업을 시작한 것을 의아하게 생각하는 사람들도 있을 것이다. 실용과 고전이 공존하기 어렵다고 생각할 수 있기 때문이다.

　하지만 나는 직업인으로서만이 아니라 생활인으로서의 성공은 직업적인 능력에다 철학하는 시간이 가져다주는 인격적 성장에 의해 튼실한 뿌리를 내리게 된다는 판단에서 이 작업을 시작했다.

　소크라테스는 육체의 틀에 갇히게 되면 순수하게 알 수 있는 것이 아무것도 없다고 한다. 철학의 주제는 인간의 최고 소유물인 혼을 이야기하기 때문에 육체는 소홀하게 다룰 수밖에 없었던 것 같다. 그러나 이를 절제된 욕망의 개념으로 이해하면 조금 달리 해석된다.

　인간의 욕망은 끝이 없다. 나이가 들면 조금 줄어들기는 하지만 늙어서도 욕망에 사로잡혀 사는 경우가 많다. 가지면 가질수록 더 갖고 싶어 하는 게 인간의 욕망이기에 여기에 적절한 브레이크를 거는 일은 언제나 중요하다.

독일의 다섯 번째 부호이자 세계 부자 순위 94위(《포브스》 선정)였던 아돌프 메르클레가 2008년 금융 위기의 파고를 넘지 못하고 열차에 몸을 던진 비극적인 사건이 일어난 것은 2009년 새해 벽두였다. 당시 그의 나이 74세였다. 그는 자전거로 출퇴근을 즐기는 건실한 사업가이자 좀처럼 공식석상에서 자신을 드러내기를 좋아하지 않는 사업가이기도 했다.

그가 본격적으로 사업에 뛰어든 것은 1967년 종업원 80명 규모인 화학 회사를 물려받으면서였다. 그는 가족 기업을 종업원 10만 명, 계열 회사 120개, 연매출 300억 유로의 재벌로 성장시키는 데 성공하였다.

비극의 시작은 폭스바겐에 대한 투기성 투자를 시작하면서부터이다. 2007년 지주회사를 통해 폭스바겐 주식에 매도 포지션을 취했지만, 예상과 달리 포르쉐가 폭스바겐의 지분을 크게 늘리면서 5억 유로 상당의 손실을 입고 말았다. 여기에다 예상치 못한 금융 위기로 유동성 위기를 겪자 은행들은 그가 보유하고 있던 주요 회사들의 주식 전부를 매각하라는 강도 높은 자구책을 요구하기에 이르렀다.

그의 죽음이 더욱 안타까운 이유는 그가 '독일 기업가 정신의 상징'처럼 여겨졌던 존재이기 때문이다. 가족들은 성명서에서 "금융 위기로 인해 회사가 절박한 상황에 놓였고 지난 몇 주 동안 이런 불확실한 상황에 대해 할 수 있는 일이 없다는 무력감에 시달리게 된 것이 열정적인 사업가를 죽음으로 내몰았다"고 밝혔다. 《타임》은 그가 처했던 상황을 이렇게 전한다.

"그는 자신에게 쏟아지는 비난을 결코 이해하지 못하였다. 폭스바겐 투자에 대한 손실 때문에 비난받았을 때, 그는 작은 가족 기업을 물려받은 이후 그런 리스크를 기꺼이 감당할 수 있었기 때문에 거대한 재벌 그룹과 수많은 일자리를 만들어낼 수 있었다고 말하였다."

한 기업가의 죽음에 대해 함부로 이야기를 할 수는 없는 일이다. 어차피 사업이란 리스크를 안아야 하고 그래야 성장할 수 있기 때문이다. 그러나 안타까운 점은 인생의 노년기에 조금 더 절제할 수도 있지 않았을까 하는 것이다. 한평생을 멋지게 살아온 기업가가 단 한 번의 리스크 관리에 실수함으로써 불명예를 남기고 세상을 떠나게 되었으니까 말이다. 여기서 리스크 관리의 핵심은 곧바로 욕망의 관리이다.

욕망의 뿌리가 얼마나 질긴가를 확인해 볼 수 있는 이야기도 있다. 내가 아는 어떤 분의 장인은 은퇴 후에 주식 투자를 시작하였고 점차 여기에 몰입하게 되었다. 그런데 그분이 돌아가시기 전 응급실로 실려가면서도 사위한테 어떤 주식을 사고팔라고 이야기했다고 한다. 사위는 그런 장인의 모습에 큰 충격을 받았다고 한다.

나이가 들어도 좀체 사라지지 않는 것이 바로 인간의 욕망이다. 그렇기 때문에 소크라테스도 욕망의 제어가 필요하다는 생각에서 육체를 저급하게 표현하고 같은 얘기를 수없이 되풀이하는 것 같다.

나이 들어가면서 건설적인 에너지의 출구를 잘 만들어야 욕망을 생산적으로 절제할 수 있다. 욕망을 틀어막는다고 생각하면 안 된다. 욕망은 에너지의 흐름이기 때문에 억압하기보다 흐름에 대한 길을 잘 만들어주어야 한다. 출구를 잘 만들어 거기다 실컷 에너지를 쏟으면 자동적으로 성과도 좋아지고, 행복해지고, 욕망도 절제할 수 있다.

나 역시 엄청나게 건설적인 에너지를 많이 가진 사람이라 이를 어디

론가 분출해야 한다. 만일 그렇지 못하면 세상 기준에 따라 자신과 인연이 없는 분야에 뛰어들거나 아니면 딴짓을 하려고 했을 것이다. 그러나 나는 그 출구를 철학 공부와 고전 공부로 잡았다. 어떻게 보면 나 스스로 살려고 선택한 방법이다.

그런데 우리가 이 부분에서 좀더 객관적으로 생각해야 할 것은, 아무리 욕망의 위험성이 크다 해도 플라톤은 육체의 중요성을 너무 간과했던 것이 아닌가 하는 점이다. 육체의 초극을 중요시하며 이상적 세계에 대한 지향이 분명했던 철학자인 만큼 육체와 감각에 대해 등한시했다. 하지만 일상 생활을 살아가는 우리의 입장에서는 육체를 완전히 무시할 수 없다. 무엇보다 육체는 혼에도 많은 영향을 끼치기 때문이다.

그렇기 때문에 혼을 갈고닦는 만큼 육체도 잘 관리해야 된다. 영양도 잘 공급해 주고, 운동을 통해 단련도 해야 한다. 몸의 컨디션을 최적 상태로 끌어올리는 것도 중요한 일이다. 때로 술과 담배를 많이 하고 몸을 혹사하는 사람들을 보면 안타깝다는 생각이 든다.

세상은 내가 마음대로 바꿀 수는 없지만 자기 몸은 관리할 수 있다. 사실 우리가 마음대로 조절할 수 있는 게 많지 않다. 때문에 자기 몸을 마음대로 통제할 수 있는 자체가 즐거운 행위이다. 현대인들이라면 육체를 무시할 게 아니라 귀하게 보고, 관리해야 되고, 통제해야 되고, 투자해야 되는 대상으로 보아야 한다.

젊은 날부터 운동을 꾸준히 하고 비교적 절제된 생활을 해왔지만 나에게도 참기 어려운 욕망이 있었다. 바로 담배였다. 대학에 들어가면서부터 피우기 시작한 담배는 30대 후반에 들어서야 겨우 끊을 수 있었다. 담배를 입에 댈 때면 늘 죄책감 같은 것을 느끼곤 했지만, 쉽게 끊지 못했다. 끊기 위해 낱개로만 사서 피우거나, 피우다가 남은 것을 버리는 일을 반복했다. 사람이란 그만큼 욕망 앞에 연약하고 어느 순간에라도 중독되기 쉬운 존재다.

인간은 친숙한 세계에서는 기쁨을 쉽게 누리지만, 체험해 보지 않은 세계에서는 그 기쁨을 알기 힘들다. 물질의 세계가 아니라 정신의 세계가 주는 기쁨 역시 느껴보지 않은 사람은 알 수 없다. 그러므로 인격적 성장과 이제껏 맛보지 않은 차원의 기쁨이라는 두 가지 이유 때문에 우리는 정신의 세계를 추구하기 위해 노력해야 한다.

요컨대 진리를 추구하는 일에 관한 한 죽음은 결코 불리한 일이 아니다. 오히려 사람에 따라서는 더 유리한 요소가 될 수 있다. 소크라테스는 사후 세계를 두고 "오, 친구여. 이것이 진리라면 내가 나의 여행을 끝내고 지금 가려고 하는 곳에 다다르면, 평생 동안 추구하던 것을 구하게 되리라는 희망을 품는 가장 큰 이유도 여기에 있네"라고 말하면서 "나는 기쁜 마음으로 나의 길을 가려고 하네"라는 기대감을 덧붙이고 있다.

육체로부터 비롯될 수 있는 장애물이 모두 제거된 죽음의 상태에서 혼은 오히려 진리를 더 잘 추구할 수 있다는 소크라테스의 주장은 관심을 끌기에 충분하다. 다만 그가 영혼 불멸에 대한 확고한 믿음을 갖고 있었다는 점은 기억해 둘 필요가 있다.

스티브 잡스는 질풍노도처럼 살다간 '광인(狂人)'이었다. 그의 사업 인생은 장대한 파노라마처럼 도전과 좌절, 그리고 극복의 연속이었다. 그의 성취에는 당연히 경쟁자를 이겨내고야 말겠다는 강력한 욕망이 주를 이루었다. 하지만 그가 죽음을 전후해서 느꼈을 법한 소회는 살아 있는 우리에게 많은 생각을 하게 만든다. 물질적인 성취를 향해 줄달음쳐온 세계적인 인물이 삶과 죽음을 오가면서 느꼈을 법한 고뇌가 고스란히 담긴 메시지는 삶과 죽음 그리고 욕망에 대해 생각해 볼 계기를 제공하며, 아울러 어떻게 살아야 할 것인가에 단초를 제공한다.

"내가 곧 죽을 수도 있다는 생각은, 내 삶에서 큰 결정을 내리는 데 중요한 도움을 주었다. 외형적 기대, 자부심, 좌절과 실패에 대한 두려움들은 죽음 앞에서 아무것도 아니며, 진정으로 중요한 것만 남았기 때문이다. 여러분이 언젠가 죽으리라는 사실을 기억하는 것은, 살면서 뭔가 잃은 것이 있다는 생각의 함정으로부터 벗어나는 가장 좋은 길이라고 나는 생각한다. 여러분은 이미 벌거숭이다. 그러므로 여러분이 가는 대로 따라가지 못할 이유가 없다." 스탠포드 대학 졸업식 연설, 2005년 6월 12일

육체는 소멸하지만 영혼은 불멸하다

케베스는 대답했습니다. "소크라테스, (……) 사람들은 영혼이 육신을 떠나자마자 있을 곳이 없어지고, 따라서 죽은 그날로 사멸하고 종말을 고하며, 영혼이 육체로부터 해방되자마자 연기나 공기처럼 뿔뿔이 흩어져 날아가다가 없어져버리는 것이 아닌가 해서 두려워합니다. (……)"
소크라테스는 말했습니다. "(……) 영혼은 이 세상에서 저세상으로 갔다가 이 세상으로 되돌아와서 죽은 자로부터 다시 태어난다고 주장하는 옛날의 이론이 생각나는군. 만일 사람이 죽은 사람으로부터 태어난다고 하는 것이 사실이라면 우리 영혼은 저세상에 존재하지 않으면 안 되네. 만일 그렇지 않다면 어떻게 영혼이 다시 태어날 수 있을 것인가? 산 사람은 오직 죽은 사람으로부터만 태어난다는 분명한 증거가 있다면, 저세상에 영혼이 존재한다는 것이 확실해질 거야. 만일 그렇지 않다면 다른 논증이 필요하겠지. (……) 죽은 존재가 살아 있는 존재로부터 생기는 것과 마찬가지로, 살아 있는 존재는 죽은 존재로부터 생긴다는 결론에 도달하는 새로운 길이 있네. 그리고 이것이 사실이라면 죽은 자의 영혼은 어떤 곳에 있다가 거기서 다시 살아난다는 가장 뚜렷한 증거가 되네. (……) 오히려 나는 다시 살아나는 일이 정말로 있고, 살아 있는 것은 죽은 것으로부터 생기고, 죽은 자의 영혼은 불멸하며, 착한 영혼은 악한 영혼보다 더 좋은 운명을 맞이한다는 것을 확신하네." pp.110~112, 115~117

생전에 죽음을 '인류 최고의 발명품'이라고 말했던 스티브 잡스가 세상을 떠나고 나서 그의 자서전을 읽었다. 평소 인문 고전에 대한 특별한 관심을 가지고 있고 명상에 심취했던 잡스는 죽음을 앞두고 어떤 생각을 했을까. 아직 자신의 손길을 기다리는 애플의 수많은 일들을 두고 떠나야 하니 두렵거나 불안하지는 않았을까.

"죽은 후에도 나의 무언가가 살아남는다고 생각하고 싶군요. 그렇게 많은 경험을 쌓았는데 어쩌면 약간의 지혜까지 쌓았는데 그 모든 게 없어진다고 생각하면 기분이 묘해집니다. 그래서 뭔가는 살아남는다고 어쩌면 나의 의식은 영속하는 거라고 믿고 싶은 겁니다." 그는 오랫동안 말이 없었다. 그러다가 마침내 다시 입을 열었다. "하지만 한편으로는 그냥 전원 스위치 같은 것일지도 모릅니다. '딸깍!' 누르면 그냥 꺼져버리는 거지요." 그는 잠깐 멈췄다가 희미하게 미소를 지으며 말했다. "아마 그래서 내가 애플 기기에 스위치를 넣는 걸 그렇게 싫어했나 봅니다." 월터 아이작슨, 『스티브 잡스』, p.925

죽음에 대한 스티브 잡스의 이 두 가지 생각을 읽으며 나는 소크라테스의 최후가 떠올랐다. 과연 죽고 나면 모든 것은 사라지는 것일까? 혹은 무언가는 영속히 남아 우리 곁에 있는 것일까? 슬픔과 침통함보다는 담담함마저 느껴지는 그의 임종 기사들을 보며, 어쩌면 나는 그 역시 소크라테스처럼 영혼의 불멸을 믿었는지 모른다는 생각을 했다.

『파이돈』에 소개된 대화의 핵심은 소크라테스의 생사관이고 그 바탕에는 '영혼 불사'의 사상이 깔려 있다. 사람이 죽은 후에 영혼이 안식하는 사후 세계가 존재한다는 것이 소크라테스의 주장이다. 그가 의연하게 죽을 수 있었던 이유는 이것으로 설명된다.

소크라테스는 자살에는 반대하면서도 "철학자는 영혼이 육체에서 벗어나 진리와 지혜를 얻을 수 있는 죽음의 상태에서 두려워하지 않아야 한다"고 말해 케베스와 심미아스는 의문을 갖는다. 한 죽음은 반대하고 다른 죽음은 찬성한 꼴이기 때문이다. 또 영혼이 영원히 살아 있는 사후 세계는 아직 증명되지 않았기 때문이다.

영혼이 죽음과 함께 사라져버릴 수도 있지 않은가라는 케베스의 질문은 영혼 불멸을 믿지 않는 대부분의 사람들이 갖고 있는 죽음에 대한 두려움을 드러낸다. 케베스가 의문을 제기하는 것처럼 죽음과 함께 육체로부터 분리된 영혼이 허공으로 사라져버린다면 죽음을 슬퍼해야 할 충분한 이유가 된다. 죽음과 함께 육체뿐만 아니라 영혼 모두 사라져

소크라테스와의 이별 소크라테스는 파이돈, 크리톤 등이 지켜보는 가운데 담담하게 죽음에 대한 이야기를 나누며 자신의 마지막을 준비하게 된다. 마테우스 메리안.

공(空)의 상태가 되기 때문이다. 사람들이 가족이나 지인의 죽음을 앞두고 슬픔을 감출 수 없는 이유는 그것은 곧바로 모든 것의 종말 혹은 소멸을 뜻하기 때문이다.

하지만 영혼이 내세에도 계속 살아남는다고 믿는다면 죽음으로 인해 더 이상 볼 수 없을 것이라는 인간적인 슬픔을 어느 정도는 위로받을 수 있을 것이다. 언젠가 천국과 같은 사후 세계에서 다시 만날 수 있으리라는 기대감을 가질 수 있기 때문이다. 기독교인들이 죽음에 대해 비교적 담대할 수 있는 이유는 죽음과 함께 종결된 생명의 시간이 창조주의 은혜인 부활에 의해 다시 지속성을 얻을 수 있다고 믿어서이다.

케베스의 의문에 대해 소크라테스는 죽음과 영혼에 대해서 두 가지

점을 분명히 한다. 하나는 영혼은 죽음 전과 후에 모두 존재한다는 것이고, 다른 하나는 영혼은 파괴되지 않는, 즉 죽지 않는 존재라는 것이다. 영혼이 육체와 분리된 후에도 살아남는 것, 곧 영혼 불사는 소크라테스가 죽음을 두려워하지 않는 중요한 이유다.

소크라테스는 무엇보다 죽음을 살아 있는 상태에서 죽어 있는 상태로 영혼이 옮겨가는 과정으로 이해했다. 그 과정에서 영혼은 계속 살아남는 것이다. 마찬가지로 탄생은 죽어 있는 상태로부터 살아 있는 상태로 영혼이 옮겨오는 과정으로 보며, 이 과정에서도 영혼은 살아남는다.

이 같은 소크라테스의 주장은 영혼 불멸을 뒷받침하는 그의 주장 가운데 중요한 부분을 차지한다. 따라서 조금 더 상세히 그의 주장을 이해할 필요가 있다. 만물은 서로 반대되는 것이며, 서로 반대되는 것들은 서로 반대되는 것으로부터 만들어진다. 예를 들어, 작은 것은 큰 것에서, 약한 것은 강한 것에서 나온다. 그렇다면 삶과 죽음도 마찬가지다. 삶은 죽음으로부터 나오고, 죽음 역시 삶으로부터 나온다. 이때 죽음에서 삶으로 혹은 삶에서 죽음으로 되돌아오기 위해서는 영혼은 어떤 곳에서든 살아 있어야 한다는 것이 소크라테스의 주장이다.

대부분의 신앙은 내세관을 갖고 있다. 믿음을 가진 자는 하느님의 나라에서 영원히 살 수 있다는 주장이나 윤회로 인해 다시 태어날 수 있다는 주장은 모두 영혼이 영원히 산다고 가정하는 것이다. 영혼이 영원히 산다면 굳이 죽음을 두려워할 이유가 있을까? 그래서 소크라테스는 죽음이 다가오는 것을 두려워하거나 죽음 이후에 육신을 붙들고 지나치게 슬퍼하지 말라고 권한다.

또한 혼이 불멸하기 때문에 플라톤의 독창적인 이론인 이데아론과 『메논』에 처음 소개되기 시작하여 『파이돈』에서도 간간히 언급되는 상기론(想起論)이 가능하다. 만일 혼이 육체와 마찬가지로 소멸해 버린다면 혼으로부터 나오는 지성으로만 볼 수 있는 이데아는 존재할 수 없다. 마찬가지로 감각적 지각을 넘어 다른 것에 대한 앎은 혼 자체의 능력으로 가능하다는 상기론 즉, 육체에 바탕을 둔 오관의 힘을 빌리지 않더라도 스스로 앎을 가질 수 있다는 인식 이론 또한 혼의 불멸성이란 믿음 위에 서 있다.

나는 내가 죽으면 아이들에게 상을 치르지 말고, 묘를 쓰지 말고, 내 죽음을 지나치게 슬퍼하지 말라고 말하려 한다. 왜냐하면 육신은 비록 쇠했지만 영혼은 항상 함께 있다고 보기 때문이다. 내 몸을 가지고 슬퍼할 필요가 없다는 이야기다. 몸이 없어지는데 호화판 장례를 치를 필요가 없다는 것이다.

죽음, 영혼 불멸, 그리고 사후 세계에 대한 소크라테스의 견해는 현대인들이 생사관을 세우는 데 도움을 줄 수 있다. 생사관은 개인적인 문제지만 앞서간 현자들이 가졌던 가설은 도움이 된다. 다시 한 번 강조하면 죽음에 대한 생각을 정리해 두는 일은 곧바로 현재를 어떻게 살아갈 것이며, 어떻게 사는 것이 올바른 삶인가에 대한 해답을 찾는 일이기도 하다.

여기서 우리는 이런 의문을 가질 수 있다. 죽음은 혼이 몸으로부터 완전히 해방되는 일이긴 하지만 살아생전에 그런 해방감을 경험할 수는 없을까? 우리에게 중요한 것은 사는 동안 무엇을 할 것인가 하는 점이다. 그러니까 살아 있는 동안에 몸의 영향으로부터 최대한 멀리 떨어져 혼이 깨끗한 상태를 유지하도록 만드는 방법은 없는가? 여기서 한 걸음 나아가 어떻게 하면 혼이 지닌 최고의 능력을 발휘할 수 있도록 할 수 있는가? 이 질문에 대한 답은 '정화(淨化, katharsis)'다.

가령 산사의 절을 방문하였을 때 향불을 피우는 것도 정화하는 방법 가운데 하나인데, 이는 종교적 의식을 통한 정화이다. 모든 종교는 고유의 정화하는 방법을 갖고 있다. 종교적 의식이 아닌 다른 방법으로 혼을 정화하기 위해 소크라테스가 제시하는 방법은 철학이고, 플라톤이 제시하는 방법은 철학이나 수학이다.

 현대적 의미로 해석하면 철학 공부는 영혼을 맑고 밝게 그리고 깨어 있게 만들며, 옳고 그름에 대한 사려분별을 가져다준다. 생업을 위한 기술 공부도 부지런히 해야 하지만 동시에 철학 공부를 해야 하는 이유이다.

지혜로운 자여,
죽음을 두려워 말라

진정한 철학자는 죽음 앞에서 기쁜 마음을 가져야 할 이유가 있으며, 또한 죽은 다음에는 저세상에서 최대의 선을 얻는다는 희망을 가져도 좋다는 것을 입증하려고 하네. (……)

오, 나의 친구여. 그가 진정한 철학자라면, 그는 기쁜 마음으로 죽음을 맞이할 것이 분명해. 그는 거기에서, 오직 거기에서만 순수한 형태로 지혜를 찾아낼 수 있다는 확고한 신념을 갖고 있기 때문이야. 따라서 이것이 진리라면, 내가 말하는 바와 같이 그가 죽음을 두려워한다면 그는 매우 어리석어. (……) 죽음이 다가오는 것을 비통해하고 두려워하는 사람이 있다면, 그는 지혜를 사랑하는 자가 아니라 육체를 사랑하는 자이며, 동시에 재물이나 권력 또는 두 가지를 다 사랑하는 자일지도 모른다는 충분한 증거야.
pp.99, 107

철학자는 진리를 추구하는 사람이다. 그런데 진리는 어떤 상태에서 가장 효과적으로 추구할 수 있을까? 육체에 뿌리를 둔 다양한 욕망들이 정신의 빛을 가리지 않는 상태가 아닐까? 그렇다면 영혼 불멸을 믿는 경우, 죽음만큼 이상적인 상태는 없을 것이다. 죽음은 육체와 정신이 완전히 분리되는 상태이다. 때문에 진정한 철학자라면 기쁜 마음으로 죽음을 맞이할 수 있어야 한다는 것이 소크라테스의 주장이다. 진정한 철학자라면 죽음이 다가올 때 목숨을 연장하기 위해 불의한 일을 해서는 안 된다.

이런 점에서 볼 때 불의와 타협하지 않고 죽음을 담대하게 받아들이는 소크라테스는 진정한 철학자의 대표라 할 수 있다.

그런데 평범한 생활인에게 철학자는 어떤 의미를 지닐까? 생활인은 철학자가 될 수 없는 것일까? 그렇지 않다. 누구든 철학자가 될 수 있다. 때문에 소크라테스로부터 듣게 되는 철학자의 의미는 '어떻게 살아갈 것인가?'라는 질문에 대한 답과 관련하여 생활인에게 귀한 메시지를 던진다. 인간이 지상에 머무는 시간은 제한되어 있다. 그 시간은 육체가 제공하는 다양한 쾌락을 추구하면서 보낼 수도 있고, 금력이나 권력을 구하기 위해 질주하며 보낼 수도 있다. 금력과 권력을 추구하는 사람도 철학하는 마음가짐이나 태도를 갖고 살아갈 수 있다. 다만 각각에 어느 정도 비중을 둘 것인가는 각자의 가치관과 형편에 따라 달라질 수 있다.

30대와 40대처럼 생활의 기반을 닦기 위해 노력하는 시기에는 사실 철학하는 시간을 갖기 쉽지 않다. 하지만 어느 정도 삶의 기반이 잡히고 생의 유한성을 자각하는 중년기를 넘어서면 '어떻게 사는 것이 올바른 삶인가?'라는 질문에 답을 구하는 시간, 즉 철학하는 시간이 늘어나게 된다.

철학자가 생활인에게 주는 또다른 의미가 있다. 진리를 추구하는 데 있어서 죽음만한 것이 없다는 생각까지 받아들이지는 않더라도, 죽음에 대한 공포나 두려움을 낮추는 데는 도움을 받을 수 있다. 죽음이 모든 것의 종언을 뜻하는 것은 아니라는 생각은 지상에서 어떻게 살아가야 하는가 하는 문제에도 영향을 미친다. 착한 영혼이 복을 받고 악한 영혼이 벌을 받는다면 지상에서의 삶이 어떠해야 하는가를 생각하고 자신의 삶을 돌아보게 될 것이다.

철학은 집으로 따지면 든든한 초석이다. 철학이 있으면 자신만의 뚜렷한 주관을 가질 수 있고, 주관이 뚜렷하면 주변 환경에서 오는 불안감이나 불확실함에 대해서 담대하게 대처할 수 있다. 앞에서 이미 설명한 바와 같이 소크라테스와 플라톤이 적극적으로 권하는 것은 살아 있는 자는 철학을 통한 혼의 정화를 계속해서 추구하는 것이다.

나는 지금껏 죽음에 대한 공포를 느껴본 적이 없다. 다행히 큰 질병에 걸리거나 사고를 당한 경험이 없기 때문인 듯하다. 대신 나는 그에 필적할 만큼 지식인으로서 불안감이 컸다. 박사학위를 마치고 난 30대 전후, 소위 학자이자 지식인인 내가 세상이 어떻게 돌아가고 있는지에 대해 전혀 모르고 있었다는 사실을 알고 방황이 시작되었다.

경제학은 밥을 먹고 살기 위한 것이었고, 내 관심의 방향은 또 달랐다. 나는 보다 근본적인 것들에 대한 고민이 많았다. 내가 무엇을 하고 살아야 될지에, 무엇보다 세상이 어떻게 돌아가는 것인지 알고 싶었다. 마치 원시인이 천둥이 왜 치는지, 비가 왜 내리는지, 낮과 밤은 왜 오는지에 대해 궁금증을 갖는 것과 마찬가지였다. 나의 철학적 사유의 출발은 거기에서부터 시작된 것 같다.

삶과 세상에 대한 이런 근본적인 질문들은 죽음에 필적할 정도의 큰 고민이었다. 그 답을 찾다가 만난 사람이 사회철학자 하이에크다.

내가 무엇을 먹고 살지에 대한 문제에 대해 철학이 바로 답을 주지는 못했다. 하지만 그때 내 가치관이 확고히 섰다. 철학은 삶의 지도를 그려주고 엄청난 추진력도 주었다. 세상의 수많은 유혹, 소문, 풍문에 휩쓸리지 않고 자신의 길을 걸어갈 수 있는 힘, 즉 내공도 주었다.

아마 20대들은 그때의 나와 같은 고민을 많이 할 것이다. 특히 요즘 세대들은 더 복잡할 것 같다. 나는 그들에게 철학 서적을 읽으라고 권하고 싶다. 취업을 준비하면서 읽어야 하는 실용 서적과 함께, 좋은 철학 서적을 꼭 읽으라고 말이다.

사실 난 박사학위만 받고 자신의 길을 개척해 가면 모든 것이 다 해결될 줄 알았다. 하지만 아니었다. 자기 철학, 가치관 등이 확고히 서 있지 않으면 끊임없는 방황과 불평과 고뇌에 빠지게 된다. 살아도 사는 게 아니다. 자꾸 뒤에서 누군가 끌어당기고 속삭인다. '저쪽으로 옮겨 봐' 하고. 대부분 그때 다수가 선택하는 길로 가게 된다. 쉬운 길, 알려진 길, 남들도 다 가는 길, 당장 뭔가를 약속해 주는 길……. 그래서 삶이 피곤해지는 것이다. 그걸 깨우치고 나면 이미 인생의 석양이 지고 만다. 그러므로 30대에게 철학이 더욱 필요하다.

물론 철학에 너무 많은 시간을 들이라고 이야기하고 싶지는 않다. 다만 진짜 철학은 밥을 먹여줄 수 있다고 이야기하고 싶은 것이다. 그 철학을 토대로 자신만의 세계를 구축하여야 한다. 이는 무조건 철학 서적을 읽는다고 해결되는 것은 아니다. 제대로 된 철학자를 제대로 된 곳에서 제대로 된 시간에 만나야 한다. 그건 당신의 노력이자 행운의 결과다.

언젠가 하버드대의 석지영 교수가 법학 교수로서 자신이 가르쳐야 할 것이 무엇인가를 이야기한 글을 읽은 적이 있다. 그녀는 교과서에 있는 지식을 그대로 전달하는 것이 교수의 의무가 아니라고 말한다. 대신에 "법대 교수는 사고의 방식, 기본 원칙에 의문을 갖고 추론하는 습관을 가르치는 사람이다"라고 말한다.

살면서 뼈저리게 느끼는 것은 먹고 사는 데 필요한 기술 공부가 전부는 아니라는 사실이다. 세상이 어떻게 움직여지고, 무엇이 옳고 그르며 어떻게 세상과 사람을 이해해야 하는가 등에 대해 사고하는 방법을 익히는 것은 한 인간으로서 훌륭함을 향해 나아갈 때 반드시 거쳐야 하는 통과의례이다. 이런 점에서 우리 교육은 아쉬움이 많다. 아쉬움이 많으면 많을수록 스스로 노력해서 깨우쳐야 한다는 사실을 확인하게 된다.

절제하고
정화하고 정진하라

"철학을 탐구하지 않고 그 시작이 순수하지 못한 사람은 신과 함께 있지 못하며, 오직 애지자만이 신과 함께 있을 것을 허락받네. 그리고 심미아스와 케베스, 이것이 철학에 헌신한 사람들이 모든 육체적 욕망을 삼가고 그것을 극복하고, 저속한 정욕에 빠지지 않은 이유일세. (……)
지혜를 사랑하는 사람들은 영혼은 육체에 속박되고 갇혀 있는 데 지나지 않았다는 것을 알고 있네. 철학이 그의 영혼을 받아들일 때에 비로소 그의 영혼은 자기 자신 가운데서 자기 자신을 통해서가 아니라, 감옥의 창살을 통해서만 진실한 존재를 볼 수 있었다는 것을 깨닫게 되네. 영혼은 온갖 무지의 수렁 속에서 헤매도 육욕으로 말미암아 스스로를 구속하는 공범자가 되고 있었던 거야. 이것이 영혼의 본래 상태였네. 그렇지만 내가 이미 말한 바 있고 또 지식을 사랑하는 사람들은 잘 알고 있는 일이지만, 철학은 영혼이 영혼 스스로를 가두는 것이 얼마나 두려운 일인가를 알고 영혼을 받아들여 정중하게 달래고, 눈과 귀와 기타의 감각은 속임수로 가득 차 있음을 지적해 줌으로써 또한 이러한 감각들로부터 물러나고 꼭 필요한 경우 이외에는 이러한 감각의 사용을 삼가며, 영혼을 집중시키고 가다듬도록 설득함으로써, 영혼 자신의 순수한 존재에 대한 영혼 자신의 순수한 파악을 따르고 다른 동료를 통해서 영혼에 다다르고 변화하기 마련인 것은 무엇이든 믿지 말도록 권함으로써 철학은 영혼을 해방시키려고 노력하게 되네." pp.139~140

철학은 영어로 필로소피(philosophy)인데, 이는 그리스어 필로소피아(philosophia)에서 왔다. '지혜에 대한 사랑'이라는 뜻이다. 어원에서 알 수 있듯 철학은 육체의 굴레나 영향력을 벗어난 영혼의 힘을 최대한 발휘해서 지혜를 추구하는 것이다. 하지만 이것이 쉬운 일은 아니다. 육체에 뿌리를 둔 욕망과 감각의 힘이 너무 강하기 때문이다.

쾌락과 같은 욕망에 압도되거나 중독된 상태를 흔히 방종이라고 한다. 끊어야 한다는 사실을 알면서도 담배에 찌들어 있다면 이는 담배라는 물건의 노예가 되어 있는 것이다. 이렇게 욕망에 갇힌 사람들이 영혼의 힘을 한껏 발휘하기는 힘들다.

그렇다면 철학하는 사람에게 꼭 필요한 삶의 덕목은 무엇일까? 소크라테스는 한마디로 '절제'라고 말한다. 그리고 '절제는 육체를 혐오하고 철학하는 생활을 하는 자에게 속한 것'이라는 말을 덧붙인다.

현대인은 지나치게 감각에 노출되고 치우쳐 있다고 해도 과언이 아니다. 자본주의 자체가 끊임없이 감각을 자극해서 돌아가는 체제이기 때문이다. 이러한 자극을 내부적으로 적절하게 통제하지 못하면, 평생 동안 허덕거리며 욕망의 소비 주체로만 살다 가게 된다.

누구든 자신도 모르는 사이에 방종의 덫에 빠져 허우적거릴 수 있다. 그리고 자신이 방종의 덫에 빠져 있다는 것을 알더라도 그 구렁텅이를 빠져나오기가 쉽지 않다. 철학을 하는 사람이라면 무엇보다도 방종을 제어할 수 있어야 한다.

그런데 절제는 마음먹는 것만으로 가능하지 않다. 절제는 특별한 '그 무엇'으로부터 나오기 때문이다. '그 무엇'은 과연 어떤 것일까? 그것은 다름 아닌 '지혜'이다. 소크라테스는 재미있는 비유를 들고 있다. 그는 특정 고통이나 쾌락을 멀리하고 싶다면 화폐를 갖고 물건을 교환하듯이 쾌락과 고통을 교환할 필요가 있다고 말한다. 그리고 모든 것을 교환할 수 있는 참된 화폐가 있는데 그것이 바로 지혜라는 것이다. 소크라테스는 "지혜를 가져야만 용기든, 절제든, 정의든, 무엇이든지 참으로 교환할 수 있는 거네"라고 말한다.

지혜와 덕을 쌓음으로써 우리는 영혼을 순수하게 만들 수 있고, 순수한 영혼은 사후에 행복을 얻는 지름길이다. 영혼을 순수하게 만드는 일을 두고 '영혼을 정화한다'는 표현을 사용하는데, 절제·정의·용기·지혜를 갖추기 위해 노력하면 할수록 우리는 순수한 영혼을 가질 수 있다.

한편 이 책에서 핵심적인 내용 가운데 하나인 '정화'의 의미를 조금 더 깊이 살펴보는 일도 흥미롭다. 혼을 깨끗하게 하는 행위는 고대로부

피타고라스 그리스의 종교가·철학자·수학자. 종교적 색채를 띤 철학 공동체를 설립하였고 절대적 믿음과 복종, 절제 등을 설파하였다. 헤르만 괼의 19세기 목판화 〈고대의 현자들과 학자들〉 중에서.

터 현대에 이르기까지 주로 종교적인 행위를 통해서 실행되어 왔다. 헬라스인들 역시 오랫동안 종교 의식을 통해서 혼을 정화해 왔다. 피타고라스 학파가 음악, 수학 혹은 철학 공부를 통해서 혼의 정화가 가능하다고 하였지만 이들 학파 역시 하나의 종단과 비슷하였다.

소크라테스가 관심을 가졌던 것은 학문을 통해서 혼의 정화를 이루는 일이었다. 그렇다면 구체적으로 어떻게 혼의 정화가 가능할까? 여기서 소크라테스의 철학하는 방법인 문답법을 구성하는 두 절차 즉, '논박(elenkhos)'과 '산파술(majeutikē)'이 빛을 발한다. 그러니까 논박을 통해서 개인적 의견을 버리고 참된 앎을 얻도록 도움으로써 사람들을 앎에 성큼 다가서게 할 수 있다.

설사가 몸에 도움이 되지 않는 음식물들을 배출하는 것과 마찬가지로 혼의 경우에 있어서도 앎에 지장을 주는 잡다한 의견들을 설사처럼 배출하도록 돕는 것이 '논박'이다. 플라톤은 '논박'을 통해 사람이 자기가 아는 것만을 알고 그 이상을 모른다는 무지를 자각할 때만이 배움이 그 사람에게 도움이 된다고 생각하였다. 이렇게 잡다한 의견들을 배출해 버리게 되면 혼은 점점 순수한 상태가 되는데, 이런 사람은 철학적으로 학문적으로 정화된 사람이 된다.

 훌륭한 삶을 살아가기를 간절히 소망하는 사람이라면 특히 혼의 정화에 주목하라. 혼의 정화는 궁극적으로 훌륭함(덕)과 지혜를 얻을 수 있도록 도와주기 때문에 매우 가치 있는 일이다. 조각난 지식에 바탕을 두고 자신의 목소리를 부쩍 높이기만 하는 이 시대에, 잡다한 의견을 넘어서 진정한 앎에 다가설 수 있도록 돕는 소크라테스의 '논박' 역시 철학을 통한 혼의 정화 방법에 속한다.

 소크라테스는 죽음이 임박한 시점에서 크리톤을 비롯한 친구들에게 "특별히 부탁할 것은 없네. 오로지 한 가지, 내가 자네들에게 항상 말했듯이 자기 자신을 돌보게"라고 했다. 이는 각자가 자기 자신을 더 나은 사람이 될 수 있도록 정진(精進)하라는 소크라테스의 최후의 조언으로 받아들일 수 있다.

5장

사랑의 본질을 이야기하다
『향연』

"사랑은 머무름이 아니라 나아감이다"

"마치 사다리를 이용하는 사람처럼 그는 하나에서부터 둘로, 둘에서부터 모든 아름다운 몸들로, 그리고 아름다운 몸들에서부터 아름다운 행실들로, 그리고 행실들에서부터 아름다운 배움들로, 그리고 그 배움들에서부터 마침내 저 배움으로, 즉 다름 아닌 저 아름다운 것 자체에 대한 배움으로 올라가게 됩니다."
— 소크라테스

CLASSIC BRIDGE

우리는 왜 사랑을 하는가

아내를 만났던 스무 살 무렵, 내게도 사랑은 열병으로 찾아왔다. 끌리고, 앓고, 힘들고, 잠도 못 자고……. 마치 무엇엔가 씌인 것처럼 몸살을 앓게 되고 더 함께 있지 못하는 것에 애가 탔다. 냉정하고 빈틈 없어 보인다는 내가 그런 이야길 하면 사람들은 매우 놀라워한다. 사실 누구나 이런 경험을 한두 가지쯤은 가슴속에 담고 있을 것이다.

사랑이란 무엇일까? 남녀의 사랑이 그저 당사자들의 감정으로만 끝나는 문제인가. 이 세상에는 수많은 종류의 사랑이 존재하고, 어떤 종류의 사랑이든 사랑을 경험해 보지 못한 사람은 없을 것이다. 사실 사랑만큼 인간을 평생 지배하는 화두도 없다. 그러한 사랑은 인류가 지금까지 생존해 오게 만든 강력한 생명의 근원이라 할 수 있다. 이 복잡하고도 심오한 사랑을 제대로 이해하고 있는 사람은 과연 얼마나 될까?

『향연(*Symposion*)』은 바로 그 사랑에 대해 논하는 걸출한 작품이다.

향연(饗宴)은 우리말로는 잔치라는 뜻에 가깝지만 그리스어로는 '함께(syn)' '마심(posia)'으로 '술 잔치'를 뜻한다. 플라톤 〈대화편〉의 중기 작품으로 주제 자체도 흥미롭지만, 탁월한 비유와 극적인 구성 등으로 지금까지도 많은 이들에게 사랑을 받는 고전이다. 모든 사람의 공통 관심사라 할 사랑에 대한 이야기로 시작되는데 다루는 부분은 사랑 그 이상이다. 아름다움, 영원성, 행복, 영혼 등 인간의 궁극적 가치와 지향에 대한 탁월한 통찰을 담고 있다.

소동꾼들 향연에 몰려다니며 난동을 피우는 취객. 뮌헨, 국립고대미술관.

기원전 416년, 소크라테스와 그의 친구들은 비극 작가로 알려진 아가톤의 집에서 모임을 가졌다. 소크라테스를 비롯해 파이드로스, 파우사니아스, 에뤽시마코스, 아리스토파네스, 아가톤, 알키비아데스 등이 이 잔치에서 이야기를 주고받는다.

액자식 구성의 이 책에는 소크라테스의 열렬한 추종자인 아폴로도로스가 이 모임의 참가자 가운데 한 사람이며 소크라테스를 숭배하던 아리스토데모스로부터 전해들은 이야기들을 동료들에게 전하는 형식을 취하고 있다. 아폴로도로스는 "자네들에게도 이야기해 주어야 한다면 그렇게 해야겠네"라는 문장으로 이야기를 풀어놓기 시작한다.

대화가 있던 날은 아가톤이 첫 번째 비극 작품으로 상을 탄 극단 단

향연 잠수부의 무덤 벽면에 그려진 그리스 귀족들의 향연. 이탈리아 파에스툼(Paestum)의 한 무덤에서 출토된 프레스코화, 기원전 478년.

원들이 승리를 축하하는 감사의 제물을 바친 다음 날이었다. 그들은 식사를 마친 후 차례로 돌아가면서 사랑의 신이라 일컫는 '에로스'를 찬양하는 연설을 하게 되고 이는 곧 '사랑' 예찬으로 이어진다.

파이드로스와 파우사니아스를 비롯해서 모두 여섯 명의 연설이 있고 난 다음 비로소 소크라테스의 이야기가 시작된다.

그는 사랑(eros)의 원천, 목적, 그리고 본질을 이야기하는데, 자신의 입으로 직접 말하는 것이 아니라 만티네아의 '디오티마'라는 제3의 인물을 통해 간접화법을 구사하고 있다. 디오티마는 사람과 신의 중간 정도의 존재로 플라톤이 이 작품을 위해 만들어낸 여사제다. 디오티마의 입을 통해서 소크라테스가 말하지만 결국에는 플라톤이 자기의 에로스론을 펼친다고 보는 것이 옳겠다. 한편 『향연』을 번역한 정암학당의 연구자 이기백 박사는 "디오티마라는 전설상의 여사제가 소크라테스의 스승으로서 논의를 주도하는데, 그녀가 실존 인물이었다는 증거는 없다. 그녀의 사랑에 관한 이론은 소크라테스 내지 플라톤의 견해를 대변하는 것이라고 볼 수 있다"라는 견해를 제시한다.

잔치의 흥이 무르익을 즈음 불쑥 모임에 참가하게 된 소크라테스의 신봉자 알키비아데스는 에로스 예찬을 넘어서 소크라테스를 찬미하고 모임은 끝이 난다.

이 책의 백미(白眉)는 바로 디오티마라는 여인의 사랑 이야기를 소크라테스가 소개하는 부분이다. 한편 소크라테스의 이야기가 본격적으로 시작되기 전에 참석자들이 사랑에 대해 얘기하는 것을 보면 오늘날이나 그리스 시대나 사랑에 대한 사람들의 생각에는 큰 차이가 없음을 알수 있다. 그리고 그들의 이야기에 이어 시작되는 플라톤의 에로스학을 통해 에로스의 실체를 선명하게 만날 수 있다. 다시 한 번 강조해 두어야 할 점은 이 책에서 소크라테스는 플라톤을 대신해서 사랑에 대해 논하는 철학자라는 점이다.

한마디로 『향연』은 에로스학의 진수라고 해도 과장이 아니다. 그 유명한 '사랑의 사다리'에 대한 부분이 특히 그러하다. 사다리를 오르듯 일정한 단계를 밟아서 궁극적인 사랑인 진리의 세계를 향하는 부분도 우리에게 시사하는 바가 크다. 육체적 아름다움을 탐하는 단계를 벗어나서 도덕적·학문적·절대적 아름다움을 향한 사랑의 진화 과정은 인간 내면세계의 성장이 어떻게 이뤄져야 하는가를 가르쳐준다. 그리고 에로스학의 끝자락에는 참다운 존재이자 아름다움 그 자체인 '이데아'가 등장한다.

우리 주변이나 역사 속에서 이성(異性)이나 자식을 사랑하는 것을 넘어서 사랑의 대상을 크게 확장한 사람들을 만나는 일은 어렵지 않다. 20세기의 정신적 스승이었던 알버트 슈바이처 박사. 음악가이자 철학자로서 눈부신 명성을 갖고 편안하게 살아갈 수 있었음에도 그로 하여금 척박한 아프리카에서 평생 동안 봉사하는 삶을 살게 했던 힘은 무엇이었을까? 그것은 사랑이었고, 그 사랑이 자신과 가족을 넘어서 더 큰 사랑으로 성장했기 때문일 것이다. 그가 남긴 자서전 『나의 생애와 사상』에는 일찍이 기독교를 공부하면서 "나는 이처럼 행복하게 자라고 지내는데 이런 행복을 나만 누려도 되는가"라는 어린 시절의 조숙한 각성이 소개되어 있다. 그런 깨달음은 20세의 청년을 30세까지는 학문과 예술을, 그리고 그 이후부터는 타인에게 봉사하는 삶으로 이끌었다.

'수단의 슈바이처'로 불리는 이태석 신부는 의사로서 보장된 삶을 마다하고 사제의 길과 해외 선교의 길을 선택한다. 내전으로 황폐화된 수단의 작은 마을 톤즈에서 펼쳤던 그의 헌신적인 인류애는 48세라는 짧은 인생의 마감과 함께 사람들에게 큰 감동을 던져주었다.

아내와 5남매를 북한에 두고 차남만을 데리고 남한에 내려왔던 장기려 박사도 기억할 만한 분이다. '의사를 한 번도 못보고 죽어가는 가난한 사람들을 위해 뒷산 바윗돌처럼 항상 서 있는 의사가 되기 위해서'라는 젊은 날의 결심처럼 평생 동안 행려병자의 치료와 의료에 소외되었던 이웃들에게 봉사한 삶을 살았다. 이들의 삶은 하나같이 우리들에게 "인간의 참사랑은 어디까지 확장될 수 있는 것일까?"라는 귀한 질문을 던진다.

이 책은 구성 또한 대단히 체계적이어서 에로스의 정체, 기원과 본성, 정의, 기능, 원인, 효과에 대해 이야기한 다음 소크라테스의 맺는말로 끝을 맺는다.

『향연』을 읽으면서 보다 젊은 시절에 읽었으면 좋았을걸 하는 아쉬움이 들었다. 사랑의 본질을 조금 더 정확하게 이해했다면 나의 욕망의 실체를 조금 더 정확히 이해할 수 있었을 것이다. 또 욕망의 실체를 이해할 수 있었다면 그로 인한 실수를 줄일 수 있었을 것이다.

『향연』은 인류 최고의 관심사인 사랑이 결국 연인을 만나는 일에서 시작해 무엇을 추구하며 살 것인가라는 문제로 확장되며 결국 나는 어떻게 살아갈 것인가 하는 깊은 질문으로 이어지는 과정을 보여준다. 가장 쉽게는 이 책이 좋은 배우자를 고르는 일에 있어 이미 2,500년 전 인생 선배들이 검증한 심리적 기준을 제시해 주지 않나 싶다. 나아가 인생을 통해서 무엇을 추구할 것인가, 그리고 무엇을 사랑의 대상으로 삼을 것인가를 한번쯤 되물어볼 기회를 제공한다. 철학이란 사물과 현상을 바라보는 관점을 제공하는 것이니 말이다.

지금 사랑의 홍역을 앓고 있는 사람이나, 사랑에 빠지길 소망하는 사람이나, 사랑으로 인한 문제나 과도한 흔들림으로부터 좀더 현명해지고 성장하고픈 사람이라면 꼭 탐독해 볼 만한 책이다. 장성한 나의 두 아들에게도 이 책을 꼭 권하고 싶다.

* 이 장의 원전 인용문의 출처는 강철웅 번역의 『향연』(이제이북스, 2010)입니다.

사람은 누구나 자신에게 부족한 것을 사랑한다

"친애하는 아가톤, (……) 이제 에로스에 관해 이것도 말해 주게. 에로스는 어떤 것에 대한 에로스라고 할 만한 그런 자인가, 아니면 그 어느 것에 대한 에로스도 아니라고 할 만한 그런 자인가?" (……)
"그렇다면 이(아직 그에게 갖추어져 있지 않고 그가 갖고 있지도 않은 것)자 도 그리고 욕망하고 있는 다른 모든 자도 갖추어져 있지 않은 것과 곁에 있지 않은 것을 욕망하는 것이네. 그리고 그가 갖고 있지 않은 것과 그 자신이 아직 아닌 것과 그가 결여하고 있는 것을 욕망하는 것이네. 욕망과 사랑이 바로 이런 것들에 대한 것이네."
"물론입니다." 그가 말했다고 하네.

"자 이제, 이야기된 것들을 간추려보세. 다름 아니라 에로스는 우선 어떤 것들에 대한 것이고, 그 다음으로는 그에게 그것들에 대한 결여가 있다고 할 때의 바로 그것들에 대한 것 아닌가?" 소크라테스 선생님이 말씀하셨다고 하네. p.116, pp120~121(199c:5, 199c:9~199d:1~2, 200e:2~10)

에로스(eros)란 단어를 들으면 무엇이 떠오르는가? 아마도 대부분의 독자들은 '에로틱'이라는 형용사와 함께 성적인 사랑을 떠올릴 것이다. 에로스는 그리스 신화에 나오는 사랑의 신(神)으로, 이성간의 사랑을 뜻하는 말이기도 하다. 호메로스는 에로스를 신이라 부르지 않고 '모든 사람들을 사랑에 빠지게 하는 힘을 가진 자'라고 했으며, 헤시오도스는 '가장 막강한 권력을 가진 오래된 신'이라 부르기도 했다.

한편 에로스는 때로는 파괴적인 힘을 자랑하기도 하는데, 이따금 세상의 기준으로 허용될 수 없는 사랑으로 인해 파국으로 치닫는 사람들을 본다. 그렇게 보면 에로스가 원래는 태초의 혼돈이었던 카오스의 아들이었다는 데에 감탄하지 않을 수 없다. 더구나 그는 '동경(포토스)'과 '욕망(히메로스)'이라는 동료들까지 거느리고 있다. 에로스의 본질을 알 수 있는 대목이다(참고로 작가마다 에로스의 부모를 다양하게 언급한다. 예를 들어, 이뷔코스는 에로스를 카오스의 아들로, 에우리피데스는 제우스의 아들로, 사포는 가이아와 우라노스의 아들로, 시오니데스는 아레스와 아프로디테의 아들이라고 말한다).

그만큼 인간사의 많은 부분이 부, 권력, 그리고 사랑과 떼려야 뗄 수 없는 관계를 갖고 있다. 따라서 소크라테스를 비롯한 당대 철학자들의 도움을 받아 에로스에 대해 심층적인 이해를 해보는 것은 우리에게도 충분히 가치 있는 일일 것이다.

소크라테스가 입장하고 식사가 시작되자 향연에 참석한 사람들은 본격적으로 술판을 벌이기 전에 한 가지 합의를 한다. 술은 자율적으로 마시되 이야기를 하면서 즐기는 시간을 갖자는 것이다. 그리고 참석자들 가운데 에뤽시마코스의 제안에 따라 그동안 중요성에 비해 소홀히 다뤄진 '에로스'에 대해 이야기해 보기로 한다.

참석자들은 제각각 에로스에 대한 찬미를 시작한다. 잔치의 초청자인 아가톤은 에로스야말로 우아함, 섬세함, 아름다움, 고상함, 그리움, 그리고 욕망을 만들어내는 주역이라고 말한다. 또한 에로스야말로 고난, 공포, 욕망에서 가장 좋은 안내자이자 전우이며 친구이자 구원자라는 말로 에로스를 찬미한다. 아가톤의 에로스 찬미는 에로스에 대한 시에서 '인간들 사이에는 평화를, 바다에는 바람 없는 잔잔함을, 바람들의 안식을, 또 근심 속에 잠을'이라는 표현으로 잘 묘사되어 있다.

마지막으로 연설 기회를 갖게 된 소크라테스는 자기 차례가 되자 특유의 논박 화법으로 대화를 주고받으며 좌중을 이끌어간다. 일단 아가톤을 비롯한 앞의 연설자들이 행한 연설의 우수함을 칭찬한 다음, 그들과 다른 방법으로 이야기를 시작한다.

소크라테스는 에로스를 자신에게 부족한 무언가를 사랑하는 것이라고 명확히 한 다음 에로스에 대한 본격적인 연설을 시작한다. 그런데 그는 자신의 이야기가 아니라 만티네아에서 온 디오티마(실재한 인물이라기보다는 예언자 성격인 가상의 인물로 보는 견해가 유력하다. 디오티마의 어원은 '신을 경외하는 자'라는 뜻이다)라는 부인의 이야기를 전하는 형식으로 이야기를 한다. 다시 말해 디오티마 부인이 에로스에 대해 소크라테스에게 가르침을 주었던 내용을 소크라테스가 전달하는 식으로 연설이 이루어진다.

특히 아가톤은 에로스가 낳는 결과를 강조하는 데 반해 소크라테스는 결과 이전에 에로스의 본질과 특성을 이해하는 것이 중요하다고 강조하면서 자신 이야기를 이어간다. 여기서도 다시 한 번 확인할 수 있는 것은 소크라테스 대화의 시작은 주로 '그것은 무엇인가?' 혹은 '그것의 본질은 무엇인가?'라는 질문으로부터 시작된다는 사실이다.

소크라테스는 아가톤에게 "에로스는 어떤 것에 대한 에로스라고 할 만한 그런 자인가, 아니면 그 어느 것에 대한 에로스도 아니라고 할 만한 그런 자인가?"라고 질문하며 연설의 물꼬를 튼다. 어느 누구라도 자신이 이미 충분히 가지고 있거나 부족하지 않다고 느끼는 것을 에로스의 대상으로 삼지는 않을 것이다. 에로스의 대상은 자신이 소유하고 있지 않거나 부족하다고 느끼는 것이다.

이를 두고 소크라테스는 아가톤에게 "욕망하는 것은 자기가 결여하고 있는 것을 욕망한다는 것, 혹은 결여하고 있지 않으면 욕망하지 않는다는 것이 필연인지 숙고해 보게"라고 말한다.

사람은 아름다움과 추한 것 가운데 어느 것을 에로스의 대상으로 삼으려 할까? 당연히 아름다움이 에로스의 대상이 될 것이다. 대부분의 사람들은 자신이 아름다움을 소유하지 못하고 부족하다고 느끼기 때문이다. 선(善)에 대해서도 마찬가지다. 대부분의 사람들은 자신이 선이 부족하거나 결핍되어 있다고 느끼기 때문에 선을 에로스의 대상으로 삼는다.

에로스가 아폴론에게 사랑의 화살을 쏘아 강의 신 페네이오스의 딸인 다프네와 사랑에 빠지게 한 신화 속의 이야기는 그런 의미에서 무척 상징적이다. 에로스는 두 개의 화살을 쏘는데 아폴론에게는 애정을 일으키는 화살을, 다프네에게는 그것을 거부하는 화살을 쏘았다. 아폴론은 다프네를 열렬히 사랑하지만 다프네는 생각조차 하지 않는다. 증오의 화살을 맞은 다프네는 사랑의 열병을 앓는 아폴론을 보자마자 기겁하며 달아난다. 쫓고 쫓기는 이 사랑은 결국 이뤄지지 않는다. 아폴론이 가질 수 없는 다프네를 끝까지 쫓아가 막 안으려 할 때, 더 이상 도망칠 수 없는 다프네는 아버지에게 자기를 구해달라고 소리치게 되고 아버지는 다프네를 월계수로 변하게 했다. 그렇게 해서 다프네는 아폴론으로부터 벗어나게 되었다.

소크라테스가 연설 초반에 잠정적으로 내리는 정의에 따르면, 에로스는 '무엇(혹은 x)에 대한 에로스'이며, '무엇(x)에 대한 에로스'는 '무엇(x)'이 부족하기 때문에 '무엇(x)'을 욕망하는 것일 뿐 아니라 자신에게 부족한 '무엇(x)'을 사랑하는 것이다.

에로스에 대한 초보적인 정의는 우리의 상식과도 맞아떨어진다. 남녀 사이의 사랑만 보더라도 사랑은 자신이 갖지 못한 구체적인 대상에 대한 사랑임을 확인할 수 있다. 또

아폴론과 다프네 사랑의 신 에로스의 황금 화살을 맞으면 격렬한 사랑을 느끼고, 납화살을 맞으면 미워하는 마음을 갖게 된다는 신화가 전해진다. 잔 로렌초 베르니니.

한 물질에 대한 사랑도 마찬가지다.

남녀가 사랑에 빠져 만날 때는 본능적으로 같이 있고 싶은 욕구가 있다. 또한 자신에게 결여된 것을 상대로부터 채우고 싶은 욕망도 크다. 이를 드러내놓고 이야기하지는 않지만 결국 에로스의 본질은 소유욕이다. 그것을 『향연』은 잘 이야기하고 있다. 물론 누군가를 좋아할 때 계산을 하지는 않겠지만, y=f(x)에서 y를 에로스 또는 사랑이라고 하면, f(x)에서 x는 불사성, 자식에 대한 욕망, 같이 있고 싶은 욕망이다.

나의 경우는 어떠했을까. 사귀고 나서 두세 달이 지났을 때 이미 결혼을 결심할 만큼 깊이 아내를 사랑했다. 지금은 흔하지만, 연상인 아내와 만나 결혼한 일은 당시만 해도 놀랄 만한 '사건'이었다. 그러니 막상 결혼을 하려고 하자 주변 반대가 적지 않았다. 앞날도 개척해야 하고 공부도 해야 하는데, 아내와 함께 있고 싶은 마음이 그 못지 않게 커서 감정적으로 참 힘들었던 기억이 난다. 한마디로 사랑 때문에 몸살을 앓았다.

그런데 지금 돌이켜 생각해 보면 그 사랑이 결혼이라는 결실로 맺어지는 과정에는 분명 나에게 없는 것을 상대로부터 채우고 싶은 욕망이 내재해 있었던 것 같다. 격정적이면서도 한편으론 외골수 기질이 있는 나에 비해 쿨하면서도 사람들을 품는 에너지가 남다른 아내는 나의 부족함을 많이 채워주었다. 흔히 부부는 닮는다는 이야기는 아마 이렇게 부족한 부분을 서로 충족해 가는 과정에서 비슷해지는 것을 의미할지도 모르겠다.

예나 지금이나 사랑의 형태는 다르지 않다. 요즘 젊은층들이 사랑하고 헤어지는 일을 아주 쉽게 생각한다고 여기고 또 자신보다 나은 상대를 구하기 위해 골몰하는 모습을 두고 계산적이라고 하는 사람들도 있다. 그러나 나는 옛날 사람들도 다르지 않았다고 본다. 다만 시대적으로 만나고 헤어지는 게 좀더 자유로워졌을 뿐이지 인간의 본성이나 사랑의 본질에는 거의 변함이 없다. 『로미오와 줄리엣』도 다시 읽어보면 그들의 지고지순한 사랑은 일정한 소유욕으로 읽힌다. 결국에는 자신에게 부족한 것을 더 채우려고 하는 것이 아니었을까.

에로스의 본질이 소유욕이라고 하면, 언뜻 너무 사랑을 모독하는 것이라 생각할지 모르지만 나는 오히려 이로 인해 우리가 사랑 앞에 좀더 정직해질 수 있을 것이라 생각한다. 사랑에 대한 환상에서 벗어난다고나 할까. 또한 사랑이란 이름으로 포장된 온갖 계산 등을 오히려 냉철하게 직시할 수 있지 않을까?

물론 이성적인 판단만으로 이루어질 수 없는 게 사랑이다. 하지만 현실 속에서 사랑에 대한 환상으로 서로에게 얼마나 많은 상처를 주고 관계를 왜곡하는가. 무엇보다 자기를 속이는 경우도 많다.

그런 의미에서 나는 사랑에 대해 아이들에게 이야기할 기회가 있을 때 무척 실용적인 관점에서 조언을 해준다. 아이들한테 모든 것은 변하기 때문에 일시적인 아름다움이나 기분에 지배되지 말라고 충고한다. 사랑하더라도 관계는 변한다. 죽고 못 사는 것은 없다. 모든 것은 변한다.

결국 보고 싶은 것을 보는 것이 아니라 있는 그대로 보아야 한다. 보고 싶은 것을 본다는 것은 환상을 껴안겠다는 것이다. 있는 그대로의 사랑을 보는 것이 인생을 살아가며 실수를 안 하는 방법 가운데 하나다.

에로스의 아버지는 포로스(방책의 신)
어머니는 페니아(궁핍의 신)

'그런데 그는 어떤 아버지와 어머니에게서 나왔나요?' 내가 말했네.
'그건 이야기가 꽤 깁니다. 하지만 어쨌거나 당신에게 말해 드리죠. 아프로디테가 태어났을 때 신들이 잔치를 열었는데, 다른 신들도 있었지만 메티스(계책)의 아들 포로스(방도)도 있었지요.. 그런데 그들이 식사를 마쳤을 때, 잔치가 벌어지면 으레 그러듯 구걸하러 페니아(곤궁)가 와서는 문가에 있었습니다. 그런데 포로스가 넥타르에 취해(술은 아직 없었거든요.) 제우스의 정원에 들어가서 취기에 짓눌려 잠이 들게 되었지요. 그러자 페니아가 자신의 방도 없음 때문에 포로스에게서 아이를 만들어낼 작정을 세우고 그의 곁에 동침하여 에로스를 임신하게 되었답니다. 그래서 에로스는 아프로디테의 추종자요 심복이 되었지요. 그녀의 생일날 생겨났고 게다가 본래부터 아름다운 것에 관해 사랑하는 자인데 아프로디테가 아름다웠기 때문입니다. (……)
어머니의 본성을 갖고 있어서 늘 결핍과 함께 삽니다. 그런가 하면 또 아버지를 닮아서 아름다운 것들과 좋은 것들을 얻을 계책을 꾸밉니다. 용감하고 담차고 맹렬하며 늘 뭔가 수를 짜내는 능란한 사냥꾼이지요. 사려분별을 욕망하고 그걸 얻을 기략이 풍부합니다. 전 생애에 걸쳐 지혜를 사랑하며, 능란한 마법사요 주술사요 소피스트입니다.' pp.127~128 (203a:9~203c:3, 203d:2~7)

에로스의 아버지는 방책의 신이고 어머니는 궁핍의 신이라니, 어떻게 2,500년 전에, 그것도 나이 지긋한 사람이 사랑을 이렇게 절묘하게 묘사할 수 있었을까? 에로스의 특성을 하나하나 짚어가는 소크라테스의 이야기들을 읽으며 한참을 혼자 웃었는데, 그가 에로스에 내린 정의에 백 퍼센트 동의가 되었다. 얼마나 재미있는가. 한쪽은 소유하고 싶은 생각이 가득 차 있고, 다른 한쪽에서는 그것을 채우기 위해 교묘하게 머리를 굴린다는 것이다.

사람들은 원하는 이성을 '유혹하기' 위해 정말 많은 궁리를 하며, 마침내 연인 관계로 발전하고 나서도 이를 유지하는 데 엄청난 에너지를 쏟아붓는다. 나를 놀라게 한 그의 에로스에 대한 정의는 여기서 끝나지 않는다.

앞서 말한 에로스의 본질에 이어 소크라테스가 전하는 에로스의 특성은 아름다움의 신 아프로디테, 방책과 방도의 신 포로스(그의 어머니 메티스 역시 계책과 꾀의 신), 그리고 궁핍의 신 페니아의 특성이 조합된 것으로 생각하면 될 것이다.

우선 에로스가 선천적으로 아름다움을 사랑하는 '사랑의 신'이라는 특성은 아프로디테의 잔칫날 잉태된 점과 연관되어 있다. 또한 궁핍이라는 어머니의 본성을 닮아서 늘 결핍 속에 산다. 게다가 아버지를 닮아서 아름다운 것들과 좋을 것들을 얻을 수 있는 계책에 능하다.

소크라테스는 디오티마의 말을 빌려서 에로스의 운명을 "그는 늘 가난하고 많은 사람들이 생각하는 것처럼 섬섬하고 아름다운 것과는 전혀 거리가 멀며, 오히려 피부가 딱딱하고 거칠며 맨발에 집도 없습니다"라고 말한다. 이는 어머니인 페니아의 본성을 물려받은 것이다. 한편으로는 아버지의 특성을 이어받아 아름다움이나 선한 것을 보면 물불 가리지 않고 이를 가지려는 욕망이 강하다.

또한 방책과 결핍(곤궁)의 신 사이에서 태어났다는 모순 때문에 에로스는 아름다움과 추함, 선과 악, 지혜와 무지의 중간에 놓여 있다.

여기서 잠시 사랑에 빠진 남녀를 생각해 보자. 그들은 늘 갈증을 느낄 뿐만 아니라 자신이 갖지 못한 것, 즉 상대방이 가진 아름다움을 자기 것으로 만들기 위해 눈에 무엇인가가 씌인 사람처럼, 독한 술에 취한 사람처럼, 귀신에 홀린 사람처럼 맹렬히 달려간다. 이런 모습은 에로스의 기원과 본성을 생각하면 납득이 간다.

사랑에 빠진 남녀는 이성이 멈춘 듯 이따금 치명적인 사고나 사회적인 물의를 일으키기도 한다. 자신의 사랑을 받아주지 않는 데 대한, 즉 자신이 상대방을 '소유'할 수 없는 데 대한 애통함이 지나쳐 상대방을 해코지하는 사건이 얼마나 많은가.

에로스와 아프로디테 아프로디테가 에로스에게 활 쏘는 법을 가르쳐주는 장면을 담은 청동 거울덮개. 파리, 루브르 박물관.

하지만 소유욕을 기본적으로 개인이 선택할 수 있는 자유라고 인정한다 해도 그 자유가 타인의 자유(재산권)를 침해해선 안 된다. 소유욕보다 더 상위 가치는 개인의 자유다. 사랑은 타인과의 '자발적인 거래'다. 자발적인 거래가 아닌 상태에서 다른 사람의 신체에 위해를 가한다든지 하는 것은 가장 상위법을 위반하는 것이다.

또한 에로스는 신과 같은 불사의 존재가 아니다. 이에 대해 디오티마는 "그는 본래 불사적(不死的)이지도 가사적(可死的)이지도 않습니다"라는 말로서 중간자(中間者)임을 분명히 한다. 하지만 에로스는 아버지로부터 물려받은 왕성한 정력 때문에 다시 일어서는 데 능하다. 그는 저돌적이고 격렬하게 갖고 싶은 것을 추구하고, 그러다가 좌절하기도 하지만 금세 힘을 회복해서 또다시 도전하는 존재이기도 하다. 우리가 세상에서 경험하는 사랑의 성질이 어떠할지는 이와 같은 에로스의 기원과 본성으로부터 짐작할 수 있다.

얼마 전 사석에서 이런 이야기를 꺼내니, 어떤 기자분이 최근에 화제가 되고 있다는 〈짝〉이라는 방송을 본 적이 있느냐고 물었다.

거기에 보면 참가자들이 원하는 상대에게 선택되기 위해 정말 '치열하게' 궁리를 하고, 잘 보이려고 별짓을 다 한다고 한다. 좋은 차를 몰고 왔거나 외모가 화려한 사람들이 많은 이들의 구애를 받는 것은 비일비재하다. 자신에게 없는 것을 채우고자 하는 욕망을 숨기지 않는 것이다.

그냥 대학 시절 흔히 하던 '미팅' 같은 것이려니 생각은 하지만, 저렇게까지 방송에 나와서 노골적으로 다 보여줘야 하나 싶기도 하다. 그런데 한편으로는 너무 노골적이다 싶은 그 내용들이 어쩌면 현실 속의 사랑을 극명하게 보여주는 게 아닐까 싶었다.

종합해 보면 사랑은 결코 만만한 것이 아니란 결론이다. 오히려 늘 허기지고, 때로는 파괴적이고, 유혹적이기에 행복과 동시에 위험을 내포하고 있다.

특히 젊은 날의 열렬한 사랑은 제정신이 아니어서 아주 위험하기도 하다. 어디 그뿐인가. 사랑에 너무 열중한 나머지 역사가 바뀐 사건도 있다. 안토니우스와 클레오파트라 사랑이 그것이다.

로마 공화정 말기였던 기원전 45년 3월 15일, '종신독재관'으로서 각종 개혁을 추진하던 율리우스 카이사르가 공화정 옹호자인 브루투스에 의해 암살당하는 사건이 터진다. 카이사르 유언장은 제1상속인으로 카이사르의 부관이자 집정관인 마르쿠스 안토니우스 대신에 옥타비아누스를 지명하게 된다.

기원전 42년 안토니우스는 로마를 중심으로 동부를, 옥타비아누스는 서부를 분리해서 통치하게 된다. 동부로 간 안토니우스는 그곳에서 이집트 여왕 클레오파트라와 사랑에 빠지고 마침내 정식 결혼을 올린다. 안토니우스와 클레오파트라는 세 명의 아이까지 두었다. 그 둘은 기원전 31년 9월 2일, 악티움 해전에서 옥타비아누스에게 패배함으로써 수세에 몰리게 되는데, 안토니우스는 진정으로 클레오파트라를 사랑했던 것 같다. 기원전 30년 봄 그는 옥타비아누스에게 편지를 보내 자신은 자결을 선택할 테니까 클레오파트라와 자식들을 살려달라고 부탁하였다.

그런데 악티움 해전이 일어나기 몇 해 전 여제사장에게 맡겨둔 안토니우스의 유언장이 공개되는데, 이것으로 말미암아 로마 시민들은 안토니우스에게 격분하고 클레오파트라를 증오하게 된다. 유언장에는 그가 남긴 모든 재산은 클레오파트라와 사이에 낳은 자식들에게 물려줄 것을 명시한 반면, 로마 출신의 두 부인 사이에 난 아이들에게는 아무런 재산도 남기지 않았던 것이다. 게다가 자신의 장지를 알렉산드리아로 지정한 사실도 로마인들을 흥분시키기에 충분하였다. 당시 로마인들의 분노에 대해 『로마인 이야기』의 저자인 시오노 나나미는 "로마에서 태어난 안토니우스가 고국을 버리고 알렉산드리아를 영면의 땅으로 선택한 것은 로마의 신들에 대한 모독인 동시에, 안토니우스가 이기면 로마 제국의 수도를 알렉산드리아로 옮기려는 생각이 거기에 나타나 있다고 사람들은 생각했다"고 말한다.

그러나 자기가 죽으면 알렉산드리아의 클레오파트라 곁에 묻어달라는 안토니우스의 소원은 평범한 남자가 사랑에 빠졌을 때 보여주는 전형적인 모습이다. 안타깝게도 그는 이처럼 사랑에 흠뻑 빠짐으로써 목숨과 명예 모두를 잃어버리고 말았다.

　이러한 에로스는 특히 중년에 그 위험성을 크게 발휘하는 것 같다. 멀쩡히 사업을 잘 해나가던 이들이 마음이 허해지면 외도라는 덫에 빠져 사업에 대한 집중력을 잃고 가정마저 흔들리게 되는 경우를 종종 본다. 클린턴 대통령은 미국이란 초강대국의 대통령이었지만 백악관 인턴 사원과의 스캔들로 한순간에 모든 명예를 잃고 고꾸라질 수 있는 위험천만한 순간에 직면하기도 했다. 나는 한심한 마음 한편으로 안쓰러움도 느꼈다. '조금만 방심하면 저렇게 될 수 있는 게 남자다. 누구나 그런 잘못으로 손가락질 받을 수 있다'라고 생각하며 말이다.

　사랑에 빠져본 경험이 있는 독자라면 에로스의 본성에 대한 설명에 공감하는 바가 클 것이다. 에로스의 본성을 제대로 이해하면 사랑 앞에서 좀더 현명해지고 사려분별을 가질 수 있을 것이다. 또 그만큼 더 멋진 사랑을 해나갈 수 있을 것이며 잘못된 사랑이 주는 위험성으로부터 자기 자신을 보호할 수 있을 것이다. 모든 경우가 그렇지만 결국 아무리 사랑에 빠져 있다 하더라도 자기를 챙길 수 있는 것은 자기 자신뿐이다. 특히 인생의 중년기에 사랑에 빠지는 사람들 역시 에로스의 본성을 정확히 이해해야 한다. 그래야 평생 쌓아온 노고를 물거품으로 만드는 잘못을 피할 수 있다.

사랑은 좋은 것을
영원히 소유하려는 욕구다

'일반적으로 좋은 것들과 행복함에 대한 일체의 욕망이 가장 크고 모두를 현혹하는 사랑입니다. 하지만 다른 많은 방식으로, 즉 돈벌이를 통해서든 체력 단련을 즐김을 통해서든 지혜 사랑을 통해서든 그것으로 향하는 자들은 사랑한다거나 사랑하는 자들이라고 불리지 않습니다. 반면에 어떤 한 형태를 향해 가면서 매진하는 자들이 전체에 속하는 이름을 얻어 사랑, 사랑한다, 사랑하는 자들이라고 불리고 있습니다.' (……)
'그렇다면 아주 간단하게 사람들은 좋은 것을 사랑한다고 말할 수 있는 건가요?' 그녀가 말했네.
'예.' 내가 말했네.

'그럼 이건 어떤가요? 그에 더해, 좋은 것이 자신들에게 있기를 그들이 사랑한다는 것도 덧붙여야 하지 않나요?' 그녀가 말했네.
'덧붙여야 합니다.'
'그렇다면 그냥 「있기를」이라고만이 아니라 「늘 있기를」이라고도 해야 하나요?' 그녀가 말했네.
'그것도 덧붙여야 합니다.' 내가 말했네.
'그렇다면 뭉뚱그려 말하면 사랑은 좋은 것이 자신에게 늘 있음에 대한 것이네요.' 그녀가 말했네.
'아주 맞는 말씀이십니다.' 내가 말했네. pp.133~134(205d:1~7, 206a:4~15)

얼마 전 대학에 다니는 조카딸을 만났다. 한창 연애에 관심을 가질 나이기도 해서, 몇 마디 조언을 해주었다. 여자의 경우엔 사랑과 결혼이 정말로 인생의 큰 시험이 아닐 수 없다. 그것이 삶의 매순간에 미치는 영향이 남자들에 비해 크기 때문이다. 조금 이른 감은 있지만 결혼은 인생의 '빅딜'이므로 많이 사귀어보고 냉철하게 판단해서 상대방을 고르란 이야기를 해주었다. 기왕이면 능력 있는 남자를 만나라고 말이다. 물론 여기서 말하는 능력이란 소위 말하는 스펙과는 좀 다른 관점의 이야기다.

즉, 사람을 볼 수 있는 기준이 있어야 하는데, 그것은 바로 지혜이다. 그러려면 무엇보다 스스로 현명해야 하고, 상대의 겉이 아니라 속을 꿰뚫어보는 힘이 있어야 한다. 그 흔한 스펙이 아니라, 성실함이나 신의 같은 가치 말이다. 사람마다 종류는 다르겠지만 결국은 자신이 지니고 싶어하는 '좋은 것'을 지닌 사람을 사랑하고 선택하는 것 아니겠는가.

소크라테스는 디오티마의 입을 빌려 에로스를 소개하고, 에로스의 정체성에 이어 기원과 본성을 소개한 다음, 마침내 에로스의 정의에 대해 말한다.

위에서 인용한 내용은 에로스에 대한 정의의 핵심 부분에 해당한다. 사랑은 세 가지가 결합되어 이루어지는데, 첫 번째는 '좋은 것을 사랑하는 것', 두 번째는 '좋은 것이 자신들에게 있기를 바라는 것', 세 번째는 '늘 있기를 바라는 것'이다. 결국 '에로스(사랑)는 좋은 것을 자신의 곁에 늘 두기를 바라는 것'이라고 말한다.

하지만 좋은 것이라고 해서 모두가 사랑의 대상에 속하지는 않는다. 물질이나 권력은 좋은 것이긴 해도 이를 늘 곁에 두기를 바라는 것을 에로스라 하지는 않는다. 그리고 여기서 좋은 것이란 아름다운 것과 동의어로 해석해도 좋으며, 가장 흔한 경우는 남녀간의 사랑, 부모와 자식 간의 사랑, 자신에 대한 사랑, 지혜에 대한 사랑 등이다. 대다수 사람들은 이들을 늘 곁에 두고 싶어 하기 때문에 사랑의 대상이 되는 데 부족함이 없다.

에로스의 정의에서 한 가지를 추가하자면, 자신의 것에 대한 추구가 아니라 좋은 것에 대한 추구라는 점을 분명히 해둘 필요가 있다. 자기 것이라 하더라도 좋은 것이 아니면 사랑의 대상이 될 수 없다.

이에 대해 소크라테스는 디오티마의 이야기를 빌려 "우리는 어떤 한 형태를 떼어내어 전체에 속하는 이름을 그것에 각자 붙여 사랑이라고 부르고 다른 것들에는 다른 이름들을 사랑하는 거니까요"라고 말한다. 이 대목이 자칫 오해를 낳을 수 있는데 이 말은 특별한 형태의 사랑만

이 사랑이 아니라는 것을 말한다. 다시 말하면, 공적인 일을 수행하는 것이나, 신체 훈련을 하는 것이나, 지혜를 탐구하는 것이 모두 사랑의 대상이 될 수 있음을 말한다.

지금까지의 이야기를 종합하는 의미에서 두 가지를 정리해 두면 좋을 것 같다. "아름다운 것과 좋은 것을 사랑하는 자는 무엇을 사랑하는가?"라는 질문에 대해서는 "자기 것이 되기를 사랑한다"고 답할 수 있을 것이고, "좋은 것이 자기 것이 되면 무엇이 있게 됩니까?"라는 질문에는 "행복하게 될 겁니다"라고 말할 수 있다. 결국 사랑하는 자는 행복한 자들이고 그 행복의 원천은 좋은 것을 늘 곁에 두고 소유할 수 있기 때문이라고 할 수 있다.

젊은 남자가 한 여자를 사랑한다는 것이 궁극적으로 무엇을 뜻하는가를 이해함에 있어서 소크라테스의 이야기가 도움이 된다. 상대방과 함께함으로써 좋은 것과 아름다운 것을 늘 곁에 두고 행복을 누릴 수 있는 것이다.

좋은 것을 소유하려는 것은 인간의 자연스러운 욕망이기 때문에 그것 자체를 좋다 나쁘다 비판할 수는 없다. 또한 에로스가 방책의 신의 자식이기 때문에 사랑을 할 때도 전략이 필요하다는 데에도 동의한다. 개체와 개체 사이에는 유리한 거래를 하고 싶어 하는 본능이 당연히 존재한다. 그렇다면 당연히 방책을 총동원해야 한다. 여자들이 예쁘게 보이기 위해서 미니스커트를 입는 것도 다 방책의 신이 작용한 결과이다.

젊은 시절 나는 사랑을 인생에 대한 투자의 개념으로 이해했다. 그러므로 어떤 사람에게 엄청난 투자를 했는데 중간에 헤어지고 마는 것은 손해라고 보았다. 나이 들어서 나는 이 '투자'라는 것을 재해석하게 되었다. 내 인생의 큰 그림 속에 한 사람이 들어온 것으로 받아들인 것이다. 이것은 인생에 대한 장기적인 투자인 셈이다.

예를 들어 인생이란 차를 타고 기나긴 여행길을 떠나는데, 그 차에 한 사람이 탈 것인가 말 것인가 결정하는 일이 곧 사랑과 결혼이다. 누구를 타게 할 것인가는 엄청나게 중요한 결정이다. 타고 가다 금세 내려버리면 황당하지 않겠는가. 사랑 앞에 솔직해질 때 정직한 인생 투자가 가능해진다.

『스님의 주례사』라는 책에 보면, 흔히 결혼할 때 문제가 생기는 것 중 하나는 덕을 보려고 하기 때문이라는 이야기가 있다. 결혼이라는 거래의 본질이 그렇다는 얘기다. 결혼은 사랑이란 이름을 걸고 하는 인생 최고의 빅딜이다. 사랑에는 지고지순한 무언가가 있지만 그 안을 들여다보면 결국 더 좋은 거래를 하려는 본성이 숨어 있다. 나는 요즘 젊은 이들이 조건이 더 나은 사람을 구하려 한다고 해서 비난할 필요가 없다고 본다.

이처럼 사랑을 둘러싸고 있는 화려한 치장들을 한 꺼풀 두 꺼풀 벗겨내다 보면, 결국 사랑은 좋은 것과 아름다운 것을 자기의 것으로 만들고자 하는 소유욕과 맞닿아 있음을 알 수 있다. '사랑하기 때문에 헤어진다'는 말은 상황에 따라 이해할 수 있는 경우도 있지만, 사랑에 대한 엄밀한 정의에 미루어보면 문제가 있는 발언이다. 좋은 것이라면 어떠한 계책을 써서라도 반드시 자기 소유로 만들려는 것이 사랑이기 때문이다. 이미 언급한 바 있지 않은가? '(사랑은) 용감하고 담차고 맹렬하며 늘 뭔가 수를 짜내는 능란한 사냥꾼'이라고.

불사성을 향한 본능, 사랑은 출산으로 이어진다

'모든 사람들이 몸에 있어서 그리고 영혼에 있어서 임신하고 있고, 어떤 나이에 이르게 되면 우리 본성은 출산하기를 욕망합니다. 그런데 추한 것 안에서는 출산할 수가 없고 아름다운 것 안에서는 할 수 있습니다. 남자와 여인의 함께함이 일종의 출산이거든요. 이 일은 신적인 것입니다. 가사자인 생물 안에 들어 있는 불사적인 것이죠. 임신과 낳음이 말입니다. 이것은 조화하지 않는 것 안에서는 일어날 수 없습니다. (……) 소크라테스, 사실 사랑은 당신 생각처럼 아름다운 것에 대한 게 아닙니다.' 그녀가 말했네.
'그게 아니면 뭡니까?'
'아름다운 것 속에서의 낳음과 출산에 대한 것이지요.'

'뭐, 좋습니다.' 내가 말했네.

'아니, 분명히 그렇습니다. 그럼 사랑이 왜 낳음에 대한 것일까요? 낳음은 가사자에게 있는 영속적이고 불사적인 것이기 때문입니다. 앞에서 합의한 대로 사랑이란 좋은 것이 늘 자신에게 있는 것에 대한 것이라고 한다면, 이로부터 우리가 좋은 것과 더불어 불사를 욕망한다는 것이 필연적으로 따라 나옵니다. 따라서 이 이야기로부터 사랑이 불사에 대한 것이기도 하다는 것이 필연적으로 따라 나오지요.' pp.135~136(206c:1~7, 206e:2~207a:4)

암에 걸린 한 여성이 임신 사실을 알게 된 후, 자신의 생명이 위험해질 수도 있는데 끝까지 아이를 포기하지 않고 출산하는 내용의 다큐멘터리를 본 적이 있다. 도대체 그 용기와 희생의 뿌리는 무엇이었을까. 남자와 여자가 만나서 가정을 이루면 본능적으로 자식을 낳고 싶어 한다. 여자들은 사랑하는 사람의 아이를 갖고 싶어 한다. 의식적인 판단이 아니고 본능적으로 그렇게 되는 것이다. 그리고 아이들에게 더 나은 삶을 물려주기 위한 본능은 어떤 종류의 희생도 무릅쓰게 만든다. 비단 인간만 그러는 것은 아닐 것이다.

에로스에 대한 정의를 마무리한 다음 소크라테스는 디오티마의 다음 주제, 즉 에로스의 기능에 대해 이야기한다. 소크라테스는 "사랑의 기능이 무엇인지 말해 줄 수 있습니까?"라는 질문을 디오티마에게 던진다.

위의 인용문에는 디오티마가 "어떤 나이에 이르게 되면 우리 본성은 출산하기를 욕망합니다"라고 말하는 표현이 등장한다. 예외적인 경우도 있겠지만, 대다수 남녀간의 사랑은 결혼과 출산으로 이어진다. 그렇다면 사랑에 대한 정의를 하나 추가할 수 있을 것이다. 그것은 '사랑은 아름다움 안에서 낳기(출산)를 추구하는 것'이다.

여기서 잠시 디오티마가 등장하기 전에 에로스에 대해 연설하였던 사람들 가운데 출산이 사랑의 주요한 기능이란 점과 관련해서 아리스토파네스(기원전 450경~386년경 아테네에서 가장 유명했던 희극 작가)의 이야기를 소개해 보자.

네 번째 연설자인 아리스토파네스의 이야기에는 남녀간의 사랑에 관해 재미있는 내용이 등장한다.

원래 인간은 남자와 여자라는 두 가지 성(性)이 존재했던 것은 아니다. 한 사람이 남녀의 성을 모두 갖고 있었다. 이들은 손이 네 개, 다리 네 개, 얼굴이 두 개였고, 놀라운 힘을 갖고 신들에게 싸움을 걸 정도로 무서운 존재였다. 이들의 존재를 고민하던 제우스는 인간을 지상에 머물게 하면서도 힘을 없앨 수 있는 방법을 찾아낸다. 바로 그들을 남녀로 분리하는 것이다. 그렇게 제우스는 삶은 달걀을 두 조각 내듯 인간을 분리했고, 분리된 인간은 원래 한 몸이었던 서로의 반쪽을 그리워하게 되었다. 원래 한 몸이었기 때문에 둘은 하나로 결합하려는 본능을 가졌고, 이 본능이 바로 사랑이다. 서로를 그리워하는 본능이 얼마나 강했는지에 대해 아리스토파네스는 이렇게 말한다.

"이제 그들의 본성이 둘로 잘렸기 때문에 반쪽 각각은 자신의 나머지 반쪽을 그리워하면서 줄곧 만나려 들었네. 서로 팔을 얼싸안고 한데 뒤엉켜 한 몸으로 자라기를 욕망하다가 결국에는 상대방과 떨어진 채로는 아무것도 하고 싶어 하지 않았기 때문에 굶어서 혹은 다른 일도 하지 않음으로 해서 죽어갔네."

아리스토파네스는 에로스를 가리켜 "자기가 사랑하는 자와 한데 모여 융합되어 둘이던 게 하나가 되는 것"이라고도 하고 "온전함에 대한 욕망과 추구에 붙여진 이름이 사랑(에로스)"이 라고도 말한다. 사랑에 흠뻑 빠진 남녀라면 온종일 붙어 있고 싶어 하지 않는가? 그런 내용이 아리스토파네스의 이야기에 소개되어 있다.

아리스토파네스와 소크라테스의 이중흉상.

대장장이의 신인 헤파이스토스가 나란히 누워 있는 남녀 곁에 와서 그들의 소원을 묻는다. 그런데 질문 속에 대다수 인간들이 간절히 소망하는 답이 이미 들어 있다.

"그대들이 욕망하는 게 바로 이것인가? 밤이고 낮이고 서로에게서 떨어져 있지 않을 정도로, 할 수 있는 한 많이 서로와 같은 곳에 있게 하는 것, 그것인가? 그대들이 욕망하는 게 이거라면 나는 기꺼이 그대들을 한데 다 융합, 용접시켜 줄 용의가 있거든. 그렇게 되면 그대들은 둘이던 것이 하나가 되어 살아 있는 동안에는 하나로 있으니까 둘 다가 삶을 공유하게 되고, 죽은 후에는 이번에는 저곳 하데스의 집에서 둘 대신 하나가 되어 죽음을 공유하게 되지."

사랑하는 사람이 낮이고 밤이고 간에 서로에게 떨어져 있지 않으려는 욕망의 끝자락에는 출산이란 결실이 남게 된다. 대개는 그런 선택을 하지 않을 수 없도록 이성에 따라 혹은 본성에 따라 이끌리게 된다. 물론 오늘날에는 이를 거부하는 사람들도 꽤 많지만 말이다.

다시 본론으로 돌아가서 디오티마의 사랑의 기능에 대한 이야기가 계속되면서, 사랑은 '아름다운 것을 늘 곁에 두려는 것'에 또 하나의 관점이 추가된다. 사랑은 '불사(不死)를 추구하는 것'이라는 점이다. 즉, 사람은 사랑을 하고 그 결과로 잉태하고 출산함으로써 불사적인 존재가 된다. 이를 두고 디오티마는 "가사자인 생물 안에 들어 있는 불사적인 것(임신과 낳음)이죠"라는 표현을 사용한다.

이 책을 읽기 오래전부터 나는 자식을 낳아서 키우는 일이 과연 인간에게 어떤 의미를 갖는가 하는 생각을 했다. 왜 세상의 부모들은 그렇게 많은 노력과 비용을 들이면서 자식을 키우는 데 헌신하는 것일까? 디오티마의 이야기처럼 그것은 영원성을 보장받기 위한 지극히 본능적인 행위가 아닐까?

인간은 누구든 자신의 삶이 유한하다는 사실을 안다. 때문에 그들은 자신의 유한한 삶을 가능한 한 연장하려는 강한 본능을 갖고 있다. 누구든 평등하게 영원성을 얻을 수 있는 방법이 무엇일까? 그것은 자식을 낳는 일이다. 자신의 사후에도 '영원히 살기 위해서' 많은 비용을 지불하면서 자식을 낳아서 키운다.

자신의 목숨이 다할지언정 자신의 분신을 통해서 영원히 살 수 있기 때문에 사랑하고, 잉태하고, 출산하는 것이다. 굳이 이를 스스로 인정하지 않더라도 사랑의 기능이 이런 역할을 맡는다.

불사성(不死性)을 갖기 위한 인간의 본능만큼 강력한 것은 없다. 다시 말하면 부모는 노화나 질병으로 죽음에 이르게 되지만 자식이란 분신을 남김으로서 영원히 죽지 않는 불사성을 얻게 된다. 그런데 에로스가 바로 불사성을 낳는 잉태와 출산을 가능하게 한다. 이처럼 귀한 것이 어디에 있겠는가? 때문에 아리스토파네스는 "에로스는 우리 자신의 것으로 우리를 이끌어줌으로써 우리에게 가장 득이 되는 일을 해주고 있을 뿐만 아니라, 장차 가장 큰 희망들을 가져다주니 말일세"라는 말로 에로스의 위대함을 찬미한다.

최근 교육비 부담에다 자신들의 삶, 그리고 아이들의 미래 등을 종합적으로 고려해서 아이 낳기를 꺼려하는 젊은 부부들이 늘어나고 있다. 내가 아는 한 젊은 과학자는 결혼한 지 5년이 됐는데, 일부러 아이를 갖지 않는다고 한다. 아이가 연구 활동에 족쇄가 된다는 게 그 이유였다. 그에게 나는 노벨상을 준다 해도 아이를 낳아서 키우는 경험과 바꾸지 않을 거라고 말해 주었다. 그를 만나고 돌아오는 길에 아내는 세상의 어떤 경험과도 바꿀 수 없는 귀한 경험을 왜 포기하는지 모르겠다고 말했다. 그래서인지 우리 부부는 지금도 젊은 시절 경제 사정 때문에 자식을 좀더 낳지 않은 것을 때때로 후회하곤 한다.

대부분 사람들이 처음부터 계산기를 두드려보고 키울 수 있다고 판단했기 때문에 아이를 낳아서 키우는 것은 아니다. 불확실하고 부족한 가운데 걱정하며 아이를 낳아서 키운다. 그래서 세대가 연결되는 것이다.

나도 첫아이를 낳았을 때 형편이 많이 어려웠다. 아내가 임신했을 무렵에 나는 무직 상태였고 아내가 직장을 나갔다. 그 뒤 시간강사를 해서 조금씩 생활을 해나갔지만 모든 게 불확실했다. 게다가 첫아이는 병치레가 많아 병원비에 대한 부담도 만만치 않았다. 1988년에 시간강사 강의비로 3만 원을 받았는데, 대학원 강의를 맡자 7만 원을 받았다. 그

때 아내가 기뻐하던 모습이 아직도 기억난다.

　그래도 생활의 어려움 때문에 자식을 안 낳겠다는 생각은 하지 않았다. 재산은 조금씩 불려나가면 되는 것이고, 돈은 모아가면 되는 것이지만, 아이는 언제든지 낳을 수 있는 것이 아니기 때문이다.

　얼마 전 신문을 보니 최근 아이 한 명을 키우는 데 18세까지 5억 정도가 든다고 한다. 그게 끝이 아니다. 결혼할 때 비용은 물론이고 그 밖에도 자식에 대한 여러 가지 숙제가 남아 있다. 그러나 반듯하게 키운 자식이 세월을 두고 자기에게 줄 수 있는 기쁨은 돈으로 계산할 수 없다.

　자식을 낳지 않기로 결정한 부부를 보면 인간의 뿌리 깊은 욕망을 극복한 모습에 절반은 찬사를, 절반은 우려를 보내게 된다. 노년이 되면 '그때 아이를 가졌어야 했는데' 하고 후회하는 사람들이 적지 않기 때문이다.

　호스피스 병동에서 오랫동안 일해 온 일본의 오츠 슈이치 박사에 따르면, 생의 마지막을 맞는 사람들 가운데 결혼을 하지 않은 것을 후회하는 사람은 적지만 아이를 낳아서 키우지 않은 것을 후회하는 사람들이 의외로 많다고 한다. 이는 무엇을 말하는 걸까? 영원성에 대한 희구는 누구든 갖고 있다는 걸 입증하는 게 아닐까?

사랑 안에서
우리는 영원히 살게 된다

'가사적인 본성은 할 수 있는 한 늘 있기를 즉 불사이기를 추구하거든요. 그런데 그건 이 방법으로만 즉 생겨남으로써만 할 수 있습니다. 그럼으로써 오래된 것 대신 다른 새로운 것을 남기니까요. (……)
사실 가사적인 것이 다 이런 방식으로 보존되지요. 즉 신적인 것처럼 모든 면에서 늘 같은 것으로 있음으로써가 아니라 늙어가고 떠나가는 것이 그것 자체의 원래 모습과 닮은 또다른 새로운 것을 남겨놓음으로써 보존됩니다. 소크라테스, 이런 장치에 의해 몸에 있어서든 다른 모든 것들에 있어서든 가사적인 것이 불사에 참여하지요. 하지만 불사적인 것은 다른 방식으로 보존됩니다. 그러니 모든 것이 다 본성적으로 자신의 새싹을 귀중히 여긴다는 것에 의아해하지 마시길. 이런 열성과 사랑이 가사적인 것 모두에게 붙어다니는 건 바로 불사를 위해서니까요.' pp.137~138(207d:1~4, 208a:8~208b:7)

모교의 기숙사에 가면 내가 30여 년 전 대학 졸업을 앞두고 심어놓은 은행나무가 자라고 있다. 기숙사의 1기생이었던 나는 3년 정도 그곳에서 지냈는데, 무슨 생각에서였는지 돈이 없었는데도 구파발까지 가서 은행나무 세 그루를 사왔다. 혼자서 트럭에 나무를 싣고 와서는 열심히 심고 땅을 밟아준 기억이 지금도 새록새록하다.

왜 그랬을까. 돌이켜보니 나는 삶의 연결성에 대해 어린 시절부터 유난한 생각을 가지고 있었던 듯하다. 비록 가난했지만 내가 그렇게 함으로써 나의 후배들도 이어서 그렇게 하리라는 믿음이 있었던 것이다. 심은 것은 나무였지만 계속해서 연결되어 갈 어떤 마음을 심어놓은 것이다. 나아가서 분명 사람은 다음 사람에게 무언가를 남기고 가는 존재라고, 나의 삶은 훗날 누군가의 삶과 연결될 것이란 생각을 했던 것 같다.

특히 가족에 대해서는 이런 생각이 더욱 짙었다. 나의 할아버지가 나의 아버지를 만들고, 나의 아버지가 오늘의 나를 만들고, 내가 나의 아들들을 만들고…….

이것을 조금 거창하게 연결해 보면 바로 소크라테스가 말하는 불사성과 닿게 된다. 그런 의미에서 『향연』을 읽으며 나는 마음속 깊이 반가움을 느꼈다. 스스로도 잘 규명하지 못했던, 또 쉽게 다른 이들과 나눌 수 없었던 나의 본질을 다른 누군가의 시각을 통해 재발견하는 즐거움도 컸기 때문이다.

인간이 사랑에 목을 매는 원인이 무엇일까? 인간을 포함한 동물들은 모두 생명의 유한성이란 한계를 갖고 있다. 때문에 그들이 불사(不死)를 이루는 방법은 남을 통하는 것 외에는 다른 방법이 없다. 가사적(可死的)인 존재는 죽어 사라지더라도 자손을 낳음으로써 오래된 것 대신 새로운 것이 남게 되는 것이다. 살아간다는 것은 곧 죽어가는 것을 뜻한다. 하지만 사랑하고 잉태하고 출산함으로써 자식이라는 개체를 이 땅에 남겨 인간은 영원성을 부여받는다.

사람은 이성을 가진 존재이기 때문에 불사성에 대해 생각하고 사랑한다고 말할 수 있을지 모르지만, 동물의 경우에는 본능에 따르는 것이다. 그렇다면 사람을 포함한 동물 일반에서 볼 수 있는 '사랑-잉태-출산'으로 이어지는 일련의 행동들은 이성에 의한 것이라기보다 본능에 의한 것이라고 할 수 있다. 그래서 디오티마는 "이런(자신의 새싹을 귀중히 여기는) 열성과 사랑이 가사적인 것 모두에게 붙어다니는 건 바로 불사를 위해서니까요"라는 말로 사랑의 원인이 불사를 향한 본능에 있음을 분명히 한다.

따라서 사람이 일정한 연령대가 되면 사랑의 열병을 앓는 것은 자연스러운 일이며, 이는 새로운 것을 잉태하고 출산하여 영원히 살기 위해서다. 사랑은 옳고 그름의 문제가 아니라 본능의 지시와 명령에 따르는 결과라 할 수 있다.

그런데 사랑의 열병을 앓을 때도 가능한 한 추한 것보다는 더 아름다운 것을 선호한다. 남자들이 아름다운 여성에게 본능적으로 끌리는 이유는 무엇인가? 또한 여성들이 건장하고 균형 잡힌 체격을 소유한 남성에게 끌리는 이유는 무엇일까? 혼기를 전후해서 젊은이들이 아름다운 상대를 원하는 데는 더 나은 자식을 남기겠다는 본능적인 선호가 담겨 있다. 영원성에 대한 본능 속에 더 좋고 더 오래도록 지속될 것을 남기고픈 마음이 있는 것이다.

뿐만 아니라 경제력을 가진 중년들이 현저한 나이차를 넘어서 사랑에 빠지고 사회적인 지탄을 받을 정도로 불미스런 상황에 도달하는 일 또한 애욕에 더하여 상대방의 아름다움에 함께해 더 나은 후세를 남기겠다는 욕망도 어느 정도 역할을 한다고 본다. 그러고 보면 사람이 아름다움을 가까이하고 추한 것을 멀리하려는 것은 자연스런 현상이라 할 수 있다.

지금까지는 사랑과 출산이 대부분 결혼이라는 테두리 안에서 이루어져 왔다. 그런데 결혼 제도의 변화가 생기며 최근에는 동거 등을 통해서 결혼하지 않고도 자식을 낳는 경우도 있고 이혼도 늘고 있다.

사랑하는 사람이 함께 살면서 자식을 낳는 일이라면 동거든 결혼이든 편견을 두고 싶지는 않다. 하지만 '불사성'의 측면에서 본다면 이혼은 바람직하지 않은 부분이 많아 전통적인 테두리 안에서 결혼 생활을 이어가는 것이 낫다고 본다. 가족의 문화를 좀더 잘 유지하게 되고 아이들을 더 잘 기를 수 있기 때문이다.

테렌스 맬릭 감독의 〈생명의 나무(*Tree of Life*)〉라는 영화는 천지창조부터 시작해서 한 가족의 생을 통해 생명수가 쭉 이어지는 일대기이다. 나도 자식들한테 누누이 강조하고 아이들도 적극 동의하는 부분 가운데 하나는 세대가 연속된다는 사실이다. 그래서 우리는 할아버지가 그랬던 것처럼, 아버지가 그랬던 것처럼, 가족이라든지 사회를 위해서 어느 정도 희생하는 삶을 사는 것이 당연하다고 생각한다.

아이들이 나를 기억할 때 자기 삶의 푯대·목표·꿈을 세우고 그것을 향해서 끊임없이 정진했던 인물로 기억해 준다면 더 바랄 것이 없겠다. 그것을 불멸이라고 부를 수 있다면, 내가 추구하는 불멸은 바로 이런 것이다. 나의 아버지가 남긴 유산도 그것이었다. 사회적으로 큰 발자국을 남긴 것은 아니지만 뭔가 끊임없이 개선하고 개량하고 혁신하려고 노력했던 사람으로 기억된다. 과정을 대단히 충실하게 살았던 사람이고, 더없이 진지하고 성실하게, 또한 치열하게 살았던 인물로 말이다. 그것이 물질적 유산보다 훨씬 큰 유산이고 오늘의 내가 있게 한 밑거름이 되었다.

나 또한 나의 아이들에게 그러한 기억과 흔적을 남겨주고 싶다. 소크라테스가 이야기하는 불사라는 부분을 생각하며 부모만큼 중요한 게 없겠구나라는 생각을 다시 한 번 다지게 된다.

권력과 명성을 통해서도 영원한 이름을 남길 수 있다

'그들은 이것(명예 추구 혹은 이름난 자들이 되는 것, 그리고 계속해서 이어질 미래를 위해 불사의 명성을 쌓는 것)을 위해서라면 제 아이들을 위해서 그러는 것보다 훨씬 더하게 무슨 위험이든 감수한다든지, 돈을 쓴다든지, 어떤 노고든 마다 않고 한다든지, 또 그걸 위해 죽는다든지 할 태세가 되어 있습니다. (……) 오히려 내 생각에 그들은 모두 불사의 덕과 그런 영광스런 평판을 위해 그런 일들 모두를 하는 겁니다. 그들이 더 훌륭하면 할수록 그만큼 더 그렇게 하지요. 그들은 불사의 것을 사랑하니까요.

그런데 몸에 있어서 임신한 자들은 여인들에게로 더 향하고 이런 방식으로 사랑에 애타는 자들입니다. 아이 낳기를 통해서, 장차 이어질 모든 시간을 위해, 불사와 기억과 자기들이 생각하는 대로의 행복을, 자신들을 위해 마련해 놓으려 하면서 말입니다 반면에 영혼에 있어서 임신한 자들은……몸에 있어서보다도 오히려 훨씬 더 많이 영혼에 있어서 임신하는, 그리고 영혼이 임신하고 출산하는 게 적당한 것들을 임신하는, 그런 자들이 있으니 하는 말입니다.' pp.139~140(208c:8~208d:2, 208d:6~209a:3)

 모든 사람들이 자식을 통해서만 불멸성을 추구하는 것일까? 영원성을 추구하고자 하는 것이 인간에게 내재된 본능이라고 할 때 꼭 자식을 통해서 불사성을 실현하려 하지 않은 사람들도 분명 있다. 실제 역사를 보면 자식 대신에 덕과 용기, 그리고 영광스런 평판을 위해 불사성을 추구하는 사람들도 있다.
 예를 들어, 호메로스의 작품에 등장하는 트로이 전쟁의 위대한 전사 아킬레우스는 부하인 파트로클로스의 죽음에 분노하여 자신의 죽음을 감수하고서라도 기꺼이 복수를 펼치고 목숨을 던지게 된다. 왜 그랬을까? 디오티마는 아킬레우스가 자신의 용기에 대해 불사의 기억이 남으리라는 생각을 하지 않았다면 과연 그렇게 행동할 수 없었을 것이라고 말한다. 아킬레우스는 용기를 발휘하여 기꺼이 죽음으로써 불사의 자식인 용기의 상징으로 자리매김하는 데 성공했다. 대의명분을 위해 초개같이 목숨을 버리는 용기를 발휘하는 사람들의 사례가 여기에 들어맞는 경우라 할 수 있다.
 그리스 신화에 등장하는 인물인 아테네의 마지막 왕 코드로스(재위

기원전 1089년~1068년)도 마찬가지이다. 그는 도리아인이 아테네를 침입하였을 때 '아테네의 왕이 다치지 않으면 국가를 구할 수 없다'는 델포이 신탁을 전해 듣게 된다. 그는 나라를 구하기 위해 변장을 하고 강을 건너 도리아 캠프 근처로 가서 일부러 도리아 병사들을 화나게 함으로써 죽음을 당하고 만다. 도리아인은 코드로스가 살해된 것을 알고 예언된 패배를 두려워하여 물러나게 된다. 나라를 위해 목숨을 기꺼이 바침으로써 불사의 자식인 용기의 상징으로 남게 되었다.

알케스티스의 감동적인 자기 희생 이야기는 어떠한가. 데살리아에 있는 이올코스의 왕 펠리아스의 딸인 알케스티스는 같은 지역에 있는 페라이의 왕 아드메토스와 결혼하게 된다. 두 사람은 행복한 결혼 생활을 하지만 아드메토스가 병에 걸려 죽음을 목전에 두게 된다. 그때 아폴론은 운명의 여신을 설득하여 딴 사람을 대신해서 죽이고 아드메토스를 살려달라고 한다.

그러나 어느 누가 왕을 대신해서 죽음을 선택하겠는가? 주변의 아첨꾼들에게 둘러싸여 살아온 왕은 자신을 대신해서 죽음을 택할 부하를 구하는 일은 어렵지 않을 것이라고 믿어 의심치 않았다. 하지만 그 누구도 대신 죽겠다고 나서지 않았다. 심지어 여생이 얼마 남지 않은 부모조차도 아들을 위해 목숨 내놓는 일을 꺼리게 된다. 이때 아내인 알케스티스가 남편을 위해 대신 죽겠다고 나선다. 죽음을 앞두고 남편에게 마지막 작별을 하는 알케스티스는 이렇게 남편에게 당부한다.

"저에겐 당신과 아이들이 가장 소중하답니다. 그래서 기꺼이 당신과 아이들을 위해서 죽는 거예요. 당신의 아버지나 어머니가 대신 죽는다면 우리 아이들이 어머니 없이 자라나는 불행은 겪지 않겠죠. 그러나 이것도 어쩔 수 없는 운명이에요. 잊지 마세요. 절대로 제 희생을 헛되

이 하면 안 된다는 점을, 아이들을 위해서라면 절대 재혼하면 안 돼요."

그러나 지하의 여신인 페르세포네는 아내가 남편을 대신해서 죽는 것은 있을 수 없다고 생각하고 그녀를 남편 곁으로 돌려보낸다. 그녀는 용감한 자기 희생의 대명사로 영원히 이름을 남기게 되었다.

위의 세 가지 사례는 다른 대상에 대한 에로스로 덕이나 용기와 같은 영혼의 자식을 낳음으로써 영원히 사는 것을 말한다. 『향연』의 번역을 맡은 강철웅 교수는 육체와 영혼을 구분해서 몸의 임신이 낳는 것을 '육체적인 자식 출산'으로, 영혼의 임신이 낳는 것을 '영혼의 자식 출산'이라는 표현을 사용한다. 요컨대 사랑의 효과를 압축해서 이야기하면 '불사의 자식을 낳음으로써 영원히 사는 것'이며, 여기에는 두 가지가 있는데 하나는 에로스가 잉태와 출산을 통해 '육체의 자식'을 낳는 것이고, 다른 하나는 '영혼의 자식'을 낳는 것이다.

역사가 오래된 유럽의 도시들을 거닐다 보면 곳곳에 명성과 용기, 그리고 업적을 남긴 인물들의 동상들을 만날 수 있다. 이순신, 세종대왕, 안중근 의사도 마찬가지다. 이들 역시 영혼의 자식을 출산함으로써 영원히 사는 길을 선택하였던 사람들이다.

그런데 나는 플라톤과 달리 좀더 영혼의 자식을 확대 해석하고 싶다. 플라톤은 예술을 모방이라고 생각하여 대단히 부정적인 시각을 가졌지만 현대에 와서는 인식이 많이 달라졌다. 사실 예술가의 열과 성과 혼이 담긴 불후의 작품들도 영혼의 자식이라 해도 조금도 무리가 아니다.

예술 작품 가운데 영혼의 자식은 어떤 것이 있을까? 베토벤이나 모차르트의 걸출한 음악, 고흐나 고갱의 불후의 명작 등이 영혼의 자식이라 할 수 있다. 보통 사람들이 '육체의 자식을 낳음으로써 영원히 살 수 있었던 것'처럼 이들도 '영혼의 자식을 출산함으로써 영원히 살 수 있

빈센초 벨리니 그의 얼굴이 이탈리아의 5000리라 지폐에 등장했을 만큼 후대에 끼친 영향력이 컸다.

었던 것이다.

얼마 전 시칠리아의 동남부에 있는 유서 깊은 도시 카타니아를 방문한 적이 있다. 활화산인 에트나 산 기슭에 위치한 이 도시가 걸출한 음악가인 빈센초 벨리니(1801년~1835년)가 탄생한 곳이다. 그의 음악은 우리에게 익숙한 곡이 많은데, 카타니아에는 그의 동상뿐만 아니라 기념 공원이 조성되어 있고 도시의 상징인 두오모에는 그의 묘가 있었다. 그는 오래전에 세상을 떠났지만 아름다운 명곡이란 영혼의 자식을 통해서 대중들의 가슴속에 영원히 살 수 있었던 행운을 움켜쥔 예술가였다.

이처럼 뛰어난 예술가나 학자의 걸출한 작품들은 세월을 넘어서 존재할 수 있는 영혼의 자식에 속한다. 하지만 유명한 정치가나 기업가 그리고 유명인들이 남기게 되는 권력, 기업, 명성은 당대에는 화려하더라도 예술가의 작품처럼 오래 가지 못한다. 그래서 그들이 남긴 것을 영혼의 자식이라 할 수 있는지는 의문이다.

살아생전에는 뻔질나게 신문을 대문짝만하게 장식했던 정치가라 하더라도 사후에 세인들의 뇌리에 영원히 남는 사람들이 몇이나 될 것이며, 기업을 창업하거나 크게 일으킨 사람들 가운데도 세세손손 세상 사람들이 그의 이름을 기억할 만한 사람들이 얼마나 되겠는가? 대부분 세월과 함께 그들이 그토록 집요하게 추구했던 권력이나 부 그리고 명성은 허공에 사라지고 만다.

또한 정치가, 기업가, 그리고 유명인의 명성은 플라톤의 해석에 의하면 속성 면에서 영혼의 자식에 속하지 않는다. 왜냐하면 권력, 기업, 그리고 명성은 혼에 속하는 것이 아니기 때문이다. 그럼에도 불사성이란 측면에 비중을 둔다면 권력, 부, 그리고 명성도 영혼의 자식 가운데서 아류로서 다룰 만하다.

모든 인간이 자신의 흔적을 오래 남기고 싶어 한다. 다만 방법이 다를 뿐이다. 김구, 이승만, 박정희 같은 인물이나 이중섭, 백남준, 안익태 같은 이름을 우리는 또렷이 기억하고 있지 않은가? 그렇다면 그들은 생애와 업적에 대한 후세의 평가를 떠나 일단 불사성을 얻는 데 성공한 사람들임에 틀림없다.

세상을 살다 보면 참으로 다양한 사람들을 만나게 되는데, 이들 가운데 권력욕과 명예욕이 특히 강한 사람들이 있다. 그 이유가 뭘까? 이에 소크라테스의 설명에 귀를 기울일 필요가 있다. 예를 들어 중년의 남자가 있다고 해보자. 그에게는 아이들이 있고 그들을 부양해야 할 책임이 있다. 대개의 아버지는 자신의 진로를 결정할 때 아이들의 장래를 염두에 둔다. 아이들에게 더 나은 기회를 주기 위해서, 이를 테면 교육비 부담 등을 고려해서 자신의 욕망을 억제하는 경우가 많다. 그러나 이런 의사 결정을 내릴 때 자신의 소망이나 바람에 훨씬 큰 비중을 두는 사람들도 있다.

그렇다면 아이들의 장래나 가족들의 편안한 삶 등을 제쳐두고 정치의 길로 들어서는 사람들은 어떻게 해석해야 할까? 소크라테스는 이를 "제 아이들을 위해서 그러는 것보다 훨씬 더하게 무슨 위험이든 감수한다든지, 돈을 쓴다든지 (……) 또 그걸 위해 죽는다든지 할 태세가 되어 있습니다"라고 말했다.

타인들이 보기엔 무모하다고 할 정도의 위험을 무릅쓰고 권력과 명성을 추구하는 것 또한 그것을 통해 영원히 이름을 남기고 싶어 하는 불사성과 관련이 있다.

나 역시 육체의 자식과 영혼의 자식, 두 가지 불사의 자식을 모두 추구해 왔다. 그런데 나는 동년배의 사람들에 비해서 영혼의 자식에 대한 애착이 큰 편이다. 인생의 어느 순간 불현듯 탄탄한 조직을 떠나버린 일은 이러한 내 개인의 특성을 드러내는 사건이었다.

> "연구소 소장으로 활발하게 활동하던 시기에도 나는 내 이름 석 자를 분명히 내세울 수 있는 활동을 무척 좋아했다. 다시 말하면 내가 어느 연구소의 누구라는 사실을 받아들일 수 있지만, 내가 누구인가에 가려지는 지점이 있다면 그에 대해 본능적인 거부감과 아울러 심리적 불편함을 느끼곤 했다." 공병호, 『나는 탁월함에 미쳤다』, p.32

내가 조직을 떠났던 중요한 이유 가운데 하나는 조직의 한 사람으로 묻히고 싶지 않다는 열망이었다. 물론 조직을 키우고 조직에서 활동해야 행복한 사람도 있지만 나는 그런 사람이 아니었다.

나는 이름을 남겨야겠다는 생각이 강했고 그걸 통해서 자식을 더 잘 키울 수 있다고 믿었다. 그때 아이들이 초등학교 3학년, 중학교 1학년이었고 아내도 여전히 일을 하고 있었다. 보통 그런 상황이면 다른 사람들은 조직을 나가고 싶어도 아이들을 돌봐야 한다는 이유로 자기 욕망을 누르며 어떻게든 남았을 것이다.

조직을 떠나 홀로서기를 시작할 때 내 상황은 내 인생에서 최고로 불안했다. 노트북 하나와 프린터 한 대뿐, 아무것도 없었다. 조직에 머물러 있던 때와 인생의 밀도가 달랐다. 그럼에도 나는 그 선택을 후회하지 않았다. 내 이름 석자라는 명예를 남기고 싶은 욕망이 그만큼 강했기 때문이다.

연초에 어려운 상황을 막 벗어나서 기사회생한 한 기업가가 인터뷰에 응했다. "벌써 창업한 지 20년이나 되는데 그때 왜 창업을 생각했나요"라는 흔한 질문에 대해 그는 "먹고살려고 했지요"라고 짧게 답했다. 그런데 그 다음 이야기가 흥미롭다. 인터뷰를 한 기자는 "말단 영업사원으로 끝날지 모른다는 불안감이 그를 창업으로 이끈 원동력일지 모른다"는 해설을 더한다. 아마도 그 기업가에겐 단순히 먹고사는 문제가 아니라 조직에 속한 한 사람으로 자신의 인생을 끝내고 싶지 않다는 위기의식과 결연한 의지가 있었을 것이다.

상대에 대한 과도한 사랑이 집착이듯이 명예나 이름을 남기는 것에 지나치게 욕심을 부리는 것도 불사성에 대한 집착일 수 있다. 하지만 어떤 일을 시작할 때는 처음에는 일단 절박해야 한다. 추구하기 위해서 매달리고 집착해야 한다. 처음부터 너무 지나치면 안 된다고 염려하는 것은 어찌 보면 배부른 생각이다. 권력 의지가 있어야 권력을 쥔다고들 한다. 불사성을 추구하는 길에 들어가면 과정도 중요하지만 결과를 내야 한다. 결과를 내려면 초기에 대단한 집중력이 필요하다.

단 영혼의 자식을 낳기 위해 집중하고 욕망할 때에도 도덕률 같은 원칙이 반드시 필요하다. 이러한 집중이 타인의 이익이나 사회 정의에 배치가 되어선 안 된다. 자기 스스로는 치열하게 몰입하더라도 세상과의 관계에서는 그 원칙을 지켜야 한다.

그러려면 자신이 가진 재주나 재능일 수 있는 기술에 대한 공부 외에도 인간 공부가 동시에 이루어져야 한다. 그렇지 않으면 언제라도 불법과 비상식을 넘어서는 유혹이 소리 소문 없이 다가와 애써 세워놓은 명예는 물론 인생을 망칠 수도 있다.

명문대를 나와 남들이 부러워할 정도로 잘나가던 대단히 똑똑한 인사가 있었다. 순발력과 언변이 뛰어나서 활발한 활동을 펼치던 그가 얼마 전 민간 기관의 비리 사건에 연루되어 '은막'에서 사라진 것을 보았다. 명예란 이토록 한순간 한 발만 헛디뎌도 사라질 수 있는 위험성을 동시에 내포하고 있다.

개관이정(蓋棺而定). 관뚜껑을 덮고 나서야 정해진다는 말로, 한 사람의 일생은 관뚜껑을 덮을 때에야 비로소 알 수 있다는 뜻으로 쓰이는 사자성어다.

그러니 남 욕하기가 쉽지가 않다. 자식도 마찬가지다. 흔히 어른들이 자식 자랑은 함부로 하는 것이 아니라는 말씀들을 하신다. 사람은 어떻게 변해갈지 모른다는 말을 함축한 이야기일 것이다. 그렇기에 지금 좀 잘 되고 이름을 얻는다 하여 함부로 칭찬하고 우쭐댈 필요가 없는 것이다. 그래서 늘 삼가고 또 삼가야 한다. 절대로 교만해져선 안 된다. 어떻게 보면 명예를 쌓는 것은 자식을 키우는 일과 똑같다.

나의 영혼이 절제와 정의, 덕을 낳게 하라

'그렇다면 영혼이 무엇을 임신하고 출산하는 것이 적당한가요? 사리분별과 여타의 덕이지요. 시인들도 그리고 장인들 가운데 창의력 있다고 말해지는 자들도 다, 바로 이것들을 낳는 자들입니다. 그런데 사리분별 가운데서도 단연 가장 중대하고 가장 아름다운 것이 국가들과 가정들의 경영에 관한 사리분별인데, 바로 그것에 붙어 있는 이름이 절제와 정의입니다. 이번에는 누군가가 신적이어서 어려서부터 바로 이것들을 영혼에 임신하고 있다고 해봅시다. 나이가 차게 되면 곧 그는 출산하고 낳기를 욕망하는데, 그럴 경우 내 생각에는 이 사람도, 그 안에서 그가 낳을 수 있는 그런 아름다운 것을 찾아 돌아다닙니다.' p.140(209a:3~209b:4)

그렇다면 영혼은 무엇을 잉태하고 출산하는 것이 바람직한가? 즉 우리는 정신적으로 무엇을 지향하고 추구해야 하는가? 소크라테스는 디오티마의 말을 빌려서 영혼의 자식이 임신하고 출산해야 할 것은 '사려분별'과 '여타의 덕' 등이라고 말한다. 여기서 우리가 주목해야 할 부분은 영혼의 자식을 낳는 사람은 '시인과 장인들'처럼 저마다의 분야에서 창의력이 뛰어난 사람이라는 지적이다. 한마디로 자신의 분야에서 무엇인가 특별한 것을 해내는 사람임을 짐작할 수 있다.

고흐나 고갱, 이중섭 같은 화가들은 살아생전에는 세상과의 불화와 생활고 등으로 많은 고생을 했지만, 명작이라는 불사의 자식을 낳는 데 성공한 사람들이다. 이따금 전시회를 방문하여 훌륭한 예술 작품들을 볼 때마다 '이 작가가 이승에서 얼마나 힘든 삶을 살았을까' 하는 안타까움과 함께 '그는 영원히 사는 데 성공한 사람'이라는 생각을 하게 된다. 오늘날 예술가들 가운데에는 부유한 사람들도 제법 있지만 대개는 물질적으로 여유 있는 삶을 살지 못한다. 그러나 수십, 수백 년이 지난 다음 탁월한 작품을 보기 위해 수많은 사람들이 박물관을 찾게 되는지 모른다.

희랍어로 쓰인 고전 원전을 꾸준히 번역해 온 대표적인 인물이 박종현 성균관대 명예교수와 천병희 단국대 명예교수다. 후학들은 그들의 저서를 토대로 또 무수한 지적인 업적을 창조해 낼 수 있게 되었다. 고전을 읽는 사람들은 박종현과 천병희라는 인물에 대해 감탄과 감사한 마음을 가질 것이다.

소크라테스와 제자들-플라톤의 향연 삶과 철학에 대해 끊임없이 대화하고 탐구했던 소크라테스와 그의 제자들은 '철학'이란 영혼의 자식들을 낳았고 이를 통해 불사성을 이루었을 것이다. 구스타프 아돌프, 힐레 대학 소장.

 때문에 삶이란 한편으로는 불공평하지만 한편으로는 공평한 것이라는 생각을 하게 된다. 어떻게 사는 것이 더 나은 삶인지는 누구도 단정할 수 없다. 하지만 이따금 불사성이라는 단어와 자신의 삶을 함께 생각해 보는 일이 필요하다. 지나치게 덧없는 것들에 목숨을 거는 잘못을 범하지 않도록 도와주기 때문이다.
 한편 소크라테스는 영혼의 자식이 지닌 또다른 중요한 부분을 이렇게 지적한다.

 "사리분별 가운데서도 단연 가장 중대하고 가장 아름다운 것이 국가들과 가정들의 경영에 관한 것인데, 바로 그것에 붙어 있는 이름이 절제와 정의다." p.140(209a:6~8)

이 대목은 참으로 중요한 의미를 갖고 있다. 우리가 어디서 무엇을 하든지 크기에서 차이가 있을지라도 영혼의 자식을 낳을 수 있다고 생각한다. 우리에게 역할이 주어지면 누구든지 가정 경영, 조직 경영, 그리고 국가 경영에서 자기 몫을 최고로 잘 수행하는 사람이 될 수 있는데, 이를 위해선 사려분별이 필요하다. 이것을 갖춘 사람들은 세상 사람들을 놀라게 할 정도는 아니지만 영혼의 자식을 남긴 사람들의 반열에 속할 수 있다.

예술이나 학문 분야의 인물들만이 영혼의 자식을 낳는 데 성공하는 것은 아니다. 어디서 무엇을 하든지 생업의 현장에서 직업인으로 탁월함의 경지에 다가서기 위해 열과 성과 혼을 담아서 일하고 있는 사람이라면 그는 분명히 영혼의 자식을 낳을 가능성이 높다. 물론 그들이 남긴 것이 얼마나 사회에 임팩트를 주는가는 경우에 따라서 차이가 나겠지만 말이다.

좋은 자녀를 낳기 위해 태교를 하고 마음가짐을 벼르듯이 영혼의 자식을 올바르게 잉태하고 출산하는 데도 노력이 필요하다. 내가 생각하는 영혼의 자식을 위한 올바른 '태교 방법'은 다음과 같다.

일단은 본인이 무엇을 추구할지, 꿈이 무엇인지, 무엇을 가지고 승부를 걸지를 확실히 해야 된다. 영혼의 자식은 학문이 될 수도 있고, 예술이 될 수도 있고, 정치가 될 수도 있고, 건축이 될 수도 있고, 연구 개발이 될 수도 있고, 사업이 될 수도 있다. 무엇을 하든 자기 흔적을 남기는 작업을 해야 한다. 그리고 스스로 엄청난 헌신과 희생을 각오해야 된다. 그걸 위해서는 우선순위가 떨어지는 부분은 칼같이 자르고 절제하여 에너지를 집중시켜야 한다. 영혼의 아이를 잉태해서 출산하는 것은 너무나 지난한 일이기 때문이다. 또한 불의하고 타협하는 것, 불법을 저지르는 것은 모든 일을 무산시킬 수 있기 때문에 단단히 주의해야 한다. 그리고 기도를 많이 해야 한다. 자신과 행운이 함께하기를 진심으로 빌어야 한다.

　이렇듯 지금 자신이 있는 자리에서 사려분별을 발휘하고 절제와 정의를 실현하면 누구든 훌륭한 영혼의 자식을 낳을 수 있다.

'육체의 자식'과
'영혼의 자식'을 구분하라

'하긴 누구라도 자신에게 인간적인 아이들보다 이런 아이들이 생기는 쪽을 더 선호할 겁니다. 또 그들은 호메로스나 헤시오도스나 다른 훌륭한 시인들을 쳐다보면서 이들이 다음과 같은 자들을 자기들의 자식으로 남긴 것을 부러워합니다. 즉 자신들이 불사적인 자들이어서 이들에게 불사의 명성과 기억을 가져다주는 그런 자들을 말입니다. (……) 그리고 솔론도 법들을 낳았기 때문에 여러분들 사이에서 존경받고 있습니다. 그리고 서로 다른 사람들이 희랍 사람들 사이에서든 이방인들 사이에서든 여러 상이한 곳에서 많은 아름다운 업적들을 보여주었고 온갖 종류의 덕을 낳았습니다. 그 사람들에 대한 숭배도 이미 여럿 생겨나 있는데 바로 이런 아이들 때문이죠. 인간적인 아이들 때문에 그런 일이 일어난 적은 아예 없었지만 말입니다. pp.141~142(209c:8~209d:4, 209d:7~209e:4)

가끔 강연을 나가보면 학부모들이 청중인 경우가 있는데 내 나이보다 적은 경우가 많다. 그러다 보니 강의 주제와 상관없이 꼭 나오는 질문이 자식 교육에 대한 부분이다. 교육열이 유난한 우리나라에서 한창 자식들 뒷바라지를 하느라 고군분투하는 때이니 그 마음이 더 절실할 것이다. 그럴 때마다 웃으며 이런 이야길 들려주곤 한다.

"위대한 사람들의 자서전을 보십시오. 부모에 대한 이야기는 겨우 두어 장 나오지만, 내가 그 위대한 사람이면 책 전체가 나에 대한 이야기가 됩니다."

자식을 잘 키우기 위해 최선을 다하고 사랑을 쏟아붓는 것도 중요하지만, 자식의 인생은 어디까지나 그들의 몫이다. 부모도 부모 자신 몫의 삶이 있다. 한마디로 뜨겁게 자식을 사랑하되 일정한 거리 두기가 필요하다는 말이다. 대부분의 사람들이 육체의 자식을 통해 불사성을 추구하고 거기서 대리 만족을 얻지만 그것만으로 불사성에 대한 욕구가 다 채워지는 것은 아니다.

소크라테스는 사랑의 효과에 대한 이야기를 마무리하면서 육체의 자식과 영혼의 자식을 비교하고, 어느 것이 더 큰 불사성을 부여해 주는가에 대해 이야기한다. 이에 대해 육체의 자식이 아닌 영혼의 자식이 더 큰 영원성을 가져다준다고 말한다.

호메로스의 흉상 서양 문학 최고이자 최대의 서사시인 『일리아스』와 『오디세이아』의 저자. 그의 '영혼의 자식'이라 할 두 대작은 서구의 문학·교육·사고에도 큰 영향을 끼쳤다.

불사성이란 것이 영원히 살아남는 것이라고 해석한다면 일종의 이름을 남기는 일이다. 인간과 동물은 생물학적으로 자식을 위해 희생하고 헌신하도록 되어 있다. 때문에 대부분은 지극 정성으로 자식을 돌본다. 하지만 그렇게 헌신하고 희생을 한다 해도 자식의 이름(명성)을 통해서 부모가 불멸성을 얻는 일은 드물다. 모차르트 같은 위대한 자식을 낳아 기르긴 했지만 모차르트의 아버지가 불멸의 명성을 얻는 것은 아니듯 말이다.

자식의 성공은 부모에게 자긍심, 살아야 할 이유, 자식 키우는 기쁨이나 보람을 가져다줄 수 있고, 훌륭한 자식이 육체의 자식이란 불사성을 남길 수 있는 것만으로 만족할 수 있지만, 영혼의 불사성을 갖다주지는 못한다.

여기서 여러분의 혼란스러움을 없애기 위해 자식과 자신 사이의 불멸성을 잠시 정리하고 넘어갈 필요가 있다. 우리 모두는 자식을 낳음으로써 작은 불사성을 얻을 수 있다. 그런데 그 자식이 세상에 이름을 날리는 인물이 된다면 부모는 중간 정도의 불사성을 얻을 수 있다. 그런데 가장 큰 불사성은 자식을 통해서가 아니라 본인 자신의 이름이나 명성을 세상에 남기는 일이다. 불사성의 크기로 비교하면 지금까지의 설명이 명확해질 수 있다.

어떤 창업자가 사업을 크게 일으켰다고 가정해 보자. 그는 후계자 문제로 고심하게 될 것이다. 이때 우리의 전통은 장자에게 우선권을 주는 장자 상속 제도를 채택하고 있다. 그러나 그 창업자는 전통이나 관습에 크게 연연해 하지 않을 수도 있다. 그가 만일 자식이 많다면 누가 가장 적임자인가를 두고 고심을 거듭할 것이다. 큰 사업을 일으킨 창업자에겐 자식에 대한 애정도 애정이지만, 자신이 힘겹게 일구어낸 사업체에 불사성 즉 기업으로 치면 지속가능성을 더할 수 있는 자식에게 경영권을 넘기려 할 것이다. 이런 과정에서 가족내에 종종 불협화음이 발생하는 것을 보는 경우도 있다.

삼성그룹의 창업주 호암 이병철 회장의 자서전을 현대적으로 재해석한 『호암 이병철 義』를 펼치면 흑백사진이 첫부분을 장식하고 있다. 삼남인 이건희 회장이 초등학교 4, 5학년 무렵 젊은날의 호암과 함께 찍은 사진이다. 그런데 그 사진의 중반 부분에 기업에 대한 호암의 믿음이 이렇게 소개되고 있다.

"사람은 누구나 자기가 과연 무엇을 위해
살아가고 있는지를 잘 알고 있을 때
가장 행복한 것이 아닌가 생각한다.
다행히 나는 기업을 인생의 전부로 알고 살아왔고,
나의 갈 길이 사업보국에 있다는 신념에도 흔들림이 없다."

민석기, 『호암 이병철 義』, 1976.11 〈나의 경영론〉에서, p.14

호암에게 삼성은 단순히 사업이 아니라 '영혼의 자식'이었으며, 그 자식은 '육체의 자식'보다 우선이었음을 확인할 수 있는 문장이다. 그가 장자 상속이 아니라 삼남에게 경영권을 승계한 이유 또한 '육체의 자식'보다 '영혼의 자식'을 훨씬 귀히 여겼기 때문이었을 것이다. '영혼의 자식'을 영원하게 유지할 수 있는 자가 누구인가를 고심하였을 것이다. 나는 많은 사업가들에게 사업은 단순히 사업이 아니라고 본다. 그것은 육체의 분신과 또다른 하나의 분신이라 할 수 있다.

자의식이 강한 사람일수록 자신의 이름을 통해 무언가를 남기고자 하는 욕망이 크다. 그런데 간혹 이러한 사람들이 올바른 출구를 찾지 못하고 자식에게 과도하게 집착하면서 오히려 그늘을 드리우는 사례를 목격하곤 한다. 큰 나무 밑에서 좋은 나무가 자라기 힘들듯이 부모의 그늘이 너무 크면 자식들이 잘 자랄 수 없다. 이 점은 사회적으로 어느 정도 인정을 받거나 자식의 성장에 대해 욕심이 많은 부모일수록 주의해야 할 일이다.

한 예로 미국의 부자들도 자식을 어떻게 잘 키울 것인가를 두고 고민하기는 마찬가지이다. 코네티컷이나 매사추세츠에 집중적으로 위치한 명문 사립학교인 보딩스쿨은 일찍이 아이들이 부모 슬하를 떠나서 독립적으로 생활하고, 부모의 재산으로 인해 아이들이 과도하게 영향을 받지 않도록 별개의 교육 공간을 마련하려는 바람에서 탄생되었다고 한다.

육체의 자녀와 정신의 자녀를 확실히 구분한다면, 자식에 대해 지나친 기대감도 어느 정도 자제할 수 있을 것이다. 또한 "내가 누구 때문에 이런 고생을……" 하는 푸념이나 피해의식도 거두어들일 수 있을 것이다.

아이가 잘되는 것하고 내가 잘되는 것을 분리해서 이해하라. 그리고 자식한테도 이 점을 충분히 인지시켜야 한다. 그래서 아이들의 부담감을 덜어주어야 한다. 아이들에게 부모가 원하는 대로가 아닌 자신의 인생을 위해서, 자신의 불사성을 위해서 사는 거라고 가르쳐야 한다.

불사성에 대한 논의를 종합해 보면, 인간은 사랑하고 잉태하고 출산하는 과정을 통해 육체의 자식을 가질 수 있고, 자신이 세상을 떠난 뒤에도 육체의 자식을 통해 영원히 사는 불사성을 갖게 된다. 그러나 육체의 자식이 아닌 영혼의 자식을 가질 수도 있다. 훌륭한 인격을 지닌 인물이 되거나 걸출한 예술가나 정치가가 됨으로써 영혼의 자식을 잉태하고 출산하여 영원히 사는 것이다. 걸출한 인물들인 그리스의 호메로스나 페리클레스, 솔론과 같은 정치가들은 떠나고 없지만 아직도 많은 사람들이 그들의 업적에 대해 이야기하고 있지 않은가?

소크라테스가 독배를 들고 자신의 믿음에 충실하게 죽음을 맞이한 것은, 육체의 자식을 통해 숭배 받는 사람은 드물지만 영혼의 자식을 통해 숭배 받는 사람들이 많다는 진리를 정확히 알고 있었기 때문인지도 모른다.

최근 여성들의 사회적 지위가 높아지면서 전통적으로 육체의 자식을 낳는 일에 머무르기보다 자신만의 영혼의 자식을 낳고 싶어 하는 욕망이 강해지고 있다. 결혼과 출산은 특히 사회 활동을 하는 여성들에겐 상당한 부담을 주는 일이기에 이 둘 사이에서 갈등하는 일도 그만큼 늘 수밖에 없다.

다소 극적인 사례이긴 하지만 미국 최초의 여성 하원의장을 지냈던 낸시 펠로시는 결혼과 자식에 대해 한 인간의 가치관이 얼마나 중요한지를 말해 준다. 펠로시는 육체의 자식에 더 큰 비중을 두었던 사람으로, 딸 4명과 아들 1명을 키우고 있던 전업주부였다. 그녀의 나이 47세가 되었을 때 절친하게 지냈던 캘리포니아 주 출신의 여성 하원의원 살라 버튼으로부터 출마 권유를 받게 된다. 당시 버튼 의원은 암투병 중이었는데 낸시 펠로시 입장에선 "나의 승낙만이 그녀에게 안식을 가져다줄 수 있는 유일한 대답이었기 때문에 승낙하지 않을 수 없었다"고 한다.

그녀는 이렇게 운명적으로 전업주부에서 정치인의 길로 들어서게 되었다. 다섯 명의 아이를 키우느라 정신없이 이리 뛰고 저리 뛰는 펠로시를 두고 주변 사람들은 안쓰러워했지만 그녀는 아이를 낳아서 키우는 일이 얼마나 보람찬 일인가에 대해 자신의 입장을 이렇게 밝히곤 했다.

"사람들이 아이를 키우기 위해 정신없이 이리 뛰고 저리 뛰는 나를 보고 너무 쉴 틈이 없지 않는가라고 묻습니다. 나는 아니라고 답하였어요. 그 질문 자체가 어느 정도 불만을 내비치는 것이었기 때문입니다. 나에 대해 만족스럽고 내게는 아이를 낳고 돌보는 일이 가장 신나는 일이었습니다."

육체의 자식을 낳아 기르는 데 만족할 것이냐, 나만의 영혼의 자식을 낳는 데 더 전념할 것인가, 혹은 이 둘을 치열하게 양립할 것인가. 모든 이들 앞에 놓인 선택의 문제일 수밖에 없는데, 본성이라는 게 힘이 세고 인생이 생각보다 길다. 그렇기 때문에 후회 없는 선택을 하도록 해야 한다.

소크라테스는 영혼의 자식에 큰 비중을 두었는데, 나의 경우 살아가면서 자주 드는 생각은 잘 키운 아이들이 주는 기쁨을 무엇으로 대체할 수 있을까라는 점이다. 세월이 갈수록 신이 부른다면 언제든 떠날 수 있다는 안정감은 육체의 자식으로 인한 불사성에서 오는 느낌이란 생각이 들기도 한다. 이것은 아이들을 낳아서 키워보지 않고선 체험하기 어려운 귀한 느낌이거나 감정일 것이다.

더 높이 더 깊이 진화하는
'사랑의 사다리'

'이 일(에로스에 관련 일들)을 향해 올바르게 가려는 자는 젊을 때 아름다운 몸들을 향해 가는 것으로 시작해야 합니다. 그래서 처음에는 이끄는 자가 올바로 이끌 경우 그는 하나의 몸을 사랑하고 그것 안에 아름다운 이야기들을 낳아야 합니다. 그 다음에 그는 어느 한 몸에 속한 아름다움이 다른 몸에 속한 아름다움과 형제지간임을 깨달아야 하며, 종적(種的)인 아름다움을 추구해야 한다고 할 때, 모든 몸들에 속한 아름다움이 하나요 같은 것이라고 생각하지 않는 것이 아주 어리석은 일임을 깨달아야 합니다. (……)
그 다음에 그는 몸에 있는 아름다움보다 영혼들에 있는 아름다움이 더 귀중하다고 여겨야 합니다. 그래서 누군가가 미미한 아름다움의 꽃을 갖고 있더라도 영혼이 훌륭하다면 그에게는 충분하며, 이자를 사랑하고 신경 써주며 젊은이들을 더 훌륭한 자로 만들어줄 그런 이야기들을 산출하고 추구해야 합니다. 그렇게 하면 이번에는 그가 행실들과 법들에 있는 아름다움을 바라보도록, 그리고 그것 자체가 온통 그것 자체와 동류(同類)라는 것을 보도록 강제될 것이고, 그럼으로써 몸에 관련된 아름다움이 사소한 어떤 것이라고 여기게 될 것입니다.

이끄는 자는 그를 행실들 다음으로 앎들로 이끌어야 합니다. 그렇게 하면 그가 이번에는 앎들의 아름다움을 볼 수 있게 되고, 또한 이제는 아름다움 여럿을 쳐다보고 있기에, 더 이상 어리디 어린 소년이나 특정 인간이나 하나의 행실의 아름다움에 흡족하여 종처럼 하나에게 있는 아름다움에 노예 노릇을 하면서 보잘것없고 하찮은 자가 되지 않습니다. 오히려 아름다움의 큰 바다로 향하게 되고 그것을 관조함으로써, 아낌없이 지혜를 사랑하는 가운데 많은 아름답고 웅장한 이야기들과 사유들을 산출하게 됩니다.' pp.142~143
(210a:5~210b:4, 210b:7~210d:6)

누군가가 무엇을 좋아하는지, 어떤 사람을 사랑하는지를 보게 되면 그 사람의 삶의 지향성을 어렴풋이나마 깨달을 수 있다. 어떤 사람은 남녀의 사랑에 치중할 수 있고, 어떤 사람은 자기만의 정신세계를 사랑할 수 있고, 어떤 이는 도(道)와 같은 진리의 세계에 대한 사랑을 자신의 중심에 놓기도 한다. 물론 그 바탕에는 무언가를 갈구하는 사랑이란 것이 놓여 있는데, 이처럼 사랑에 대한 이야기는 결국 어떻게 사는 것이 올바르게 사는 것인가라는 질문과 맥이 닿는다.

드디어 사랑에 대한 디오티마의 이야기는 종착역에 다가서게 된다. 여기서 그 유명한 '사랑(에로스)의 사다리' 이야기가 나온다. 이는 사랑 또한 일정한 단계를 거치며 발전해 간다는 '사랑의 발전 단계론'이다. 자신에게 결여된 아름다움에 대한 사랑은 처음에는 육체적 아름다움에 대한 욕구에서 시작되지만, 궁극적으로 아름다움 그 자체를 바라보는 단계까지 발전하게 된다. 즉 육체에서 영혼으로, 학문으로, 진리를 거쳐 궁극적으로 아름다움 그 자체를 바라보게 될 때 그 사람은 행복을 맛보게 된다. 여기서 아름다움이나 아름다움 그 자체는 곧바로 '이데아'를 말한다. 이것은 『국가』의 이데아론에서 확고히 이론 체계로 정립된다.

이 '사랑의 사다리'를 크게 다섯 단계로 나누어서 찬찬히 알아보자.

첫 번째 사다리 출발점은 대개 특정 연인에 대한 사랑이다. 열병처럼 젊은 날 우리에게 찾아오는 사랑은 대개 특정인이 소유한 특정한 아름다움을 대상으로 한다. 디오티마는 "젊을 때 아름다운 몸들을 향해 가는 것으로 시작해야 한다"고 말한다.

조금 불경스러울 수도 있지만 남녀 사이에 사랑에 반응하는 속도의 차이를 다룬 글을 보는 것도 도움이 된다. 여러분도 쉽게 짐작하겠지만 짝을 고를 때 여자는 훨씬 신중하다. 데이비드 브룩스는 『소셜 애니멀』에서 이렇게 말한다.

"자기 짝을 고를 때, 여자의 시간 관념은 남자의 시간 관념과 다르다. 그렇기 때문에 남자는 여자보다 훨씬 더 빨리 홀떡 벗고 침대로 뛰어든다. 지금까지 다양한 연구팀이 단순한 한 가지 실험을 수행해 왔다. 매력적인 여성이 남자 대학생에게 잠자리를 함께하자고 제안할 때 상대방이 보이는 반응, 거꾸로 매력적인 남성이 여자 대학생에게 잠자리를 함께하자고 제안할 때 상대방이 보이는 반응을 확인하는 실험이었다. 연구진이 고용한 매력적인 여성의 제안을 받은 남학생 가운데 75퍼센트는 제안을 흔쾌히 받아들였다. 그런데 매력적인 남성의 제안을 받은 여학생 가운데서는 단 한 명도 제안을 받아들이지 않았다." 데이비드 브룩스, 『소셜 애니멀』, p.24

이런 아름다움에 대한 사랑은 대부분 결혼 및 출산과 함께 정점을 지난다. 또한 세월과 함께 경험이 쌓이고 사고의 깊이가 더해지면서 육체적 아름다움의 한계를 인식하게 되고, 그 덧없음과 보잘것없음을 깨닫는다.

소크라테스는 사람이 육체적 아름다움에 대한 사랑에서 벗어나게 되는 원인에 대해 나름의 설명을 한다. 여기서 에로스(사랑)는 '결여된 아름다움에 대한 욕구'임을 잊지 않도록 해야 한다. 처음에는 특정인의 육체가 특별히 아름답다고 생각하여 흠뻑 빠지지만, 다른 사람들의 육체와 다를 바가 없음을 깨달음으로써 육체적 아름다움의 덫으로부터 벗어나게 된다고 말한다.

두 번째 사다리 이 단계에 이르면 특정인의 육체적 아름다움을 넘어서서 일반적인 육체적 아름다움을 감상하게 되는데, 이에 대해 소크라테스는 "모든 몸들에 속한 아름다움이 하나요"라는 표현을 사용한다. 또한 그는 특정한 몸에 대한 집착을 버리는 단계에 대해서 "이걸(어느 한 몸에 속한 아름다움이 다른 몸에 속한 아름다움과 형제지간임을 깨달음) 파악하고 나면 모든 아름다운 몸들은 사랑하는 자가 되어 하나의 몸에 대한 이 열정을 무시하고 사소하다 여김으로써 느슨하게 만들어야 합니다"라는 조언도 아끼지 않는다.

육체에 대한 사랑은 예술성이 뛰어난 그림이나 조각상을 보고 느끼는 아름다움과 맥을 같이한다. 고대 그리스의 조각가와 화가들은 인간의 몸을 예술적으로 완벽하게 재현했는데, 그들은 이상적인 인간의 모습은 육체의 한계를 뛰어넘고 영원한 아름다움을 보여주는 본질적 요소들과 연결되어 있다고 보았다.

고대 그리스의 가장 유명한 여성 누드상은 프락시텔레스가 대리석에 조각한 미의 여신인 아프로디테이다. 기원전 350년경 터키 남서부에 있는 크니도스에 세워진 이 아프로디테 조각상은 이후 여신을 재현한 수많은 누드 작품에 끊임없는 영감을 주었다.

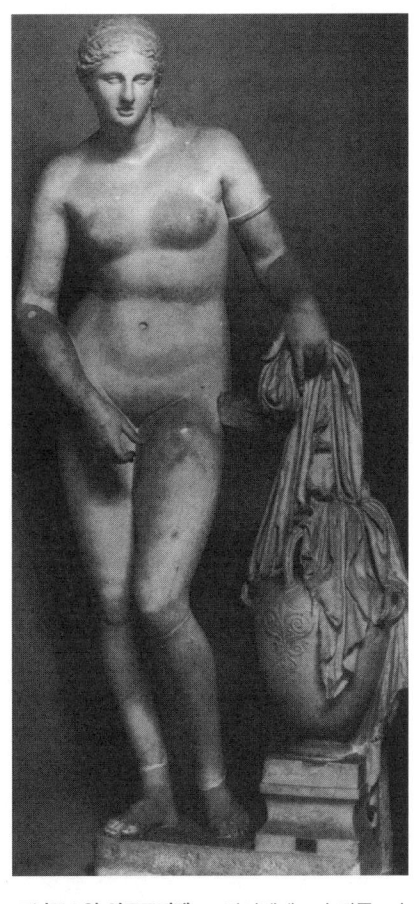

크니도스의 아프로디테 프락시텔레스의 작품. 기원전 350년경의 그리스 원본 대리석상을 로마 시대에 복제한 작품. 로마, 바티칸 박물관.

오랜 세월 동안 아프로디테가 동경과 찬탄의 대상이 된 이유는 무엇이었을까? 이를 두고 『교양의 탄생』에서 이광주는 "그녀는 어느 한 부분도 덜어낼 것도 보탤 것도 없는 완미한 육체이기 때문이다"라고 평한다.

세 번째 사다리 다음 단계는 육체의 아름다움을 넘어서서 영혼의 아름다움에 눈을 뜨는 단계다. 영혼의 아름다움은 어떤 사람의 행실에서 관찰할 수 있는 사려분별이나 절제와 정의만이 아니라 법이나 건축, 예술 작품 등에서 느낄 수 있는 아름다움을 포함한다.

일단 영혼의 아름다움을 느끼면 몸에 관련된 아름다움을 사소하게 여기게 된다. 육체의 아름다움을 인식하는 단계를 지나 영혼에 대한 아름다움에 눈뜨게 되면 지혜, 용기, 절제, 정의와 같은 좋은 가치에 대한 부분들을 사랑하게 된다. 여기서 우리는 위의 인용문에 등장하는 "이번에는 그가 행실들과 법들에 있는 아름다움을 바라보도록, 그리고 그것 자체가 온통 그것 자체와 동류라는 것을 보도록 강제될 것이고, 그럼으로써 몸에 관련된 아름다움이 사소한 어떤 것이라고 여기게 될 것입니다"라는 하나의 문장에 주목해야 한다.

위의 문장에서 '보도록'의 원형인 '보다(idein, 이데인)'는 '알다'로 대체될 수 있다. 바로 여기에서 '이데아(idea)'가 나오게 된다. 『국가』에서 완성되는 이데아론의 초창기 논의 가운데 일부가 『향연』에서 다뤄지고 있음을 확인할 수 있는 대목이다.

네 번째 사다리 여기서 한 걸음 더 나아가게 되면 학문에 대한 아름다움에 눈뜨게 된다. 가령 고대나 중세의 철학자들은 기하학의 아름다움에 취하기도 하는데 앎(배움)의 아름다움을 볼 수 있는 경지다. 에로스가 부족한 아름다움에 대한 욕구임을 고려하면 이 단계에서 부족함의 대상은 앎(배움)에 대한 욕구이다. 예를 들어, 지식에 대한 갈증이나 욕구를 들 수 있다.

이 단계에 이르면 느낄 수 있는 아름다움의 범위가 크게 확장되며, 사랑을 바라보는 시각도 넓어진다. 앎의 아름다움을 느끼게 된 사람은 특정인의 육체나 영혼의 아름다움에 만족하지 못한다. 특히 육체의 아름다움에 빠진 상태는 노예 상태와 크게 다르지 않으며, 그런 행동은 자신을 하찮고 보잘것없는 존재로 만들 수 있음을 자각한다.

다섯 번째 사다리 마지막으로 여러 분야에 대한 배움이 통합되면서 앎 혹은 배움 그 자체의 아름다움을 사랑하는 단계에 도달하게 된다. 이는 실용적인 목적을 위한 배움이 아니라 진리 그 자체를 추구하는 배움과 이를 통해 느낄 수 있는 아름다움을 가리킨다.

이로써 에로스는 발전의 최종 단계에 도달한다. 마치 사다리를 올라가는 것처럼 차근차근 사랑의 깊이와 범위가 심화되고 확대되어 가는 것을 두고 소크라테스는 결론으로 다음과 같은 이야기를 덧붙인다.

"마치 사다리를 이용하는 사람처럼 그는 하나에서부터 둘로, 둘에서부터 모든 아름다운 몸으로, 그리고 아름다운 몸들에서부터 아름다운 행실들로, 그리고 행실들에서부터 아름다운 배움들로, 그리고 그 배움들에서부터 마침내 저 배움으로, 즉 다름 아닌 저 아름다운 것 자체에 대한 배움으로 올라가게 됩니다. 그렇게 되면 마침내 그는 아름다운 바로 그것 자체를 알게 되는 거죠." pp.144~145(211c:3~8)

여기서 '아름다운 것 자체' 혹은 '아름다운 바로 그것 자체'는 곧바로 '이데아'를 뜻한다. 디오티마에 의하면 이런 경지에 도달한 사람은 신의 사랑을 받을 수 있을 뿐만 아니라 불사의 존재가 될 수 있다.

학문의 궁극은 이데아, 곧 지혜 중의 지혜, 진리로 연결된다. 최고의 아름다움을 라틴어로는 '베리타스 룩스 메아(Veritas Lux Mea)'라고 표현했다. '진리의 빛이 나를 비춘다'는 뜻이다. 진리라든지 지혜에 대한 아름다움을 추구하는 것을 에로스의 가장 황홀한 단계이며 그것이 가장 행복한 삶을 보장해 준다고 생각했다. 이처럼 사랑의 사다리는 올라갈수록 추상적이지만 쾌락의 깊이는 더욱 깊어진다.

참고로 사랑의 사다리를 올라가면서 느끼는 쾌락은 단계별로 크게 다르다. 플라톤은 쾌락을 육체의 쾌락, 승리의 쾌락, 지혜의 쾌락의 세 가지로 나누어서 이를 피라미드로 표시한다. 가장 낮은 쪽에 육체의 쾌락을, 그 위에 승리의 쾌락을, 그리고 꼭대기에 지혜의 쾌락이 있다. 육체의 아름다움을 추구하는 단계에서 우리가 느낄 수 있는 쾌락과, 사업과 경주에서 이김으로써 느낄 수 있는 쾌락과, 영혼의 아름다움을 느끼는 쾌락과, 그리고 지혜의 아름다움을 추구하는 쾌락은 그 깊이가 다르다. 또 이데아, 곧 진리라는 최상의 아름다움을 추구하는 쾌락이 있다.

소크라테스가 말한 사랑의 사다리, 즉 '특정 육체에 대한 사랑→육체 일반에 대한 사랑→영혼에 대한 사랑→개별 앎에 대한 사랑→아름다움 자체에 대한 사랑'에서 마지막 단계에 도달하는 사람은 소수 중에 소수일 것이다.

모두가 한평생을 살다 가지만, 각자의 인생에 어떤 콘텐츠를 채워나갈 것인가는 각자의 몫이다. 이왕에 사는 거라면 사랑의 수준 또한 높여가는 것이 바람직한 삶이 아니겠는가? 그런데 이는 그냥 주어지는 것이 아니라 부단하게 사랑의 수준을 높여가려는 의지와 행동이 따를 때 가능한 일이다.

모든 사람이 단계를 밟아 사랑의 사다리를 점점 높이 오르는 경험을 하는 것은 아니다. 중년이나 노년에 이르기까지 육체적 아름다움의 굴레를 벗어나지 못하는 사람들도 적지 않다. 특히 남자들은 성적 본능이 여자들에 비해 강하기 때문에 육체적 아름다움에 대한 추구가 나이가 들어도 완전히 쇠퇴하지는 않는다.

내 경우 사랑의 사다리를 타고 오르는 과정이 그리 빠른 편은 아니었다. 육체적 쾌락의 단계는 젊은 날에 아내를 만나서 결혼했을 때일 것이다. 육체의 눈이 저물 때 훌륭한 사람이 되기 위한 욕망이 생기는데, 나는 30대 중반이 그때였다. 사실 영혼에 대한 아름다움을 의식하는 것은 따로 시기가 정해져 있는 것이 아니다. 20대의 젊은 시절에라도 훌륭한 사람이 되어야겠다든지, 좋은 습관을 갖기 위해서 노력한다든지, 다른 사람을 대할 때 정중하게 대한다든지 하는 것들이 다 영혼에 대한 아름다움을 의식하기 시작할 때 나타나는 징표이다.

사실 앎에 대한 사랑은 30대까지도 못 느꼈던 것 같다. 의무적으로 학문을 한 탓이다. 그러다가 30대 초반에 하이에크를 공부하면서 그의 저술에 깊이 빠져들었다. 그때 이게 진짜 공부의 즐거움이구나 하는 걸 느꼈다. 하지만 그것은 여전히 얕은 단계의 앎이었다. 더 깊은 단계에 빠져든 것은 40대 중반이 넘어서였다. 경제적으로 안정이 되고 감정도 안정이 되고 철학에 대한 공부를 하면서 좀더 강해졌던 것 같다. 사랑의 대상과 깊이가 바뀌어가면 갈수록 쾌락의 깊이가 깊어짐을 느꼈다. 순간적이고 일시적인 즐거움이 아닌 오래 지속되는 쾌락이었다.

누구에게라도 이 사다리를 타고 올라가라고 권하고 싶지만 나 역시 마지막까지 올라가기는 힘들 것 같다는 생각이 든다. 아마 대부분의 사람들은 두 번째 단계에서 끝날 것이다. 그만큼 많은 노력과 자기 단련이 필요한 과정이기 때문이다.

세 번째 단계인 영혼의 아름다움을 추구하면서도 자기가 하는 업무 분야에서 네 번째 단계인 학문의 아름다움을 추구할 수 있을 것이다. 만일 엔지니어라면 그냥 엔지니어에 머물지 않고 엔지니어라는 일 자체를 학문에 연결시켜서 고도의 수준까지 끌어올릴 수 있을 것이다. 2002년 노벨 화학상을 수상한 일본의 다나카 고이치 씨는 학사 출신으로 한 민간 기업의 무명 연구소 주임에 불과했다. 그러나 업무상의 발견이 노벨상으로까지 연결되었으니, 본인의 업을 학문적 아름다움으로까지 승화시킨 사람이라고 할 수 있다. 어쩌면 화학의 세계 속에서 진리에 다가선 사람이라고도 볼 수 있다.

사랑의 사다리에 오르는 과정은 순차적으로 이루어질 수도 있겠지만 병렬적으로 움직일 수도 있다. 육체가 가장 밑바닥 단계인 것은 변함이 없다. 그리고 학문의 단계는 좀더 내려올 수도 있다.

불교에서처럼 일시에 전 과정의 진리를 알아차려버리는 '돈오(頓悟)'적 깨달음도 있을 수 있다. 그러나 내가 볼 때 깨달음은 하나하나 깨우쳐 가는 것이라는 생각이 든다. 세계 모든 사물이나 현상이 하나하나 통합되어 간다는 것을 많이 느낀다. 아내한테 공부를 계속하면서 "모든 사물이나 현상이 조금씩 통합 조정되어 간다는 것이 보인다"는 이야기를 가끔 한다. 나는 그 길로 계속 가고 싶다.

사랑은 궁극적으로
진리를 향해 나아가야 한다

'친애하는 소크라테스, 인간에게 삶이 살 가치가 있는 건 만일 어딘가에서 그렇다고 한다면 바로 이런 삶에서 일 겁니다. 아름다운 바로 그것 자체를 바라보면서 살 때 말입니다. 당신이 일단 그걸 보게 되면 황금이나 옷이나 아름다운 소년들이나 젊은이들과는 차원이 다르다고 생각하게 될 것입니다. (……) 순수하고 정결하고 섞이지 않는 아름다운 것 자체를 보는 일이 누군가에게 일어난다면, 즉 인간의 살이나 피부나 다른 많은 가사적인 허접스레기에 물든 것을 보는 게 아니라 단일 형상인, 신적인 아름다운 것 자체를 그가 직관할 수 있게 된다면 어떠하리라고 우리는 생각합니까?'

p.145(211d:1~5, 211d:8~211e:4)

마침내 소크라테스의 에로스학은 결론에 도달한다. '사랑의 사다리'가 도착하는 종착역은 절대적 아름다움 혹은 아름다움 그 자체에 대한 추구다.

　'사랑은 궁극적으로 절대적인 아름다움을 향해야 한다'라고 말할 때의 절대적 아름다움이란 이데아와 동의어이다. 따라서 '소유한다'는 말을 사용하지 않고 '향한다'는 표현을 사용하는 점에 주목해야 한다. 이데아는 보고 만지고 맛보고 가질 수는 없지만 노력한다면 그것에 다가설 수는 있다. 왜 직접 보고 만지고 맛볼 수 없는 것일까? 이데아의 속성을 잠시 주목해 보자.

　이데아는 생성, 소멸, 증가 그리고 감소가 없는 영원히 변하지 않는 존재이다. 아름다움 그 자체도 불변의 존재이다. 또한 이데아는 비교 대상이 될 수 없다. 장소와 시간에 따라서 어떤 것보다 낫다든지 아니면 못하다든지와 같은 비교가 불가능하다. 아름다움 그 자체는 언제, 어디서나, 누구에게나 다 영원히 아름다운 것이다. 그리고 아름다움 그 자체는 얼굴이나 손 혹은 연설이나 책 등에서 나타나는 것은 아니지만 단순히 개념으로만 존재하는 것이 아니라 객관적인 실체로 분리되어 존재하는 것이다.

　이처럼 이데아가 객관적인 실체로 존재하기는 하지만 이데아의 고유한 특성으로 말미암아 우리는 그것을 보통의 지식처럼 글이나 말로 정확하게 표현하거나 소유하는 것을 불가능하다. 그래서 '아름다움 그 자체에 다가설 수 있을 뿐이다'는 표현을 사용한다.

소크라테스가 디오티마의 이야기를 인용하여 사랑의 종착역에 대해 묘사한 글을 참조해 보자.

"우선 그것은 늘 있는 것이고, 생성되지도 소멸하지도 않고, 증가하지도 감소하지도 않는 것입니다. 그 다음으로 그것은 어떤 면에서는 아름다운데 다른 면에서는 추한 것이 아니고, 어떤 때는 아름다운데 다른 때는 아닌 것도 아니고, 어떤 것과의 관계에서는 아름다운 것인데 다른 것과의 관계에서는 추한 것도 아니며, 어떤 자들에게는 아름다운데 다른 자들에게는 추한 것이어서 여기서는 아름다운데 저기서는 추한, 그런 것도 아닙니다. (……) 오히려 그것은 그것 자체가 그것 자체로 그것 자체만으로 늘 단일 형상으로 있는 것." pp.143~144(211a:1~7, 211b:2~3)

내가 고전 읽기를 시작한 것은 인류의 걸출한 천재들이 남긴 작품을 읽지 않고 살아서야 되겠느냐는 각성이 들어서였다. 천재들이 남긴 게 무엇인지 알고 싶었기 때문이고 그것이 '진리'는 아니더라도 이를 통해 진리에 다가설 수 있다는 생각이 들었다. 학문의 깊이를 추구하는 사람들에게 영혼의 아름다움은 상당 부분 따라오게 되어 있다. 저 멀리 '피안의 세계'를 가정하듯이 '이데아' 역시 저 멀리 어느 곳에 객관적 실체로 존재한다.

에로스는 영혼이 끊임없이 진리의 세계로 나아가도록 이끌어주는 힘이다. 에로스가 없다면 인간은 참된 삶을 가능하게 하는 진리의 세계에 영원히 다가갈 수 없을 것이다.

영혼의 궁극적인 목적지인 진리의 세계는 아름다움의 세계다. 앞서 살펴보았듯이, 인간은 개별적인 육체의 아름다움을 사랑하는 단계, 육체 일반을 사랑하는 단계, 영혼의 아름다움을 사랑하는 단계, 앎의 아름다움을 사랑하는 단계를 지나 마지막으로 아름다움 자체, 즉 진리를 사랑하는 단계에 다가간다.

다섯 단계를 차근차근 밟아나가기 힘든 점에 대해서 디오티마는 재미있는 예를 든다. 세상의 보통 사람들은 아름다운 여인이나 소년을 보면 그 아름다움에 눈이 팔려 그들과 함께 있었으면 좋겠다는 생각을 버리기 힘들다. 육체적 아름다움의 강력한 매력에 대해 "지금 당신은 그리고 다른 많은 사람들은 이들을 보다가 아주 넋이 나가서는, 소년 애인들을 보면서 그들과 늘 함께 지낸다면 어떻게든 그렇게 할 수만 있다면 먹지도 마시지도 않고 그저 바라보기만 하면서 함께 지낼 태세가 되어 있지요"라고 말한다.

세상의 보통 사람들이 에로스의 발전 단계에서 하급 수준에 머물고 있는 것을 지적한 말이다. 때문에 그 다음의 네 단계는 특별한 노력을 기울이지 않는다면 밟아나가기 쉽지 않은 일이다.

그런데 육체의 아름다움을 벗어난 순수하고 티 없는 절대적이고 완전하고 영원불변한 아름다움이 바로 진리(이데아)이다. 왜 이데아가 중요한가? 인간은 진리의 세계에서만 참되고 행복한 삶을 살아갈 수 있기 때문이다. 따라서 진리의 세계로 영혼을 이끄는 에로스를 두고 소크라테스는 "이 소유물(신의 친애를 받는 것과 불사자가 되는 것)을 얻는 데 있어서 인간 본성에 협력할 자로서 에로스보다 더 나은 자를 찾기란 쉽지 않으리란 말일세"라고 강조하면서 에로스를 향한 찬미를 끝낸다.

이것이 너무 이상적이라는 생각이 들기도 하지만 대단히 현실적인 발상이다. 육체에 대한 사랑은 배우지 않아도 누구나 갖게 되는 욕망이다. 학문의 아름다움에 대한 사랑은 직업적 탁월함을 향하는 사람이면 반드시 가져야 할 것이다.

그런데 이러한 학문적 아름다움을 통해서 물질도 생기고, 인정도 받고, 인간적 자존감도 생기고 하다 보면 당연히 본인의 영혼에 대한 관심을 가질 수밖에 없다. 존경받는 인물이 되어야겠다는 생각이 들게 마련이다. 그러면 좀더 높이 올라갈 수 있다. 장인의 경지에 이른 사람들, 내공이 드러나 보이는 사람들, 그런 사람들은 자기 세계를 통해서 진리의 경지까지 추구한 사람이라고 볼 수 있다. 자기 일이 밥벌이 수단이나 기능의 수단을 넘어 그것으로 한 세계를 확립하게 된다. 물론 그들도 진리의 경지에 도달하기는 쉽지 않다. 다만 그들은 진리의 세계에 가까이 다가갔다고 할 수는 있을 것이다.

문리(文理)가 트인다는 말이 있다. 이는 사물의 이치를 깨닫는 것으로, 한 분야의 이치를 깨달으면 다른 분야에서도 그 이치를 알 수 있는 것을 말한다. 가령 생물학을 통해서도 세상 전체를 보게 된다. 통합된 세계관이 갖춰져 있으니까 남들은 볼 수 없는 세상이 보이는 것이다.

이처럼 자신의 영역에서 최고의 단계까지 이르게 됨으로써 문리를 터득한 사람으로 고(故) 이병철 회장을 꼽을 수 있다. 지나치게 매사를 치밀하고 꼼꼼하게 처리하는 이병철 전 회장은 스스로 이렇게 말한 적이 있다.

"나더러 작은 일을 너무 챙기고 따진다고 한다. 그러나 작은 일을 할 줄 모르면 큰 일도 할 줄 모르는 법이다. 큰 일은 오히려 실수가 없는 법이다. 처음부터 충분히 준비를 하고 시작하기 때문이다. 작은 일을 소홀히 취급하는 동안에 큰 일을 그르치게 되는 것이 인간의 일이다. 예를 들어, 돼지 한 마리가 일본에서는 아홉 마리의 새끼를 낳는데 한국에서는 여덟 마리밖에 낳지 못한다. 바로 이 한 마리의 차이에 대한 원인 규명이 되지 않으면 양돈 사업은 언젠가 무너진다. 천리 제방이 개미 구멍 하나 때문에 무너지는 것과 같은 이치이다. 이것이 바로 경영의 요체이다."

홍하상, 『이병철 경영대전』, pp.334~335

이 문장에는 세상살이의 진수가 녹아 있다. 자신이 지금 행하는 작은 일을 통해서 사업의 도를 터득할 수 있다는 말이다. 한 걸음 나아가 사업의 문리를 터득할 수 있다면 세상의 문리에도 한 걸음 성큼 다가설 수 있다.

자기가 하는 생업의 도를 닦아서 득도를 한 사람 중에는 일본 교세라의 창업주인 이나모리 가즈오가 있다. 사업가로 성공했지만 그의 수많은 책을 보면 도인이라고 해도 지나치지 않는다. 그분이 했던 말 중에 인상 깊었던 것은 다음과 같다.

"영혼을 갈고 닦으려면 구체적으로 어떻게 해야 할까? 결코 특별한 수행 등은 필요치 않다. 중요한 것은 날마다 열심히 일하기, 즉 석가가 이르는 '정진(精進)'이다. 노동이란 단순히 생활을 영위하기 위한 양식을 얻는 수단만이 아니다. 노동은 욕망을 극복하고 마음을 수양하여 인간성을 고양시킬 수 있는 숭고한 행위다. 일의 현장이야말로 정신 수양의 장이며 날마다 혼신을 다해 일하는 것이야말로 혼을 닦기 위한 수행이다. 하루하루를 아주 진지하게 살아가지 않으면 안 된다." 이나모리 가즈오, 『인생에 대한 예의』, pp.183~186

일하는 행위 자체를 영혼 닦는 방법이라고 보는데, 나도 그렇게 생각한다. 지금 하고 있는 일을 통해서 사업과 세상의 문리를 파악하고 더 나아가서 삶의 진리에 다가서는 것이라고 생각한다. 불교의 스님들도 현실에서 열심히 일을 하다 보면 도를 통하게 된다고 얘기한다. 하나를 잘 하면 그걸 통해서 세상을 볼 수 있는 것이다.

이나모리 가즈오는 사업을 성공시킨 다음 실제로 출가해서 몇 년 동안 승려 생활을 하기도 했다. 그러다가 절의 큰스님이 출가 생활보다는 나가서 일을 통해 중생을 구제하는 것이 더 좋겠다는 제안을 해 다시 세상으로 나왔다. 일본의 노벨상이라는 교토상을 만들고, 비즈니스맨을 위한 스쿨을 만들어서 사업을 어떻게 할지를 설명하면서 전국을 돌아다닌다.

이런 사람은 사업의 아름다움에 대한 에로스가 학문의 아름다움에 대한 에로스로 발전하고, 드디어 진리의 아름다움에까지 다가서고 있는 경우라고 볼 수 있다.

시칠리아 여행 중 노천 카페에서 한 부부를 만난 일이 있다. 남편은 1960년대에 시카고대를 졸업하고 스물셋에 하버드대에서 박사학위를 받았다고 한다. 그는 평생 암의 발생 메커니즘과 치료약 개발에 헌신한 인물이었다. 그는 인체와 질병에 대한 높은 수준의 앎을 평생 추구해 온 사람이다. 업적에 관계없이 그는 자신의 분야에서 절대 선을 추구해 온 사람이라 할 수 있다. 이렇게 해석하면, 절대 진리(이데아)의 추구를 자기 분야에서 최고의 것을 발견하거나, 발명하거나, 생산하기 위해 헌신하는 사람들에게까지 확대 적용할 수 있다. 즉, 자신의 분야에 몰입해서 최고의 것을 추구하는 사람들도 사랑의 종착역에 다가서고 있다고 말할 수 있다.

영원불변한 절대 진리가 사랑의 종착역이라면 언제, 어디서나, 누구에게나 변함없는 절대 진리를 추구하는 것이 굳이 철학자만의 일일까? 그렇지 않을 것이다. 우리 모두의 일이라고 생각한다.

육체의 눈을 넘어
마음의 눈으로 보라

'친애하는 알키비아데스, 자네는 참으로 보잘것없는 자가 아닌 것 같네. 자네가 나에 관해 말하는 것들이 진실이라면, 그리고 내 안에 어떤 능력이 있어서 그걸 통해 자네가 더 나은 자가 될 수 있다면 말이네. 그렇다면 자네는 내게서 형언할 수 없는 아름다움을, 그러니까 자네 자신에게 있는 미모와는 아주 월등히 차이가 나는 아름다움을 보고 있는 거라 할 수 있네. 그러니까 자네가 바로 그걸 보고서 나와 흥정하여 아름다움을 아름다움과 맞바꾸려 하고 있다면 나보다 더 이득을 보려는 생각인 건데, 그것도 이만저만한 차이가 아니라 그저 아름답다고 여겨지는 것을 내놓고 대신 참으로 아름다운 것을 얻겠다고 시도하고 있는 것이며, 이는 참으로「청동을 황금과」맞바꾸겠다고 마음먹고 있는 것이네. 하지만, 복 받은 자여, 내가 실은 아무것도 아닌 자인데 자네가 그걸 모르고 있는 건 아닐지 더 잘 살펴보게. 단언컨대 마음의 시각은 눈의 시각이 정점에서 내리막으로 접어드려 할 때 날카롭게 보기 시작한다네. 그런데 자넨 아직 이런 것들에서 한참 떨어져 있네.' pp.162~163(218d:9~219a:5)

잔치가 무르익어갈 무렵 초대받지 않은 한 손님이 다소 취한 상태로 등장한다. 정치 명문가에서 수려한 외모를 지니고 태어나 한때 소크라테스를 사랑했으며, 훗날 아테네의 정치가이자 군인으로 이름을 날리다가 위기에 처한 조국을 배반하고 적국 스파르타로 도망을 치기도 한, 그야말로 파란만장한 인생을 살았던 알키비아데스다.

알키비아데스와 소크라테스는 열아홉 살이나 차이 났으며, 알키비아데스가 소크라테스를 일방적으로 사랑했다고 전해져 내려오고 있다. 이른바 미소년이 나이든 중년 남자를 사랑한 이야기이다. 고대 그리스 시대에는 중년 남자와 미소년 사이에 동성애가 자연스럽게 이루어지곤 했다.

당시의 시대 분위기를 엿볼 수 있는 작품을 본 적이 있는데, 국립중앙박물관에서 열렸던 〈그리스의 신과 인간〉 특별전에 전시된 작품 중에는 기원전 510년~500년 사이에 아테네에서 제작된 적회식 술잔(킬릭스)이 여러 점 있었다. 이 가운데 원형의 잔에 완벽하게 들어맞는 모습의 한 젊은이가 토끼를 쫓는 문양이 있었는데, 술잔에는 '레아그로스는 잘생겼다'와 '소년은 잘생겼다'라는 두 개의 문장이 새겨져 있었다. 그 전시의 도록에는 "이 시기에 제작된 도기에서는 이러한 유형의 명문이 나타나며, 나이든 남자가 소년이나 젊은 청년에게 구애하는 풍습을 보여준다. 이 경우 사랑의 선물로 토끼를 주는 경우가 많았다"고 적혀 있었다.

『향연』의 마지막 부분에 등장하는 알키비아데스는 자신의 거듭된 유혹에도 응하지 않은 소크라테스의 인격적 훌륭함과 지식의 탁월함에 대한 찬사를 장황하게 늘어놓는다. 알키비아데스는 "선생님은 제가 만난 사람들 가운데 유일하게 저를 사랑하는 이가 될 만한 분이었다고 전 생각합니다"라고 말하고, 향연의 참석자들을 향해 "(성적인 유혹에도 불구하고) 이분은 내 꽃다운 청춘을 그토록 능가했고 무시했고 비웃었으며, 그것에 관한 한은 내가 뭔가가 되는 사람이라고 생각하고 있었는데 바로 그것에 대해서조차 이분은 방자함을 부렸네"라고 찬사와 섭섭함을 더한다. 이에 대한 소크라테스의 반응이 앞의 인용문이다.

앞의 인용문에서 두 가지 점을 주목해야 한다. 우선 알키비아데스는 육체의 아름다움과 소크라테스의 영혼의 아름다움(덕)을 교환할 수 있다고 생각하지만, 소크라테스는 그 두 가지를 교환하는 것은 불균등한 거래라고 생각했다.

앞에서 설명한 바 있는 '사랑의 사다리'를 생각하면 소크라테스의 생각이 납득이 된다. 사실 소크라테스에게 육체의 아름다움은 덧없고 가치가 없는 것이었다. 그는 그런 생각을 자신의 삶의 원칙으로 삼았고 행동으로 실천했다.

자신의 거듭된 유혹에도 굴하지 않는 소크라테스에 대한 다음과 같은 알키비아데스의 말은 소크라테스가 인간적인 면에서 어떤 인물이었는지를 드러내준다. 한마디로 그는 아는 것과 행하는 것이 일치된 즉 지행합일(知行合一)의 철학자였다. 알키비아데스는 참석자들에게 소크라테스의 인품에 대해 이렇게 이야기한다.

"어떤 아름다운 자가 있다 해도 그분에게는 조금도 관심거리가 아니고 오히려 어느 누구도 상상할 수 없을 만큼 무시한다는 것, 또 어떤 부유한 자가 있다 해도, 많은 사람들이 복받았다 여기는 자들에 속하는 다른 어떤 명예도 마찬가지라는 것을 자네들 잘 알아야 하네. 그분은 이 모든 소유물들이 아무런 가치가 없으며 (내 자네들에게 단언컨대) 우리가 아무것도 아닌 것이라고 여긴다네." p.158(216d:9~216e:6)

주목해야 할 또다른 한 가지는 인용문의 마지막 문장에 나타난다. 즉, "단언컨대 마음의 시각은 눈의 시각이 정점에서 내리막으로 접어드려 할 때 날카롭게 보기 시작한다네"라는 부분이다. 이를 "육체의 눈이 그 절정을 지나고 나서야 비로소 인간이 가진 마음의 눈은 날카로워지는 법이다"라고 표현할 수도 있다. 젊은 날에는 육체의 힘이 너무 세기 때문에 영혼의 아름다움을 알아보기 힘들다. 소크라테스가 지적하는 것은 알키비아데스가 아직 젊고 어리기 때문에 육체의 눈을 넘어서 마음의 눈으로 아름다움을 보기가 힘들다는 것이다.

젊음이 가진 장점과 특권들이 있지만, 나이가 들고 여러 가지 경험을 한 뒤에야 볼 수 있는 것들이 세상에는 분명히 있다. 물론 이는 세월의 흐름을 경험한 모든 이들에게 해당되는 이야기는 아니다. 하지만 대체로는 '눈의 시각', 즉 육체의 눈이 내리막길에 접어들 때 오히려 '마음

향연에 나타난 알키비아데스 알키비아데스가 뒤늦게 나타나 소크라테스와 그의 제자들을 만나게 된다. 안젤름 포이어바흐, 카를스루에, 국립미술관.

의 시각', 즉 영혼의 눈은 빛을 발하게 된다. 그러면 부, 권력, 젊음이 주는 아름다움을 과장되지 않게 담대하게 받아들인다. 요컨대 에로스에 대한 올바른 이해는 우리로 하여금 무엇을 사랑의 대상으로 삼아야 하는지 깨닫게 해준다.

덧없는 것에 대한 사랑이 과하지 않도록 해야 할 것이며, 덧없는 것을 사랑할 것이 아니라 영원한 것을 사랑해야 한다. 사랑의 사다리를 올라가며 점차 보이는 것에서 보이지 않는 것으로 사랑의 영역을 넓혀가듯이, 우리도 당장 지혜나 지식이 아닌 연인을 찾는 문제만 하더라도 그의 겉모습만이 아니라 더 깊은 가치와 아름다움을 보려는 눈을 키워야 할 것이다.

현대인들은 특히 마음의 눈으로 보지 않는 세대가 되었다. 그래서 많은 고통이 따른다. 때때로 흔들리고 늘 불안하다. 우리가 철학 공부를 해야 하는 중요한 이유 중의 하나가 바로 마음의 눈으로 자신의 처지와 환경, 일과 생활을 볼 수 있는 힘을 얻기 위한 것이다.

　마음의 눈을 기르기 위해 우리는 철학을 공부하는 것인데, 이외에도 좀더 일상에서 실천할 수 있는 방법이 많다. 마음의 눈을 키우고 자기 성찰을 할 수 있는 글쓰기, 일기 쓰기, 학습 일지 쓰기 등이 있다. 명상도 좋은 방법이다. 쓰거나 혼자 생각하는 것은 사유하는 능력을 키워준다. 또 지나치게 많은 자극과 욕망이 침입하는 것을 막아야 한다. TV나 인터넷 같은 것을 적절한 선에서 자제하고 TV 끄기, 컴퓨터 끄기는 이 시대에 반드시 실행해야 할 중요한 마음 닦기 방법이다. 『좋은 기업을 넘어 위대한 기업으로』라는 책으로 유명한 세계적인 비즈니스 전문가 짐 콜린스는 일부러 아침에 8시부터 12시까지 자기 주변의 모든 전원을 꺼놓는다고 한다.

　이제까지 이야기한 에로스는 신이 아니라 중간자이며 정령(diamon)으로 풍요로움을 알지만 동시에 부족함에 처해 있다. 따라서 에로스는 결여된 아름다움을 끊임없이 욕구한다.

　에로스는 젊은 날 육체적 아름다움을 욕구하는 데서 출발하지만 궁극적으로는 아름다움 그 자체를 욕구한 데까지 발전할 수 있어야 한다. 왜냐하면 행복한 사람은 아름다움 그 자체를 관조하는 사람이기 때문이다. 눈에 보이는 것을 유독 중시하고 오감을 자극하는 온갖 상품과 서비스, 그리고 정보로 가득 찬 이 시대에 우리가 욕구하는 에로스의 대상이 육체적 아름다움에만 그치지 않도록 해야 한다. 그러면 마치 등산하는 것과 마찬가지로 정상에 다가서면 다가설수록 더 광대한 세계가 펼쳐지게 된다. 이런 점에서 '사랑의 사다리'는 우리 모두가 힘껏 노력해서 차근차근 올라가야 할 길을 가르쳐주는 데 손색이 없는 멋진 이론이다.

젊은이들은 자칫 육체의 눈에만 몰두하며, 개별적인 육체의 아름다움을 지나치게 중요하게 생각할 수 있다. 그런 젊은이들에겐 "사랑은 머무름이 아니라 나아감이다"는 제언을 해주고 싶다. 사랑의 대상이 세월과 함께 확장되고 심화되고 숭고해지도록 힘껏 노력해야 한다.

뿐만 아니라 웬만큼 생활 기반을 닦는 데 성공한 중장년층에겐 사랑의 사다리 중에서 낮은 단계에 머물지 말고 계속해서 더 높은 단계를 향해 정진하라고 권하고 싶다. 물질을 넘어서 영혼으로, 영혼을 넘어서 학문으로, 학문을 넘어서 진리를 향해 나아가다 보면 인생의 참된 즐거움과 행복을 느낄 수 있을 것이다. 그 길은 일단 가보지 않으면 쉽게 알 수 없는 길이다. 그러나 어디서 무엇을 하든 가볼 만큼 충분히 가치가 있는 길이기도 하다.

6장

훌륭한 리더의 조건
『알키비아데스 I』

"너 자신을 알라"

> "자네 자신이든 다른 누구든 사적으로 자신과 자신의 것들만 다스리고 돌보는 게 아니라 나라와 나라의 것들(나랏일)까지 다스리고 돌보고자 하는 사람은 우선 훌륭함부터 갖추어야 하네."
> — 소크라테스

CLASSIC BRIDGE

나는 누구인가, 나는 무엇을 할 수 있는가

'너 자신을 알라.'

철학책을 한 권도 읽어보지 않은 사람들조차도 이 말을 '소크라테스의 명언'쯤으로 다들 알고 있다. 가끔은 '네 분수를 알아라'와 같은 뜻을 담아 상대에 대한 농담이나 비꼬는 투의 말로 쓰이기도 한다. 사실 이 말은 델포이의 신전 기둥에 새겨져 있던 것으로 소크라테스가 자기 인식에 대해 이야기할 때 자주 언급했고, 철학적 활동의 출발점이 되는 말이었다.

이 문장의 진의에 대해 무수한 철학자들도 아직 완벽히 규명하지 못했다고 하지만, 2,500년의 시간과 동양과 서양이란 공간까지도 뛰어넘어 남녀노소에게 회자되는 말이라면 범상치 않은 철학적 중요성을 띠고 있는 것만은 분명하다.

이를 말 그대로 '나에 대한 앎'이라고만 해서 생각해 보아도 실로 인간의 삶에, 세상의 돌아감에 있어 핵심적인 부분이 아닐 수 없다. 흔히 자기계발서의 단골 레퍼토리가 '성공을 원한다면 자기가 원하는 일을 하라'는 메시지인데, 일단은 내가 어떤 사람인지를 알아야 원하는 게 무엇인지도 찾을 수 있을 것이다.

그 발견과 선택이 나 하나의 삶으로 국한된다면야 잘못된다 하더라도 문제가 없으나, 만약 조직의 리더, 정치인과 같이 대중에게 영향을 미치는 사람에게라면 이는 굉장히 중요해진다. 남을 이끌 만한 도량이 되지 않은 자가 스스로를 깨우치지 못한 채 남 앞에 서겠다고 나선다면 그 결과는 보지 않아도 알 수 있다.

'인간의 본질에 관하여'란 부제의 『알키비아데스 I(Alkibiadēs I)』은, 바로 정치 입문을 앞둔 20대의 알키비아데스와 30대 중반의 소크라테스가 정치가에게 필수적인 조건에 대해 대화를 나누는 내용으로 구성되어 있다. 바로 '너 자신을 알라'는 말이 함축하는 자기인식에 대해 깊이 있게 파고들며 플라톤 철학의 입문서로 꼽히는 〈대화편〉이다. 이 책에서 우리는 소크라테스가 자기인식에 대해 진정으로 무엇을 이야기하고 싶었는지를 확실히 이해할 수 있을 것이다.

특히 『알키비아데스 I』은 근대 이후의 철학자들에 의해 위서 논란에 빠지면서 그 중요성이 간과된 책이라는 평가를 받고 있기도 하다. 이 책이 위서인가 아닌가에 대해서 위서로 주장하는 사람들의 제시한 근거가 결정적이지 않기 때문에 크게 신경을 쓸 필요는 없을 듯하다. 설령 위서라 하더라도 플라톤의 다른 〈대화편〉과 내용면에서 모순이 없기 때문에 그의 철학을 이해하는 입문서로는 손색이 없는 책이다. 출간 시점은 『국가』와 비슷할 것으로 추정된다.

이 책의 핵심 메시지인 자신을 '돌봄', '살핌', 그리고 '앎'은 철학사적으로는 심신이원론(心身二元論, 마음과 몸의 관계를 제각기 독립한 별개의 실체로 생각하는 사고방식)과 맥이 닿는다. 『알키비아데스 I』의 번역자인 김주일, 정준영 박사는 이 책의 가치를 서양철학사에서 중요한 의미를 띠는 심신이원론의 근거를 명확히 제시한 최초의 책이라고 평한다.

"소크라테스는 자신을 돌본다는 것의 성격을 정확히 하기 위해 '자신에게 속하는 것들'과 '자신'을 구별하는 시도를 한다. 그리고 이 논의에서 결정적인 계기로 작용하는 것이 '사용'의 개념이다. 소크라테스는 혼이 몸을 사용한다는 점에서 몸은 자신에게 속하는 것이요, 진정한 자기는 혼이라는 동의를 얻어낸다." 『알키비아데스 I · II』, 〈작품 해설〉, 플라톤 저, 김주일·정준영 역, p.83

이 책을 읽기 전에 소크라테스의 대화 상대가 되는 알키비아데스가 누구인지 알아둘 필요가 있다. 특히 그는 『향연』에 나오는 대로 소크라테스를 열렬히 추종했던 인물이다. 그런 그에게 소크라테스가 던지는 날카롭고도 집요한 질문은 개인의 감정을 넘어서 고유하게 존재하는 지혜와 진리를 알리고자 했던 소크라테스의 품성을 엿보게 한다.

나는 이 책을 강독하기에 앞서 토머스 R. 마틴의 『고대 그리스의 역사』라는 책에서 처음으로 알키비아데스의 행적을 접했는데, '어떻게 이처럼 비상식적으로 처신할 수 있었을까?'라는 의문이 들었다. 놀라웠던 점은 그가 자신의 입신출세를 위해 자신을 낳아준 조국을 밥 먹듯이 배반했다는 점과 그런 파렴치한 인물을 못내 그리워하는 아테네 대중들이었다. 그러한 불가사의한 매력 때문에 더 알고 싶다는 호기심이 생길 정도였다.

알키비아데스(기원전 450년경~404년)는 아테네 역사상 보기 드문 풍운아였다. '소크라테스가 타락시킨' 아테네의 대표적인 젊은이로 꼽힌 그는 자기 개인의 이익을 위해 조국을 배반하였고, 그의 배반은 아테네의 운명에 큰 타격을 입혔다. 또한 그는 걸출한 외모와 화려한 언변으로 민중을 설득하여 자신의 의도를 관철시켰는데, 그를 보면 민중 선동가들의 행동을 이해하는 데 도움이 된다.

알키비아데스의 흉상

알키비아데스는 뛰어난 정치가였던 페리클레스만큼 그리스 역사책의 색인에서 빈번하게 등장한다. 특히 존 R. 헤일의 『완전한 승리, 바다의 지배자』에는 시칠리아 원정(기원전 415년~413년)을 주도해 조국 아테네에 결정적인 타격을 입혔던 막 서른 살의 알키비아데스를 상세하게 다루고 있다. 존 R. 헤일은 알키비아데스를 야심에 찬 젊은이로, 현란한 행동과 버릇으로 아테네인들의 이목을 끌었던 인물로, 아테네 최고 갑부 상속녀와 결혼하였음에도 소문을 내며 수시로 바람을 피웠던 인물로, 그리고 무엇보다도 충동적으로 일을 벌리고 언제나 결말을 흐지부지하게 끝냄으로써 수많은 사람들에 고통을 안겨준 인물로 그리고 있다.

알키비아데스는 아버지 크레이니아스가 세 살 무렵 전쟁에서 사망하자 친척이자 유명한 정치가였던 페리클레스 가문에서 자란다. 그는 출중한 미모로 아테네의 사람들에게 인기가 높았고, 운동 경기와 연설에서도 뛰어난 능력을 발휘했다. 하지만 오만한 성격과 지나친 정치적 야심으로 정적들을 만들었고, 마침내 몰락의 길로 들어서고 만다.

알키비아데스가 평소 숭상하던 소크라테스를 처음 만났던 때는 그의 나이 18세 무렵으로 추정된다.

그는 자신을 더 갈고닦은 다음 정치에 입문하라는 소크라테스의 조언을 무시하고 정치에 뛰어들어 큰 인기를 끌지만, 이후의 정치 행보는 파란의 연속이었다. 『고대 그리스의 역사』에 그의 행보가 자세히 소개되고 있다.

펠로폰네소스 전쟁(기원전 431년~404년) 중에 아테네는 스파르타와 유리한 입장에서 평화협정을 체결할 수 있는 결정적인 기회가 있었지만, 알키비아데스는 자신의 이익을 위해 스파르타에 맞서야 한다고 주장한다. 기원전 421년 유리한 기회를 이용해서 아테네는 스파르타와 평화협정인 일명 '니키아스 평화'를 맺지만, 알키비아데스는 스파르타에 적대적인 국가들 사이의 동맹 강화를 주장하면서 세력을 규합해 계속해서 스파르타에 맞선다.

이는 아테네의 힘과 보안을 강화할 수 있다는 이유도 있었지만, 스파르타에 맞서도록 함으로써 자신의 정치적 경력을 쌓을 수 있다는 점이 더 큰 이유였다. 그의 머릿속에는 정치가로서 조국의 안위보다는 항상 개인의 야심이 앞섰다. 그로 인하여 조국을 어려움에 밀어넣었음은 물론이다. 나는 그의 행적을 확인해 가면서 권모술수에 능하고 대중을 선동하는 데 능한 이런 정치인은 정말 위험한 사람이라는 사실을 거듭 확인할 수 있었다.

펠로폰네소스 전쟁에서 전세가 기운 결정적인 계기는 아테네의 시라쿠사 원정이다. 아테네는 이 전쟁에서 많은 함대를 잃어버림으로써 스파르타에 대한 힘의 우위를 잃는다. 그런데 기원전 415년에 아테네 민회를 설득해서 시칠리아 원정을 주도했던 인물 가운데 한 명이 또한 알키비아데스다. 당시 시칠리아에 있던 도시국가 시라쿠사는 스파르타의 동맹국이었고 에게스타(혹은 세게스타)는 아테네의 동맹국이었다. 에게스타는 시칠리아를 정복하면 아테네가 전쟁 수행에 필요한 많은 물자를 확보할 수 있다고 부풀려 이야기하는데, 알키비아데스는 이를 적극 옹호하고 나섰다.

조국의 앞날에 결정적인 타격을 입히게 될 시라쿠사 원정에서도 알키비아데스는 어김없이 자신의 정치적 야심을 앞세운다. 토머스 마틴은 이렇게 그를 평한다.

"시라쿠사의 전함들을 조심해야 한다는 니키아스의 논리는 알키비아데스가 부추겨놓은 열광적인 분위기를 잠재울 수가 없었다. 알키비아데스의 화려한 군사적 영광의 꿈은 아직 전쟁의 엄혹한 현실을 겪지 못한 아테네 젊은이들에게는 특히 매력적이었다. 아테네 민회는 지금껏 그리스에서 출정한 것 중 가장 대규모 병력을 파견하기로 결정함으로써 알키비아데스의 야망을 밀어주었다." 토머스 R. 마틴, 『고대 그리스의 역사』, p.249

아테네가 에게스타의 요청에 따라 시라쿠사에 대규모 함대를 보내야 하는가를 두고 열띤 논란이 벌어졌을 때, 스파르타를 중심으로 하는 펠로폰네소스 동맹군과 싸워본 노년의 아테네인들은 군사행동에 들어가는 것을 반대하였다. 하지만 알키비아데스를 주축으로 하는 아테네인들은 도시의 영광을 위해, 나아가 시칠리아 정복과 전 그리스 세계의 패자가 되기 위해 전쟁을 해야 한다고 주장하였다. 하지만 알키비아데스는 출정 전날 밤에 일어난 신성 모독 사건으로 원정지에서 아테네 민회의 소환을 받고 돌아오던 중 적국 스파르타로 도망가고 만다.

조국을 배반하고 달아난 그의 삶은 평탄하지 않았다. 그는 스파르타의 왕 아기스(Agis) 2세가 전쟁에 나가 있는 사이 왕비 티마이아와 간통하여 아이를 낳았다는 의심을 사게 되고, 급기야 아기스 2세의 살해 위협에 시달리게 된다. 죽음을 면하기 위해 그는 페르시아의 귀족 팃사페르네스를 찾아간다.

그런데 왜 한때의 적들이 그를 기꺼이 받아들였을까? 알키비아데스는 총명하고 정치적 술수가 뛰어났기 때문에 망명지의 왕에게 실질적인 정치적 조언을 해줄 수 있었기 때문이다.

한편 곤경에 처한 아테네에서는 알키비아데스의 정치적 수완을 아쉬워하는 분위기가 조성되었고, 그는 귀국해서 명예를 회복할 수 있는 기회를 얻었다. 하지만 부하의 실책으로 말미암은 패배와 이를 이용한 정적들의 패전 책임론 때문에 다시 아테네를 등지고 헬레스폰토스 근처의 프뤼기아 태수였던 파르나바조스에게 잠시 몸을 의탁하게 된다. 하지만 이곳까지 정적들의 집요한 복수의 손길이 미치고 만다.

30인 과두정의 우두머리이자 소크라테스의 제자인 크리티아스는 알키비아데스를 그리워하는 민심을 간파하고 그를 제거하기 위해 움직인다. 살해에 대한 협조 요청은 아테네에게서만 온 것이 아니라 선왕 아기스의 원한을 풀기 위해 스파르타에서도 왔다. 결국 알키비아데스가 몸을 의탁하고 있던 태수 파르나바조스는 그의 애첩 티만드라와 함께 있던 알키비아데스를 살해하고 만다.

정치 입문을 앞둔 풍운아 알키비아데스에게 소크라테스는 이를 만류하며 과연 네 자신이 그러한 자리에 적합한 사람인지를 물어보라고 이야기한다. 그 과정에서 오고가는 통찰은 오늘날에도 정치를 비롯한 공직 입문을 앞둔 사람들에게 공직이란 무엇이며, 진정한 리더란 어떤 자질을 갖추어야 하는가에 대한 풍부한 교훈을 준다.

이 책은 오늘을 사는 한국인들에게 특별히 도움이 될 수 있을 것이다. 한국인들은 이름이 알려지거나 전문가로서 명성을 얻으면 '정치(선출직 공직자)나 한번 해볼까?' 하는 생각을 갖는 사람이 퍽 많기 때문이다. 비단 국회의원, 행정가 등 직업 정치인이 아닌 기업과 같은 조직을 통솔하는 리더들에게도 큰 도움이 될 것이다.

하지만 그보다 더 중요한 것은 꼭 리더가 아니더라도 올바른 자기인식이야말로 모든 것의 시작이라는 점을 깨우치게 한다는 점이다. 이 책을 덮으며 40대 이후 내 안에 큰 화두가 되어주었던 자신에 대한 이해와 자신에 대한 앎이 제대로 된 고민이었음을 확인할 수 있었다. 나의 고민과 같은 맥락에서 찰스 핸디는 이렇게 말한다.

"지금 생각해 보면 삶이란 자신의 정체성을 찾아가는 과정에 다름 아니라는 생각이 든다. 자신이 진정 어떤 사람인지 진정 어떤 일에 재능이 있는지를 끝내 모른 채 죽는다면 참으로 서글픈 일이다. 삶이란 정체성이란 사다리를 오르는 과정이고 우리는 사다리를 오르면서 서서히 자신의 정체성을 발견하고 증명해 나간다." 찰슨 핸디, 『포트폴리오 인생』

인생이란 큰 맥락에서 보면 정체성을 찾아가는 여행길이다. 내가 누구인지, 내가 어떤 자리에 서 있어야 하는지, 내가 무엇을 해야 하는지 등과 같은 질문에 대한 답을 하나하나 찾아가는 과정이다. 그런데 살아 보면서 절절히 와닿는 사실은 그런 질문에 대한 답이 나이와 함께 변화해 간다는 사실이다.

* 이 장의 원전 인용문의 출처는 김주일·정준역 번역의 『알키비아데스 Ⅰ·Ⅱ』(이제이북스, 2007)입니다.

자신을 아는 것이야말로
최고의 지혜다

소크라테스: 속 편한 알키비아데스, 부디 나의 말과 델피에 있는 글귀를 받아들여 자네 자신을 알도록 하게. 적수는 이들이지 자네가 생각하는 자(아테네 정치가)들이 아니니 말일세. 돌봄과 기술(앎)이 아니라면, 다른 그 무엇으로도 그들을 능가할 수 없을 걸세. 이것들을 결여한다면, 그리스 사람들 사이에서든 이방인들 사이에서든 자네가 명성을 얻는 일 역시 결여하게 될 걸세. 내가 보기에 어느 누가 그 무엇을 사랑하는 것보다 자네가 더 사랑하는 것으로 보이는 그 명예 말일세.

알키비아데스: 그렇다면 소크라테스 선생님, 어떤 돌봄(노력)을 해야 하나요? 설명해 줄 수 있으십니까? 다름이 아니라 맞는 말씀을 하신 분 같

기에 드리는 말씀입니다.
소크라테스: 할 수 있지. 하지만 사실 그것은 어떤 방법으로 우리가 최대한 훌륭해질 수 있을 것인가 하는 공동의 숙의사항일세. pp.91~92 (124b:1~124c:2)

기원전 433년의 어느 날, 스무 살이 채 되지 못한 나이에 정치에 뛰어들고 싶어 안달하는 청년 알키비아데스와 소크라테스가 대화를 나누고 있다.

소크라테스는 공직을 맡기 전에 우선 자신을 알고 돌보는 일을 먼저 행하라고 권한다. 정치 입문에 필수적인 조건은 정치가 자신이 정치에 입문하기 전에 명확한 철학적 자기인식을 갖추는 일이다. 이를 '먼저 배우고 자신을 돌봐 단련하고서, 왕과 맞붙으러 가야 한다'는 비유를 사용한다.

위에 등장하는 인용문 '너 자신을 알라'는 델포이(델피) 신전에 새겨져 있는 말로서 소크라테스가 한 말로도 알려져 있다. 소크라테스에 의해 이 말이 처음 등장하는 대목이 바로 『알키비아데스 I』이다.

'너 자신을 알고 돌보아라'는 이 책의 핵심 메시지이기 때문에 이 중요한 문장이 등장한 전후 이야기를 잠시 살펴볼 필요가 있다. 『프로타고라스』에는 밀레토스 사람인 탈레스와 아테네 사람인 솔론, 그리고 스파르타 사람인 킬론 등이 함께 모여 지혜의 첫 번째 수확물을 델포이 신전의 아폴론에게 봉헌하는데 이때 그들이 새긴 문장이 두 가지다. 하나는 '너 자신을 알라'이고 다른 하나는 '그 어떤 것도 지나치지 않게'이다.

위의 인용문이 등장하기 전에는 알키비아데스로 하여금 자신이 처한 상황을 정확하게 이해하도록 하기 위해 소크라테스는 다양한 사례들을 제시한다. 예를 들어, 양육 방식에 대해서는 페르시아 왕이 왕위를 상속할 맏아들이 탄생하면 온 나라가 떠들썩할 정도로 축제를 벌이지만 알키비아데스 같은 사람이 태어나면 '이웃 사람조차 거의 알아채지 못하네'라는 희극 작가의 말처럼 보잘것없이 취급당한다고 말한다.

교육도 그렇다. 페르시아 왕들은 지혜, 정의, 절제 그리고 용기 면에서 가장 훌륭하다고 인정받은 사람을 선발하여 자식을 가르치지만 알키비아데스가 받은 교육이라고 해야 양부인 페리클레스의 식솔 가운데서 늙어 쓸모가 없는 조퓌로스가 사부를 맡았을 뿐이다. 좋은 집안에서 태어난 사람들과 알키비아데스는 비교가 되지 않는다.

요컨대 소크라테스는 가문, 양육 방식, 교육 방식, 부, 권력, 체격 등 어느 것 하나 알키비아데스가 자신을 과대평가해야 할 이유가 없다고 말한다. 어쩌면 소크라테스는 직설적으로 '아무것도 나은 것이 없는 친구야, 네 꼴을 알라'고 야단치고 싶었을지도 모른다. 결과적으로 소크라테스가 알키비아데스가 하고 싶은 메시지의 요지는 '네가 처한 상황을 정확히 이해하고 배움에 더 힘써야지 자꾸 나대어서 되겠는가'라는 것이다. 물론 자신의 상황에 대한 이해는 논의가 전개되면서 자신의 혼에 대한 이해로 발전해 나가긴 하지만 말이다.

이런 메시지는 비단 알키비아데스에게만 적용되지 않는다. 세월이 흐르면서 뼈저리게 느끼는 것은 자신에 대한 이해의 중요성이다. 즉 자신의 그릇됨, 자신의 특장점, 자신의 진정한 욕망 등을 제대로 아는 일이다. 자신에 대한 이해는 작게는 인생에서 큰 실수를 범하지 않도록

γνῶθι σεαυτόν

그리스어 '너 자신을 알라(Gnōthi Seauton(그노티 세아우톤)).'

도와주고, 크게는 성공적인 인생과 행복한 인생을 도와준다. 또한 그 사람이 타인 앞에 서거나 대중을 이끄는 경우라면 자신을 잘 알지 못하는 것의 장점과 폐해가 고스란히 많은 이들에게 전달된다.

자신에 대한 이해를 하는 과정은 마치 여행하는 것과 같다. 20대, 30대 그리고 40대를 거치면서 서서히 변화해 가는 경우도 많다. 내가 걸어온 길을 되돌아보더라도 성격이나 성향과 같은 본질적인 부분은 거의 변함이 없다. 그러나 도전과 전직 그리고 실패와 재기 등을 거치면서 나 자신에 대해 더욱 깊은 이해를 하게 되었다. 나이가 들어감에 따라 성취한 것이 있다고 한다면 젊은 날에 비해 더 깊이 더 자세히 나 자신을 이해할 수 있게 된 사실이다. 이는 앞으로 전개될 생에서 반석과 같은 역할을 할 수 있을 것이다.

이런 단계에 도달하기까지 나 역시 참으로 많은 비용을 지불했다. 자신에 대한 이해는 머물러 있는 것이 아니라 사람이 성장하는 것만큼 서서히 변해가는 것 같다.

『프로타고라스』에서 '너 자신을 알라'라는 대목을 다룬 부분을 읽다가 테살리아 출신인 크레온의 아들 스코파스가 남긴 멋진 시를 만났다.

진정으로 훌륭한 사람이 되기 어려워요.
나무랄 수 없을 정도로,
사지와 정신이 똑바로 하기가 어려워요.(……)
현자인 피타고라스 선생이 이미 말한 것처럼, 훌륭한 상태로 머물러 있는 일이(훌륭해지기가) 어려워요. Plato, 『Protagoras』(339b:1~3, 339c:3~5), Marian Demos, 『Lyric Quotation in Plato』, pp. 12~13

이 시구를 보면서 불현듯 떠오른 단상은 우리가 한평생을 살아가면서 추구하는 것이 있다면, 하나는 훌륭해지는 것이고 다른 하나는 훌륭해진 상태를 계속 유지하는 일이라는 점이다. 이를 위해서는 노력도 필요하고 운도 따라주어야 하겠지만 무엇보다 중요한 것은 자신의 모습을 과대평가하지 않고 있는 그대로 제대로 볼 수 있는 솔직함과 겸손함이다.

자신이 보고 싶은 것을 보는 것이 아니라 있는 그대로를 보는 것이 중요한 것처럼, 자기 자신도 과장하지 않고 있는 그대로 '쿨'하게 보는 것이 지혜이다.

잘 알지 못하는 것을
타인에게 가르칠 수 없다

소크라테스: 그렇다면 앞에서 언급된 것은 이런 말이었던 셈이군? 정의로운 것들과 정의롭지 못한 것들에 관해서, 클레이니아스의 잘생긴 아들 알키비아데스는 알지도 못하면서 안다고 생각하고, 그래서 자신이 전연 알지 못하는 것들에 관해 민회로 나가 아테네인들한테 조언하려고 한다는 것이지. 그렇지 않나?

알키비아데스: 그런 것 같습니다.

소크라테스: 알키비아데스, 그러니까 에우리피데스가 한 말과 같은 결과가 뒤따르게 되는 것이네. 자네가 이런 말을 '나한테서 들은 것이 아니라 그대 자신한테서 들은 것' 같다는 이야기일세. 그리고 이런 말을 하는

자는 내가 아니라 자네인데, 자네는 쓸데없이 나를 탓하고 있다는 것일 세. 그렇지만 자네가 그 말을 잘하긴 했어. 이 사람아, 자네는 배우는 일 은 돌보지도 않으면서 알지도 못하는 것들을 가르치겠다는 정신 나간 계획을 착수할 생각을 하고 있으니까 말일세. pp.65~66 (113b:9~113c:8)

지인 중에 선거철이 되면 꼭 한 번씩 들썩이는 분이 있다. 이미 예순을 훌쩍 넘겼음에도 매번 어떻게든 한번 나가보고 싶다고 해서 친지들이 이를 말리느라 부산해진다. 상당한 재력가이기도 하고, 오랫동안 조직 생활을 해왔으니 누군가를 이끌고 권력을 누리는 일을 탐하게 되는 것은 당연할지 모르지만 주변에서 그에 대한 평가는 본인의 평가와는 상당히 다르다.

그분을 지켜보며 과연 한 인간은 자기 자신에 대해 얼마나 알 수 있는 걸까 하는 근본적인 궁금증이 일었다. 정치란 것이 앞뒤도 가리지 않고 달려들게 할 만큼 마력이 있는 것일 수도 있겠지만 사실 정치가 아닌 어느 분야에서든 잘못된 자기인식을 갖기란 너무도 쉽기 때문이다.

만일 철학적 자기인식을 제대로 갖추지 못한 사람이 정치에 뛰어들어 나라를 다스린다면 어떤 일이 일어날까? 자신뿐만 아니라 나라에도 불행한 일이다.

정치가가 되어 권력을 잡고 싶은 야심으로 가득 찬 알키비아데스에게 소크라테스는 "왜 그런 결정을 내렸는가?"라고 묻는다. 그러자 그는 "제가 아테네 사람들보다 더 잘 알고 있기 때문입니다"라고 답한다.

오늘날도 마찬가지다. 정치가로 입신하는 사람들은 흔히 자신의 뜻을 구현하기 위해 정치가가 되기로 결심했다고 말하며 몸을 낮추는 듯하지만, 이는 자신이 정치에 대해서만은 보통 시민들보다 더 잘 알고 있다고 생각하기 때문이다.

그러자 소크라테스는 "당신이 잘 아는 분야가 어떤 것인가?"라고 되묻자, 알키비아데스는 "전쟁이나 평화와 관련된 경우와 그밖의 나랏일과 관련된 경우"라고 답한다. 여기서 나랏일은 누구와 평화롭게 지내야 하는지, 누구와 전쟁을 벌여야 하는지, 그리고 어떤 방식으로 이를 행해야 하는지 등과 같은 것에 관한 일이다.

소크라테스는 바로 이런 점들에 대해 알키비아데스가 아무것도 모른다는 사실을 고백하게 만든다. 우리가 무언가를 알기 위해서는 배워야 하는데, 배움에는 세 가지 방법이 있다. 자신이 스스로 찾아내서 아는 것, 교사로부터 배워서 아는 것, 그리고 다중(多衆)으로부터 배우는 것이다.

소크라테스는 알키비아데스가 그동안 이 세 가지 방법을 이용해 정치가에게 필요한 것들을 배울 수 없었음을 조목조목 지적한다. 그가 아는 바로는 알키비아데스는 오로지 글자, 키타라 연주, 레슬링을 배운 적이 있을 뿐이라고 한다. 소크라테스가 알고 있는 한 그 밖의 다른 것을 배운 적이 없는데, "어떻게 자네가 전쟁이나 평화와 같이 나랏일에 대한 것을 잘 알고 정치가로서 이를 아테네인들에게 가르칠 수 있는가"라고 반문한다.

소크라테스: 자네가 배우려 들지도 않고 스스로 탐구하려 들지도 않고선 뭔가를 배우거나 찾아낸 경우가 있을 수 있을까?

알키비아데스: 없습니다.

소크라테스: 어떤가? 자네는 자신이 알고 있다고 여기는 것들을 탐구하거나 배우려 들었겠는가?

알키비아데스: 분명코 아닙니다.

소크라테스: 그러면 현재 자네가 알고 있는 것들에 대해서 알지 못한다고 생각한 시기가 있었겠군?

알키비아데스: 있을 수밖에 없지요.

소크라테스: 그런데 말이야, 자네가 무엇을 배웠는가는 나도 어지간히 알고 있다네. p.47(106d:9~106e:5)

요컨대 소크라테스가 알키비아데스를 비판하는 것은 잘 알지도 못하는 사람이 타인보다 잘 알고 있다고 믿고 다른 사람들에게 뭔가를 가르쳐줄 수 있다는 생각으로 정치에 입문하기 때문이다.

말하자면 자신의 앞가림도 제대로 하지 못하는 사람이 정치 바람이 들어서 세월과 젊음을 낭비해 버리는 것과 같다. 차라리 생업에 더 많은 에너지를 쏟아부었더라면 더 많은 성과를 거뒀을 사람이 어느 날부터 국민과 나라를 위해서 무엇인가 해야 한다는 생각에 사로잡혀 정치판 언저리를 배회하는 일은 오늘날도 흔하게 볼 수 있다.

잘 모르거나 준비되지 않은 사람이 선출직 공직을 꿰차게 되면 잘못된 일을 잘못된 방식으로 추진하여 한 사회에 두고두고 해악을 끼친다. 또한 잘못된 경영은 기업을 망하게 해서 한정된 이해 당사자들에게 일정 기간 동안 부담을 주고 말지만, 잘못된 정치는 한 사회의 구성원 모두에게 부담을 지우거나 때로는 사회를 몰락시킬 수도 있다. 경영에 비해 정치가 미치는 영향은 넓고 길고 그리고 세다.

물론 현대의 정치가 아테네의 정치와 같을 수는 없다. 정치가 경제의 수준에서 직업의 수준으로 점점 변질되어 가고 사회가 더욱 복합적으로 움직여지기 때문에 그 작동 방식은 많이 다르다. 하지만 세상을 경영하려면 최소한 세상 전체를 볼 수 있는 시야는 갖춰야 한다. 그것은 거저 얻어지는 것이 아니다. 인간의 깊이에서 우러나올 수밖에 없다. 소크라테스의 말대로 남에게 뭔가를 가르쳐줄 수 있는 정도의 깊이는 갖추어야 세상사를 다스릴 수 있는 것이다.

역사적으로 이와 같은 탁월한 식견으로 한 나라를 다시 일으켜세운 정치가는 적지 않다. 그중 일본의 요시다 시게루 수상은 패전 이후 일본의 경제부흥을 이루는 데 큰 역할을 했다. 1951년 1월, 존 덜레스 미국 대통령 특사가 비밀리에 일본을 방문, 요시다 시게루 총리와 마주앉았다. 덜레스 특사가 꺼낸 첫마디는 뜻밖에도 일본의 재(再)무장 요구였다. 당시 소련과의 냉전 체제에 돌입했던 미국은 동아시아 반공 기지 건설을 위해 일본의 군사력이 필요했다. 재무장을 하면 6년간 계속된 미 군정의 통치를 끝내겠다는 조건도 제시했다.

요시다 총리는 잠시 생각에 잠긴 뒤 '수용할 수 없다'고 답했다. 그는 일본의 재무장은 동아시아 지역의 군사적 긴장감을 높일 뿐 아니라 일본 신헌법이 규정한 군사력 포기 원칙도 지켜야 한다는 이유를 댔다.

그러나 진짜 이유는 따로 있었다. 당시 일본 경제는 한국전쟁 특수를 누리고 있었고, 재무장이 자칫 일본 경제를 다시 냉전의 분쟁 속에 빠트릴 수 있다고 본 것이다. 그는 패전 일본이 살길은 '군사력 없는 경제적 자립이다'는 사실을 분명히 알고 있었고, 경제 최우선주의라는 원칙의 실행으로 패전에 처한 일본을 경제부국의 길로 인도하는 데 결정적인 공을 쌓았다.

알키비아데스를 끌어내는 소크라테스 아테네에서 살롱을 운영하던 아스파지아의 팔에서 제자인 알키비아데스를 데려가는 소크라테스. 장 밥티스트 르노, 루브르 박물관.

이 밖에도 독일의 콘라트 아데나워 수상, 중국의 등소평, 한국의 박정희, 싱가포르의 리콴유, 말레이시아의 마하티르 모하마드 등과 같은 정치인들은 혜안과 경륜 그리고 식견 등으로 나라의 토대를 닦고 경제적인 힘을 키우는 데 결정적인 기여를 한 인물이다. 물론 그들의 인생에서 흠결이 없는 것은 아니다.

소크라테스는 정치를 타인에게 무언가를 가르치는 것에 비유하고, 이를 위해서는 우선 자신이 그것을 잘 알고 있어야 한다고 말한다. 권력에 대한 욕망이 가슴에 활활 타는 불꽃을 피울 때면 자신이 뛰어드는

잘 알지 못하는 것을 타인에게 가르칠 수 없다

정치 분야에 대해서 제대로 알고 있는가를 점검해 볼 필요가 있다. 소크라테스는 알키비아데스로 하여금 "자네는 교육도 받기 전에 정치에 달려든 셈이지"라고 거침없이 비판한다.

이런 사람이 비단 알키비아데스뿐일까? 소크라테스는 "나랏일을 행하는 이들 가운데 대다수 역시 그런 꼴이라네"라고 말하며 정치에 무지한 자들이 대거 정치가가 되었다고 탄식한다.

특히 복잡다단한 사회에서 이뤄지는 현대의 정치는 사람들 사이의 부조화 또는 네거티브한 면을 극복하는 일이 가장 중요하다. 그러므로 정치란 다른 사람을 지배하기보다는 다른 사람을 돕는다는 의미가 훨씬 크다. 그러므로 그릇이 되어 있지 않은 자가 정치를 하면 그 반대의 현상이 일어난다.

이 책의 주인공인 알키비아데스 역시 그랬다. 그러므로 자신을 알고 자신을 먼저 닦으라는 소크라테스의 말은 정치에서도 진리이다. 먼저 인간이 되라는 것이다. 자신을 닦은 다음에야 남을 도울 수 있다.

따라서 정치에 입문하려는 자는 먼저 자신이 지니고 있는 부조화의 요소를 파악해야 한다. 네거티브한 면들을 찾아내어 그것을 제거해야 한다. 그것은 수양과 공부로만 될 일이다.

비단 정치만 그렇겠는가? 안타깝게도 자신에 대한 철학적 인식의 부재로 인해 자신이 서 있어야 하지 않은 자리를 선택함으로써 자신과 가족 그리고 조직과 사회 모두에게 부정적인 영향을 미치는 일은 비일비재하다.

살아가면서 우리는 굵직굵직한 결정을 내려야 하는데 그런 결정들 중에는 전직과 전업, 그리고 위험이 크게 따르는 대형 투자 등이 포함된다. 이때 세세한 정보들도 필요하지만 '과연 내가 어떤 사람인가?'라는 점에 대한 평소의 깊은 탐구가 올바른 의사 결정을 내리는 데 도움을 주는 것은 분명한 사실이다.

지금껏 아무리 잘해왔다고 해도 딱 한 번의 결정적인 실수가 그동안의 업적 전부를 날려버릴 수도 있기 때문이다. 의사 결정은 횟수가 중요한 것이 아니라 단 한 번이라도 결정적인 실수가 없어야 한다.

게다가 자기인식이 확고하지 않으면 누군가의 의견을 따를 수밖에 없는 것이 사람이다. 타인의 의견이 자신에 대한 지식(앎)을 대체하지 않도록 해야 한다.

대중의 장단에 맞추다가는
내 인생을 살 수 없다

소크라테스: 그러니까 이게 그 이유일세. 나만이 자네를 사랑하는 자였고, 다른 사람들은 자네의 것들을 사랑하는 자였다란 걸세. 자네의 것들은 좋은 시절이 가고 있지만 자네는 꽃피기 시작하네. 지금도 나는, 자네가 아테네 민중에 의해 망쳐지고 더 흉하게 되지만 않는다면, 자네를 팽개치지 않을 것이네. 사실 내가 가장 걱정하는 것은 그걸세. 자네가 민중의 애인이 되어서 망가지지나 않을까 하는 것이지.. 아테네 사람들 중 많은 훌륭한 사람이 그와 같은 일을 당했으니 하는 말일세. "기상이 늠름한 에렉테우스의 민중"은 얼굴이 잘생겼으니까. 하지만 그들의 벗은 모습을 보아야 하네. 그러니 내가 이르는 신중함을 신중히 생각해 주게.

알키비아데스: 어떤 것인데요?

소크라테스: 속 편한 친구, 나랏일에 나서기 위해서 배워야 할 것들을 먼저 배우고 익히되, 그러기 전에는 나서지 말게. 끔찍한 꼴을 겪지 않으려면 해독제를 가지고 나서야 하니 말이야. p.113 (131e:10~132b:3)

　누군가는 나서서 정치를 해야 한다. 그 누군가가 내가 될 수도 있다. 하지만 정치에 뛰어들려면 단단히 마음을 먹어야 한다. 예나 지금이나 정치의 속성, 민중의 속성은 크게 변함이 없기 때문이다. 소크라테스가 아끼는 제자 알키비아데스가 정치에 참여하는 것을 반대하는 이유는 선출직 공직에 뜻을 둔 사람에게는 지금도 진리이다.

　소크라테스는 정치를 위험한 일로 보았다. 잘못하면 인생 망치는 게 정치라는 것이다. 소크라테스는 정치를 해독제가 필요한 독극물쯤으로 여겼다. 국민을 위해 정치를 하지 않고 알키비아데스처럼 자신의 정치적 야망을 위해 뛰게 되면 필경 누군가는 다치게 되어 있다. 정치를 하겠다고 덤비는 사람들이 대개는 정치적 야망, 즉 자기 욕심을 채우기 위해 나선 어설픈 사람들이기 때문이다.

　그래서 나랏일을 하기 위해 배워야 할 것들을 먼저 배우고 익히라고 충고한다. 자신보다는 국민을 먼저 생각할 수 있는 깊이를 갖추라는 말이다.

　앞으로는 어떨까? 마찬가지라고 생각한다. 대중의 주장과 이해관계의 갈등 때문에 생기는 혼돈의 폐해는 아테네의 민주정이나 지금의 민주주의 정치나 별로 다를 게 없을 것 같다.

　정치가는 선거 등에서 승리하기 위해 무엇보다 대중의 인기를 얻어야 한다. 그러자면 어떤 사안의 옳고 그름을 떠나서 대중의 변덕에 맞춰 변신해야 할 때가 있을 수 있다. 드물게 정치가가 소신이 너무 강해서 다른 의견을 가진 대중을 설득하려는 경우도 있다. 그러나 그의 소신이나 판단이 옳다 하더라도 대중을 설득하여 표를 얻는 데 실패하는 경우도 적지 않다. 아무리 올바른 일을 추진하는 정치가라도 다수의 지지를 잃어버리면 권력 행사의 존립 기반을 잃어버리는 것이다.

　소크라테스의 재판에서도 볼 수 있듯이 대중의 정서는 매우 변덕스럽고 유동적이다. 대중이 갖고 있는 이런 문제점은 민주주의를 불안하게 만드는 요소이기도 하다. 이 때문에 정치가 자신의 입지도 불안할 수밖에 없다. 민주주의는 대중을 기반으로 이뤄지는 것이지만 민주주의의 위기는 아이러니하게도 자기 기반인 대중의 불안정성에서 나온다. 민주주의의 기초인 이성과 토론을 불가능하게 만들기 때문이다. 프랑스 사상가 귀스타브 르 봉은 대중(군중)을 민주주의의 적이라고까지 말했다.

　그러나 대중의 인기를 얻는다고 모든 것이 해결되는 것은 아니다. 대중의 인기란 불과 같다. 인기를 얻기 위해 무리하다가는 섶을 지고 불속을 뛰어드는 격이 되어버린다. 거기에다 정치가 자신이 정치적 야망을 제어할 수 없을 때에는 끔찍한 꼴을 당하게 된다. 대중의 구미에 따를 것인가, 나라의 이익을 생각할 것인가. 한 예로 1940년대의 아르헨티나는 부유한 편이었으나 하층민을 대상으로 한 페론 대통령 부부의 철저한 포퓰리즘 정책으로 나라 재정은 곤란에 빠졌다. 대중의 인기는 대단했으나 경제는 무너진 것이다.

소크라테스에게는 알키비아데스의 말로가 눈에 보였을 법하다. 알키비아데스는 대중의 인기를 휘어잡는 기술에 능하고 여론을 늘 자신에게 유리한 쪽으로 돌려놓았다. 그러나 조국 아테네의 운명에 그림자를 드리웠던 큰 사건들만 보아도 항상 조국의 이익보다 자신의 이익에 우선하는 행보를 계속한다. 조국의 앞날에 결정적인 타격을 입히게 될 시칠리아 원정에서도 어김없이 자신의 정치적 야심을 앞세운다. 언변이 좋아 대중을 조종하는 기술이 뛰어났지만 그것을 잘못 이용한 것이다. 그의 여론몰이에 아테네 민회까지 휩쓸린다. 결국 시칠리아 원정은 실패하고 그의 이후 행각은 고난의 연속이었다. 여론이나 인기란 결국에는 독이 되는 수가 많다.

대중의 변덕에 맞춘 변신으로 늘 승리하면야 좋겠지만 이따금 말에서 굴러떨어질 때도 있다. '민중의 애인'이 되려 했지만 이런저런 이유로 민중으로부터 배척 혹은 배신을 당하는 것이다. 찬사의 대상이 갑자기 비판과 비난의 대상이 되는 것은 비일비재하다.

오늘날에도 선거를 앞두고 어떤 바람이 불면 당선이 확실시되던 정치인들이 낙선의 고배를 마시는 일이 자주 생긴다. 그가 아무리 잘해왔어도 선거 전의 세몰이식 바람을 피할 수는 없다. 사소한 말 한마디에도 당선과 낙선이 왔다 갔다 하기도 한다. 사실 선거는 어떤 인물에 대한 엄밀한 검증에 의해 선출한다기보다는 눈에 보이는 이미지로 뽑는 미인대회에 가깝다.

더욱이 선거 시점에 특정 정파에 대한 우호적인 분위기가 휘몰아치면 그동안 잘해온 정치인도 하루아침에 곤두박질칠 수 있다. 본래 선거는 분위기에 좌우되는 속성이 강하다.

아무리 준비를 잘하고 뛰어들더라도 민중을 상대로 하기 때문에 마음대로 해볼 수 없다. 자기 마음도 붙잡기 힘든데 하물며 대중의 마음을 붙잡는 데 어떻게 쉽게 성공할 수 있겠는가?

플라톤이 만든 조어인 '민중의 애인'이란 용어에 대해 『알키비아데스 I』의 역자인 김주일, 정준영 교수는 "중년 남성이 동성 애인의 비위를 맞추기 위해 자신을 망치듯이 민중의 변덕을 쫓아가다가 자신을 망칠 수 있다는 의도를 담기 위해 만든 것으로 보인다"는 설명을 더한다.

기업 입장에서 보면 소비자들도 변덕스러운 면을 갖고 있다. 그러나 그들의 변덕은 예상 가능한 부분이 많다. 소비자들은 자신의 돈을 지출하기 때문에 어느 정도 합리성을 띤다. 그들을 정확하게 예측하는 일은 불가능하더라도 근사한 예측은 할 수 있다. 하지만 정치는 통제할 수 없는 영역이 아주 크다. 이를 충분히 감안하고 정치에 뛰어들어야 한다.

그런데 소크라테스의 조언을 이렇게 해석해 보면 어떨까? 우리가 직업을 선택하거나 무엇인가를 할 때, 대중의 변덕에 크게 의존하고 스스로 통제 가능한 부분이 적은 일이라면 피하는 게 바람직하다는 점이다.

물론 우리 모두 자본주의 사회에서 살아야 하기 때문에 우리가 만든 상품이나 서비스, 그리고 우리가 가진 기술이나 지식을 누군가 필요로 해야 한다. 따라서 자본주의에서 살아가는 사람들은 어떤 면에서는 모두가 소비자의 마음을 사야 하는 일종의 상인이다. 따라서 시장의 소비자들이 보이는 바람이나 변덕으로부터 완전히 자유로울 수는 없다. 그럼에도 이런 바람이나 변덕은 소비자 자신의 이익이 달려 있기 때문에 큰 폭으로 왔다 갔다 하지 않는다. 자기 자신이 더 많은 부분을 통제할 수 있는 상품이나 서비스, 그리고 기술이나 지식을 갖고 있다면 삶은 더욱 안정적이지 않을까?

사실 연예인이 되기를 소망하는 젊은이들이나 정치인이 되고자 하는 사람들은 크게 다를 바가 없다고 생각한다. 문은 좁고 더욱이 그 분야에서 성공한다고 하더라도 늘 사람들의 반응에 일희일비해야 한다.

물론 이에 대해서도 무덤덤하게 반응하는 이들도 있다. 사람에 따라서 기질이 다르기 때문이다. 나의 경우엔 나 스스로 강한 통제력을 갖지 못하면 타인에 비해 더 불안해 하는 기질이 강하기 때문에 가급적이면 내가 통제력을 확보한 상태를 유지하려 한다. 이런 기질들이 전직이나 업무를 처리하는 방식이나 미래를 준비하는 일 등에도 큰 영향을 미치게 된다. 아마도 통제력이나 위험을 대하는 유전자와도 관련이 있지 않을까 싶다.

사람들은 기존 인물에 빨리 식상해 하고 새로운 인물을 자꾸만 요구한다. 마치 제품 수명주기가 짧아지는 것과 같이 인기인에 대한 사람들의 선호 또한 과거에 비해 짧게 바뀌어갈 것이다. 선택하는 사람에게는 좋은 일이지만 연예인이나 정치인 모두 수명주기가 짧아지는 문제를 근본적으로 극복하기 힘들다.

사람들을 이끌고 싶다면 자신부터 제대로 알아야 한다

소크라테스: 자신의 것들을 모르는 사람은 다른 사람들의 것들도 마찬가지로 모르리라고 보네.

알키비아데스: 물론입니다.

소크라테스: 그러면 다른 사람의 것들을 모른다면, 나라의 것들(나랏일)도 모를걸세.

알키비아데스: 그럴 수밖에요.

소크라테스: 그와 같은 사람은 정치가가 되지 못할 걸세.

알키비아데스: 그건 그렇죠.

소크라테스: 그는 자기가 무엇을 행하는지도 모를걸세.

알키비아데스: 모르겠지요.

소크라테스: 알지 못하는 사람은 잘못하지 않겠는가?

알키비아데스: 물론입니다.

소크라테스: 잘못을 저지르면 사적으로나 공적으로나 나쁘게 행동하지 않겠는가?

알키비아데스: 왜 아니겠습니까?

소크라테스: 나쁘게 행동하면 비참해지지 않겠는가?

알키비아데스: 대단히 비참해지겠지요.

소크라테스: 이 사람의 행동으로부터 도움을 받는 사람들은 어떨까?

알키비아데스: 그들도 비참하지요.

소크라테스: 그러니 이제 어떤 이가 절제 있지도 않고 훌륭하지도 않다면, 그는 행복할 수 없네.

알키비아데스: 그렇죠. pp.118~119 (133e:4~134b:1)

나는 누구인가? 이 질문에 자신 있게 답할 수 있는 사람은 많지 않을 것이다. 내가 제일 날 잘 안다고 하지만, 사실 자기 자신만큼 제대로 알기가 어려운 존재도 없다. 그만큼 나 자신이 어떤 사람인지 그 본질을 탐구해 가는 과정이 어렵기에, 사춘기에 한번쯤 묻고는 금세 이 질문을 뒤로 밀쳐버리기 쉽다.

그러나 아등바등 살며 인생의 큰 고비를 넘기고, 서른이나 마흔쯤 삶의 변곡점에 다다르게 되면 다시 한 번 이 질문이 '쿵' 하고 가슴에 내려앉는 경험을 하게 된다. 그제야 일이든 그 무엇이든 이 질문이 모든 열쇠이자 목적지였음을 뒤늦게 깨닫는 경우가 허다하다. 나 역시도 그런 사람 중의 하나였다. 내가 어떤 사람인지 좀더 일찍 알았더라면 인생의 시행착오를 많이 줄였을 텐데 하는 아쉬움이 들 때가 있다.

그러나 요즘처럼 잠시라도 긴장을 늦출 수 없는 세상에서 이 깊은 질문을 붙잡고 나름 답을 내보고자 애쓰는 게 말처럼 쉽지 않다. 불교에서 화두를 붙잡고 참선에 든다고 하는 것처럼 오랜 사색과 자기 성찰 없이는 답을 주지 않기 때문이다. 그러나 숱한 선택과 자기 위치가 중요해지는 현대 사회에선 자기 자신이 누구인지, 무엇을 해야 하는 사람인지를 아는 일이야말로 가장 효율적인 삶의 방식일지도 모른다. 이는 또한 우리가 이 속도전의 세상에서 철학을 공부하고 지혜를 구해야 하는 이유이기도 하다.

사회 전체로 놓고 보아도, 자기 자신을 제대로 아는 개인들이 올바른 선택을 내리고 각자 그 자리에서 자신의 역할을 다한다면 그만큼 발전의 기반이 되는 일도 없을 것이다. 특히 사람을 이끌고, 시스템을 만드는 정치인들의 경우라면 두말할 필요가 없다. 정치의 본질을 제대로 알고, 나의 특성이 그것에 맞는지를 제대로 아는 이가 세상을 이끈다면 갈등도, 분열도 지금보다 덜해질 것이다.

우리는 여기서 소크라테스의 생각을 빌려 훌륭한 정치가의 기본에 대해 유추해 볼 수 있다. 훌륭한 정치가는 어떤 사람이어야 하는가? 자신을 알고 자신의 혼을 돌보아 훌륭함을 갖춘 사람이다. 소크라테스와 알키비아데스는 짧은 질문과 답을 통해서 훌륭한 정치가와 그렇지 못한 정치가의 차이를 이렇게 명료하게 정리하고 있다.

그런데 이때 '자신'을 아는 것과 '자신의 것'을 아는 것 사이에는 차이가 있다. 예를 들어, 의사의 경우 의사가 자신을 아는 것과 자신의 신체에 속하는 것들에 대해 아는 것은 다르다. 그러니까 의사는 자기 자신을 모르면서도 자신의 신체에 속하는 장기들에 대해서는 잘 알 수 있다. 이런 점에서 신체를 보살피거나 재물을 다루는 일은 '자신에 속하는 것'을 보살피는 것이지 '자신'을 보살피는 일은 아니다.

이처럼 자신, 자신의 것들, 그리고 자신에 속하는 것들을 구분해서 이해할 수 있어야 한다. 즉, 훌륭함이나 지혜가 나타나는 혼의 영역과 같은 '자신', 부와 외모와 같은 '자신의 것들', 그리고 신체에 속하는 각종 장기들과 같은 '자신에 속하는 것들'을 구분해서 이해할 수 있어야 한다.

소크라테스는 '자신'이란 그 사람의 혼을 가리키는 말이며 그래서 '너 자신을 알라'는 말은 바로 '네 혼을 알라'는 뜻임을 설명하는 것이다. 그러니 자신을 돌보기 위해서는 신체와 돈 같은 것이 아닌 먼저 자기 혼을 돌보아야 한다. 재력과 카리스마와 뛰어난 언변이 훌륭한 정치인의 자질이라고 흔히들 말하지만 사실 그것들은 정치가에게 '속한' 것이지 정치가의 본질 즉, '자신'은 아니다.

그러므로 시민의 도우미(정치가)가 되려면 우선 자신의 혼을 잘 돌보아 훌륭함과 절제를 갖추어야 한다. 나라가 행복해지는 데에는 성벽이 많거나 크거나 상관없다. 조선소가 많거나 크거나 상관없다. 바로 정치인들이 자기 자신을 제대로 아는 것이 중요하다.

자신이 누구인지 그리고 자신이 하는 일이 어떤 것인지 제대로 알지 못하는 정치가가 권력을 쥐는 경우를 생각해 보자. 잘 알지 못하고 미숙하기 때문에 이런저런 실수를 하게 된다. 당연히 국민들이 고통을 받게 된다. 이런 우려에 대해 소크라테스는 "알지 못하는 사람은 잘못하지 않겠는가?"라고 묻기도 한다. 일단 맡고 난 다음 공부해 가면서 알아가겠다는 것은 위험한 생각이다. '머리는 빌리면 된다'라고 말하는 사람도 있지만, 누구의 머리를 빌려야 할지를 알거나, 현상을 정확히 이해하거나, 여러 대안 가운데 어느 것을 선택할지를 판단하는 일은 머리를 빌려서 할 수 있는 일이 아니다.

정치는 특정인이 집권하고 있는 동안 남긴 흔적들이 다른 어떤 분야보다 오래 가기 때문에 훌륭한 정치가의 존재는 아무리 강조해도 지나친 법이 없다.

여기서 정치가들이 자신을 잘 아는 일이 왜 중요한가를 차근차근 한 번 더 명확하게 정리해 보자.

첫째, 자신을 잘 알지 못하는 정치가라면 자신의 것이나 자신의 것들도 잘 모르는 사람이다.

둘째, 자신, 자신의 것, 그리고 자신의 것들을 제대로 알지 못하는 정치가라면 타인의 것들도 잘 모른다. 타인의 것들을 잘 모르는 정치가라면 나라의 것들(나랏일)도 잘 모른다.

셋째, 나라의 것들을 모르는 정치가라면 무엇을 해야 할지를 제대로 알 수 없기 때문에 실수나 실패를 하게 된다. 실수나 실패는 자신의 도움을 받아야 할 사람(국민들)을 비참하게 만들 뿐만 아니라 불행하게 만든다.

넷째, 나라의 것들을 모르는 정치가는 타인은 물론이고 자신도 비참하게 만들고 불행하게 만든다.

다섯째, 그러므로 자신과 타인을 행복하게 만드는 첫 단추는 정치가 스스로 자신을 잘 알고 자신이 행해야 할 일을 제대로 아는 것이다. 그래서 누구든 잘 알고 난 다음에 정치에 뛰어들어야 한다.

자신을 잘 아는 것은 정치가만이 아니라 모든 리더들에게 매우 중요한 덕목이다. 나는 외환 위기 때 몰락한 재벌 기업들은 다룬 『대한민국 기업흥망사』를 준비하면서 사업의 승패에서 운도 중요하지만 사업가가 자신에 대해 정확히 아는 일이 무척 중요하다는 사실을 깨달았다. 대부분은 사업을 확장하는 과정에서 비운의 주인공이 되곤 하는데 사업의 방향, 타이밍, 그리고 규모 등을 사전에 정확히 아는 일은 쉽지 않다. 그럼에도 과속, 과욕, 과신으로 사업을 망치는 경우가 종종 있다.

그렇다면 과속, 과욕, 그리고 과신은 어디로부터 비롯되는 것일까? 상당히 큰 부분이 자신에 대한 착각에서부터 출발한다.

사업가마다 그릇이 다 다르다. 한 가지 사업을 아주 잘하는 경지까지 끌어올릴 수 있는 사람이 있고, 한두 가지 정도를 아주 잘하는 사람이 있고, 여러 가지를 동시에 잘할 수 있는 사람이 있다. 이처럼 사업가의 그릇이나 자질 또한 차이가 난다. 때문에 스스로 내가 어느 정도 그릇인지를 정확히 알 수 있다면 실수를 그만큼 줄일 수 있다. 호암 이병철 회장이 일찍이 이런 이야기를 한 적이 있다.

"사람은 그릇의 크기만큼 일한다. 사장은 사장의 그릇이 있으며, 상무는 상무의 그릇이 있다. 사장의 그릇이 안 되는 사람은 사장에 앉혔을 경우에도 그 사람도 죽고 그 직책도 죽는다." 홍하상, 『이병철 경영대전』, p.285

직책만 죽는 것이 아니라 회사를 망하게 할 수 있다. 자신의 그릇을 정확히 안다면 과속, 과욕, 그리고 과신을 피할 수 있다. 어디 사업만 그러한가? 전직을 포함해서 인생사의 크고 작은 일들이 거의 비슷하다.

어떻게 하면 자신을 알 수 있을까? 정답은 있을 수 없지만 몇 가지를 생각해 볼 수 있다. 우선은 바깥세상을 탐구하는 것처럼 자신의 내면 세계를 탐구하는 것을 중요하게 생각해야 한다. 이익이나 승진처럼 당장 표는 나지 않지만 삶을 튼튼한 반석 위에 세우는 일이라고 생각하고 별도의 프로젝트로 의미를 부여해야 한다.

내면세계를 탐구하는 몇 가지 방법도 도움이 될 것이다. 분주한 일상사에서도 이따금 혼자 있는 시간을 갖고 생각을 가다듬어야 한다. 생각을 가다듬는 일이 그냥 생각 자체만으로는 자주 허황될 수 있기 때문에 구체적으로 생각할 거리를 제공해야 한다.

생각의 실마리를 제공하는 것은 생각에 관한 책을 읽는 일이다. 고전이나 묵직한 에세이들도 도움이 된다. 읽기만으로도 도움이 되지만 더 큰 효과를 거두려면 자신이 직접 생각의 흐름을 정리해 보는 일도 괜찮다. 부담을 느끼지 않고 자신의 생각을 흘려보내듯이 적어보면 된다.

일주일, 한 달, 일 년 등과 같이 끝과 시작이 함께하는 시점마다 시간을 매듭짓듯이 걸어온 길, 그리고 걸어갈 길을 평가하고 계획을 세우는 일을 규칙적으로 행하는 일도 도움이 된다. 이따금 분주한 삶에 방점을 찍듯이 그림을 보러 갈 수도 있고, 음악을 들으러 갈 수도 있고, 역사의 현장을 찾을 수도 있고, 아름다운 곳에 여행을 갈 수도 있다. 신선한 경험이나 천재들의 예술품이나 선인들이 남긴 유물들은 시공간의 영원성에서 잠시 머물다가 떠나는 자신을 되돌아보게 한다.

그런데 무엇보다 중요한 방법은 큰 일이든 작은 일이든 직접 해보면서 자신에 대해 생각하고 자신을 제3자의 입장에서 관찰하는 것이다. 생각하면서 일하고, 관찰하면서 일하는 것은 자신을 이해한 데 도움을 준다. 이처럼 꾸준히 '관찰자의 입장'에 서서 일하는 경험을 축적해 가다 보면 자신에 대한 이해의 도를 깊이 할 수 있다.

치열하게 자신의 꿈을 향해 달려가는 일은 주로 외형적인 성장이나 성취와 관련되어 있다. 이는 치열하게 내면세계를 닦아나가는 일과 어느 정도 연관성은 있지만 내면세계의 성찰과 늘 일치하는 것은 아니다. 두 가지는 별도의 프로젝트로 받아들여야 한다. 그렇게 받아들이는 것만으로도 자신을 아는 일에서 좋은 결과를 얻을 수 있을 것이다.

영혼을 돌보고
생각의 일치를 이끌어내라

알키비아데스: 좋은 말씀이라 생각합니다, 소크라테스 선생님, 하지만 어떤 방법으로 우리 자신을 돌볼 수 있을지를 풀어서 설명해 주십시오.

소크라테스: 그러니까 우리는 다음과 같은 정도까지는 진전을 보았네. 우리가 무엇인지에 대하여 적절하게 합의를 보았다는 말이지. 우리는 이것을 놓치고 우리도 모르는 사이에 우리 자신이 아니라 다른 어떤 것을 돌보지나 않을까 걱정했었네.

알키비아데스: 그렇습니다.

소크라테스: 그리고 바로 그다음으로 합의본 것은 혼을 돌봐야 하고 그것을 들여다봐야 한다는 것이었네.

알키비아데스: 분명합니다. (……)

소크라테스: 친애하는 알키비아데스, 그러니 혼도 자신을 알려면 혼을 들여다봐야 하고, 무엇보다도 혼의 훌륭함, 즉 지혜가 나타나는 혼의 이 영역을 들여다봐야 하며, 또 이와 닮은 다른 것을 들여다봐야 하네.

알키비아데스: 그럴 것 같습니다. 소크라테스 선생님.

소크라테스: 그러면 혼의 부분들 가운데 아는 것과 분별하는 것이 자리 잡고 있는 이것보다 더 신적인 것이 무엇인지를 우리가 말할 수 있을까?

알키비아데스: 말할 수 없습니다.

소크라테스: 그러니 혼의 부분인 이것이 신과 비슷하고, 어떤 사람이든 이것을 들여다봐서 신적인 것 전부, 즉 신과 분별을 알고 그렇게 해서 자기 자신도 가장 잘 알게 될 것이네. pp.113~116(132b:4~132c:2, 133b:6~133c:7)

정치의 대상은 국민이므로 철저히 국민을 위한 정치를 펼쳐야 한다. 지금도 정치를 하겠다고 덤비는 사람들은 입으로만 국민을 말하며 대개는 자기 이익을 위해 일하는 세상의 보통 사람들과 다를 바 없다. 그래서 소크라테스는 배워야 할 것들을 먼저 배워 인간이 되라고 말한다. 선거만 끝나고 나면 돌변하는 국회의원들의 태도, 각종 비리 사건에 연루되는 정치인과 관료들로 조용할 날이 없는 우리 실정이나 아테네의 정치 상황이 크게 다를 바가 없었던 것 같다. 이 책을 읽는 내내 절묘하다는 생각과 함께, 인간의 본성이란 이렇게도 확고부동한 것인가 싶어 씁쓸함마저 느껴지기도 했다.

정치는 결국 그 대상인 국민들을 어떻게 잘살게 해주느냐의 문제이다. 복잡한 현대 사회에서는 수많은 관계가 얽혀 '잘살게 해준다'는 문제가 단칼에 해결되지 않으므로 그만큼 현대의 정치는 사람들 사이의 갈등을 조정하는 것이 가장 큰 일이다. 단 한마디로 지혜롭게 갈등을 해결한 솔로몬 왕처럼 일방적 지시나 지배란 불가능하다. 갈등의 조정이 주요 문제라면 정치란 지배나 지시라기보다는 조정과 조화라고 할 수 있다. 그러므로 자기 이익이나 야망이 앞서면 그것은 정치가 아니다. 경륜과 인격이 갖추어져야 다른 사람들의 갈등과 곤란과 부조화를 해결할 수 있으므로, 이를 갖추기 전에 섣불리 정치에 입문하는 것은 굉장히 위험한 일이다.

1863년 11월 19일, 미국 남북전쟁의 격전지였던 펜실베이니아 주 게티즈버그에서 미국의 제16대 대통령 에이브러햄 링컨이 연설을 하고 있었다. 안타깝게 전사한 장병들의 영혼을 위로하며 그는 역사에 길이 남을 위대한 말을 남기게 된다. '국민의, 국민에 의한, 국민을 위한 위한 정부(Government of the people, by the people, for the people).' 남과 북으로 갈려 반목하던 미국을 꼬집어 '갈려서 싸운 집은 설 수가 없다'고 말하며 노예제 해방을 통해 미국의 통합을 꾀했던 그였다. 그의 연설문은 시대를 떠나 정치인에게 꼭 필요한 금언이 아닐 수 없다. 이처럼 정치와 정치가가 어떠해야 하는가는 링컨의 사례에서도 쉽게 알 수 있다.

그렇다면 훌륭한 정치가가 되기 위해서는 무엇이 필요할까? 우선 자기 자신에 대한 '올바른 돌봄'이고, 그다음에 필요한 것은 자신의 일을 행함에 있어서 필요한 '기술(앎)'을 갖춰야 한다. 여기서 소크라테스는

에이브러햄 링컨 워싱턴 D.C.에 있는 링컨기념관의 기념상. '국민의, 국민을 위한, 국민에 의한'이라는 말로써 갈등의 조정과 희망의 제시라는 정치가의 중요한 역할을 증명해 보였다.

'기술(앎)'을 사용해서 타인을 돌보기 이전에 우선은 자신을 돌볼 수 있는 자가 되어야 함을 거듭 강조하고 있다. 따라서 여기서 '올바른 돌봄'은 '너 자신을 알라'는 델포이의 글귀와 일맥상통한다.

소크라테스는 돌봄과 기술이 없으면 알키비아데스가 아테네의 정적들을 이길 수 없다고 말한다. 올바른 돌봄이란 자신을 더 나아지게 하는 것으로, 자신의 혼을 돌보고 들여다봄으로써 가능하다. 그렇다면 혼의 어떤 부분을 돌보고 들여다봐야 할까? 소크라테스는 '혼의 훌륭함, 즉 지혜가 나타나는 혼의 이 영역을 들여다봐야 하며'라고 말한다.

혼의 훌륭함을 이해하기 위해서는 플라톤이 『국가』에서 이야기한 바 있는 영혼의 삼분설을 떠올릴 필요가 있다. 혼은 이성·기개·욕망으로 이루어지며, 이성의 훌륭함은 지혜, 기개의 훌륭함은 용기, 그리고 욕망의 훌륭함은 절제로 나타난다. 특히 절제는 욕망만이 아니라 혼의 모든 부분에 필요하다. 지혜와 용기와 절제는 어떤 일을 하든지 그 일을 하는 자가 갖추어야 할 직분의 정수이다. 이 세 가지 덕목을 갖춘 사람은 어떤 일이든지 훌륭하게 해낼 수 있다. 특히 남을 위해 일하는 정치가의 경우에는 더욱 그렇다.

따라서 소크라테스는 "혼의 훌륭함을 들여다봄으로써 우리는 우리 자신을 가장 잘 보고 가장 잘 알 수 있을 것이네"라고 말한다. 요컨대 정치가는 혼의 훌륭함이 포함하는 지혜·용기·절제를 돌보고 들여다봄으로써 훌륭한 정치가가 될 수 있다는 것이다.

혼을 돌보지 않는 정치가들에게는 부와 육체가 돌봄의 대상이 될 것이며, 이들은 훌륭한 정치가가 될 수 없다. 부와 육체를 돌보는 것은 '자신의 것들'을 돌보는 것이지 '자기 자신(혼)'을 보살피는 것이 아니기 때문이다. 특히 육체가 가지고 있는 욕망은 늘 지혜와 용기와 절제에 도전해 그것을 시험하고 파괴한다.

오랫동안 잘 알고 지내던 지인이 정치에 참여하였다. 본래 그는 무슨 일을 하든지 건들건들 처리하는 인물이었고 삶을 살아가는 데 있어서도 진지한 면이 부족했다. 얼렁뚱땅 처리해도 머리가 좋은 탓에 표가 나지 않았고, 주변 사람들에게는 뭔가 대단한 것을 갖고 있는 인물로 간주되었다. 하도 요령껏 이리저리 잘 살아가기에 내심 '참 놀랍다'고 생각했지만 나는 진작부터 '천리 제방이 개미 구멍 하나 때문에 무너진다. 저 양반이 언젠가 그 비용을 톡톡히 지불하고 말것이다'는 생각을 해왔다. 이따금 아내에게도 그의 이야기를 들려주기도 했다.

학계에 몸담고 있던 그는 승승장구하여 마침내 정치가의 길로 뛰어들고 그것도 권력의 핵심부에 진입하였다. 그러나 우려대로 그는 곧 수뢰 사건에 깊이 연루되고 말았다. 뇌물을 받은 것 정도로 세상 사람들의 놀라움을 자아낼 만큼 심각한 부분들이 많았다. 세상살이가 대충 넘어가는 것처럼 보일지 모르지만 '자기 자신'을 돌보지 않는 사람들은 필연적으로 '자신의 것들'에 눈길을 줄 수밖에 없음을 확인할 수 있었던 사건이다. 조간신문에 큼직하게 장식된 그에 대한 보도를 보면서 '세상에 그냥 넘어가는 것이 없구나'라는 탄식이 절로 흘러나왔다.

우리는 여기서 '올바른 돌봄('너 자신을 알라' 혹은 '너 자신을 보라')'의 의미를 명확하게 정리해 두어야 한다. 여기서 그 유명한 비유인 '눈부처〔瞳人, 상대방의 눈동자에 나타난 나의 모습〕'가 나온다. 두 사람이 마주 앉아서 서로 상대방을 바라본다고 가정해 보자. 들여다보는 사람은 상대방의 눈동자에서 자신의 모습을 볼 수 있다. 소크라테스는 들여다보는 사람의 입장에서 상대방의 눈을 '혼'으로, 그리고 상대방의 눈동자를 혼 중에서도 '지혜'에 비유한다.

따라서 '너 자신을 알라'는 말은 곧바로 '너 자신을 보라'는 말이기도 하고, '너 자신의 혼을 보라'는 말이기도 하며, '혼뿐만이 아니라 아니라 특히 지혜를 보라'는 말이기도 하다. 한 걸음 나아가 '지혜뿐만 아니라 지혜와 닮은 다른 것인 용기와 절제까지도 보라'는 말이다. 소크라테스에게 '올바른 돌봄'은 "눈을 보면서, 특히 눈의 가장 훌륭한 부분이자 눈이 보는 수단으로 삼는 이것(눈동자)을 들여다보면서, 자기 자신을 볼 것일세"라는 한 문장으로 압축할 수 있다.

그런데 이것이 쉬운 일일까? 그렇지 않다. 사람들은 눈과 눈동자를 보기보다는 자주 다른 것들을 본다. 소크라테스가 알키비아데스에게 당부하고 싶었던 것도 눈과 눈동자를 봐야지 왜 다른 것들에 눈길을 주는가라는 경고일 것이다.

또한 정치가에게 필요한 것이 기술(앎)이다. 소크라테스가 "정치 공동체에 참여하는 사람들을 다스릴 줄 알게 만든 앎은 어떤 앎이라고 생각하는가?"라고 묻자 알키비아데스는 '숙고(熟考)를 잘하는 것', 즉 나라의 일들에 대해 깊이 생각하는 것이라고 답한다. 이어서 소크라테스가 "자네가 생각하기에 숙고를 잘한다는 것은 무엇이라고 보는가?"라는 질문을 던지자 알키비아데스는 '나라를 더 훌륭하게 관리하고 지키는 점에서 숙고를 잘하는 것'이라고 답한다.

어떻게 하면 나라를 더 훌륭하게 관리할 수 있을까? 여기에 정치가에게 필요한 기술(앎)의 핵심이 들어 있다. 이 질문에 대해 알키비아데스는 "제가 보기에는 좋아함이 시민들 서로에게 생기는 한편 미워함과 반목함이 없어질 때면 그렇죠"라고 답한다.

시민들이 서로를 좋아하게 되면, 즉 친애하게 되면 자연스럽게 미움과 반목도 사라지게 될 것이다. 어떻게 하면 서로를 좋아하게 될까? 각자가 정의롭게 살아가면 된다. 시민의 정의로움은 각자가 제 일에 최대한 충실하게 사는 것이다. 따라서 정치가는 시민들이 각자의 직분을 최대한 잘 수행하도록 돕는 기술(앎)을 갖춰야 한다.

정치의 기술은 다른 기술과는 근본적으로 다른 면이 있다. 다른 직업상의 기술은 기술을 적용하는 대상이 문제가 되지 않는다. 나무나 쇠나 기계는 능동성이 없기 때문이다. 그러나 정치의 경우는 기술을 지닌 자(정치가)나 기술의 대상이 되는 존재(시민들)가 같은 인간들이기 때문에 다른 직업의 경우와는 다르다. 일방적으로 다루고 다룸을 당하는 것이 아니라 서로를 다루는 존재들이기 때문이다. 이 경우 서로의 관계를 조정하는 기술이 중요하게 된다. 즉 '서로에게 생기는 미움과 반목을 없어지게 만드는 기술'이 필요하다.

그렇다면 그 기술은 서로 부딪치는 관계를 조화롭게 만들어주는 '생각의 일치를 만들어내는 기술'이다. 이때 토론과 설득, 협상 같은 것들이 동원될 수 있다.

소크라테스는 그래서 이 기술을 '앎'이라고 했다. 철학적인 앎이 있어야 서로를 조화롭게 만들어내는 일이 가능하기 때문이다. 이것이 소크라테스가 말하는 정치의 기술이다.

현대의 정치에서도 다를 바가 없다. 갈등의 조정이야말로 정치의 핵심이다. 정치는 사람을 상대로 하는 것이기 때문에 가죽을 만지거나 밀가루를 다루는 것하고는 다르다. 그런데 갈등의 조정은 단순한 말솜씨 같은 것으로 가능한 게 아니다. 철학적인 앎이 필요하다. 정치가들에게 현란한 말솜씨나 카리스마 이전에 인간과 세상에 대한 올바른 철학이 서 있어야 하는 이유다.

한편 소크라테스는 '노래와 악기 연주와 춤이 하나의 기술에 의한 것'이라는 말을 한다. 기술이란 단순한 한 가지 테크닉이 아니라 통합적인 것이라는 말이다. 모든 것이 통합될 때 비로소 그것은 철학적인 앎에 이르게 된다. 그래서 소크라테스는 아직 갖춰지지 않은 자의 정치를 만류한 것이다.

올바른 기술을 사용해야 올바른 결과가 나온다. 올바른 결과(목적)를 만들기 위해서는 수단도 정당해야 한다. 이렇게 '방식'에 초점이 맞추어지면 결과보다 과정이 중요하다는 결론이 나온다.

시민들이 각자의 직분에 충실하면 '생각의 일치'도 이뤄낼 수 있다. 누가 지배하는 자가 되어야 하는지, 그리고 누가 지배당하는 자가 되어야 하는지에 대해서도 합의를 쉽게 이룰 수 있다. '생각의 일치'에 대해 소크라테스는 『국가』에서 '나라에 있어서나 한 개인에 있어서 성향상 한결 나은 쪽과 한결 못한 쪽 사이에 어느 쪽이 지배를 해야 할 것인가에 대한 합의'라고 말한 바 있다.

결국 시민들 각자가 자신이 해야 할 일을 행하는 것을 정의라고 이야기할 수 있는데, 이러한 정의가 이루어지는 경우 사람들은 서로 화합하게 된다. 이런 전체 논의를 참고하면 정치가에게 필요한 기술(앎)은 시민들 각자가 제 일을 제대로 할 수 있도록 하는 것임을 알 수 있다.

우리는 지금까지 정치를 하는 사람이 갖추어야 할 '올바른 돌봄'과 '기술(앎)'에 대해 이야기했다. 그런데 여기서 정치가란 단어에 조직을 이끄는 '리더'라는 단어를 대체해 보아도 문제가 없다. 또한 정치가란 단어 대신에 한 집안을 책임지는 '가장'이란 단어로 대체해도 전혀 문제가 없다.

본래 『알키비아데스 I』은 정치에 입문하기 위해 안달하는 젊은이와 중년의 철학자 사이에 나누는 대화이지만 이를 어떤 조직의 리더가 되려는 사람과 현자 사이에 나누는 대화라고 봐도 좋다. 소크라테스가 현명한 리더가 되기를 간절히 소망하는 사람들에게 주는 교훈은 무엇일까? 나는 이렇게 정리하고 싶다.

첫째, 리더는 '내가 어떤 사람이고, 어떤 사람이 되어야 하는지'를 깊이 생각해야 한다. 특히 한 개인으로서만이 아니라 리더로서 정체성을 확고히 세울 수 있어야 한다. 이렇게 자신의 내면세계를 자주 들여다볼 수 있다면 건강하지 못한 욕망에 무릎을 꿇는 실수를 피할 수 있을 것이다.

둘째, 리더로서 자신이 누리는 영광에 비례해서 기꺼이 비용을 치를 결심을 해야 한다. 그 비용이란 공과 사를 엄격히 구분하는 일이다. 부,

육체와 같이 '자기 자신의 것들'에 깊은 관심을 갖게 되면 리더는 실수를 범하게 된다. 사익에 눈이 어두워 실패하게 되는 리더가 되지 않도록 주의해야 한다.

셋째, 리더는 조직을 훌륭하게 관리하고 기대하는 성과를 낳기 위해 최선을 다해야 한다. 이를 위해서는 조직의 일에 대해 늘 깊이 숙고해야 한다. 여기서 '늘 숙고한다'는 표현이 중요하다. 이따금 어느 정도의 성공에 취한 나머지 조직의 일 이외의 것들에 지나치게 신경을 써 어려움에 당하는 리더들이 있다. 리더는 조직 관리에 대한 집중력을 유지해야 한다.

넷째, 리더는 조직 구성원 각자가 자신의 능력을 최대한 잘 발휘할 수 있도록 도와야 한다. 리더는 혼자서 잘하는 사람이 아니라 구성원들 모두를 잘하게 만드는 사람이다. 소크라테스의 표현을 빌리자면 "구성원들 각자의 직분을 최대한 잘 수행하도록 돕는 기술(앎)을 갖춰야 한다"고 말한다.

여섯째, 리더는 조직의 구성원들 사이에 반목과 갈등 대신에 화합과 친애감이 생기도록 노력해야 한다. 이를 위해서는 사람에 대한 이해가 필수적이고 리더에게 철학적인 앎이 있어야 조직 구성원들을 서로서로 조화롭게 만들어가는 것이 가능하다.

일곱째, 리더는 높은 성과를 만들어내기 위해 조직 구성원들이 한 방향을 향해 나아갈 수 있도록 해야 한다. 이를 위해 소크라테스는 '생각의 일치'라는 부분을 강조하는데, 조직에서도 필요한 덕목이다.

여덟째, 리더는 구성원들 각자가 공정하게 행동하고 대우를 받도록 해야 한다. 편애가 있거나 불공정함이 지배하게 되면 구성원들은 서로 반목하게 된다.

부당하게 정실이나 학연 등으로 출세하는 사람들이 많이 나온다면 그 조직은 조직으로서의 기능을 상실할 수밖에 없다. 경영활동이 아니라 정치 활동으로 출세하려는 사람들이 늘어날 것이기 때문이다.

정치가는 훌륭함을 나눠주는 사람이다

소크라테스: 알키비아데스, 그러니 나라가 행복해지고자 한다면, 훌륭함 없이는 성벽도 삼단노 군선도 조선도도, 이런 것들의 많음과 큼도 소용없네.

알키비아데스: 물론 소용없습니다.

소크라테스: 그러니 자네가 나랏일을 정의롭고 아름답게 행하려면, 시민들에게 훌륭함을 나눠주어야 하네.

알키비아데스: 물론입니다.

소크라테스: 갖고 있지 않은 것을 누군들 나눠줄 수 있겠는가?

알키비아데스: 어떻게 그럴 수 있겠습니까?

소크라테스: 그러니 자네 자신이든 다른 누구든 사적으로 자신과 자신의 것들만 다스리고 돌보는 게 아니라 나라와 나라의 것들(나랏일)까지 다스리고 돌보고자 하는 사람은 우선 훌륭함부터 갖추어야 하네.

알키비아데스: 맞는 말씀입니다.

소크라테스: 그러니 자네가 자네 자신과 나라에 갖추어주어야 할 것은 원하는 것이면 무엇이든 할 수 있는 자유와 권력이 아니라 정의와 절제일세.

알키비아데스: 그런 듯합니다.

소크라테스: 정의롭고 절제 있게 행동하면, 자네도 나라도 신들의 마음에 들게 행동하게 될 것일세.

알키비아데스: 그럴 것 같습니다. pp.119~120 (134b:7~134d:3)

소크라테스는 한 국가가 진정 행복해지려면 막강한 군사력을 갖추는 것보다 훨씬 더 중요한 것이 있다고 말한다. 그것은 제대로 된 정치가를 갖는 것이다. 그렇다면 제대로 된 정치가는 어떤 특성을 가진 사람인가?

먼저 소크라테스의 이야기를 듣기 전에 올바른 정치가의 10가지 조건에 대한 내 의견은 이렇다.

첫째, 정치가는 자신의 잘못된 생각에 기초하거나 사적인 이익을 위해 국민을 잘못된 방향으로 이끌지 않아야 한다.

둘째, 정치가는 자신의 정치적 야심을 위해 포퓰리즘에 기대어 국가에 부담을 지우는 일을 하지 말아야 한다.

셋째, 정치가는 권력을 이용해서 국민에게 군림하거나 치부를 하지 말아야 한다.

넷째, 정치가는 정파적 이익을 위해 국민들이 불편해할 수 있는 막말을 아무 데서나 쏟아놓는 모사꾼으로 행동하지 않아야 한다.

다섯째, 정치가는 평화에 대한 환상을 심어주고 국민들의 눈과 귀를 막지 않아야 한다.

여섯째, 정치가는 나라를 어디로 이끌어야 할지 올바른 비전과 판단력을 소지하고 있어야 한다.

일곱째, 정치가는 자신의 분야에 대한 지식과 지혜를 갖고 있어야 한다.

여덟째, 정치가는 자신의 정파적 이익을 위해 시민들 사이에 파당을 만들어서 분열을 조장하지 말아야 한다.

아홉째, 정치가는 개인적으로나 사회적으로 자유와 정의에 대해 목마름을 가져야 한다.

열 번째, 정치가는 공적인 임무의 수행에 대한 헌신에 확고한 믿음을 갖고 있어야 한다. 그냥 일 하는 것이 아니라 목숨을 걸듯이 열심히 공적 임무를 수행하리라는 결기를 가져야 한다.

이 모든 것들을 포괄하면 어떻게 표현할 수 있을까? 소크라테스의 표현에 의하면 정치가는 시민들에게 훌륭함을 나눠주는 사람이어야 한다. 그러려면 정치가로 입문하기 전에 이미 훌륭함을 갖추고 있어야 한다. 상식적으로 생각해 봐도 자신이 갖고 있지 않는 것을 타인들에게 나눠줄 수는 없지 않은가? 여기서 정치가의 훌륭함은 정의와 절제를 말하지만, 한 걸음 더 나아가 지혜와 용기도 포함된다.

원하는 것은 무엇이든지 할 수 있는 자유는 있으면서 정신(지성)을 갖추지 못한 정치가나 나라는 불행하다. 오늘날도 많은 사람들이 정치의 세계에 뛰어들어 권력과 명성을 추구한다. 그런 사람들은 반드시 소크라테스의 조언에 귀를 기울여야 한다. 먼저 자신을 들여다보고 혼을 잘 돌보아 훌륭함을 갖추어 스스로를 무장시켜라! 그 다음에 정치가로 입문하라. 이것이야말로 정치가에게 요구되는 조건이다. 훌륭함을 갖추지 못한 채 정치 세계에 뛰어든 사람들은 최선은 아니더라도 차선책이라도 훌륭함을 갖추기 위해 노력해야 한다.

이 조언이 어디 정치 분야에만 소용되겠는가? 리더로서의 직분을 수행하는 사람에게도 마찬가지다. 사업 세계는 계속해서 적임자와 그렇지 않은 자가 구분되고 적임자가 아닌 사람은 도태된다. 예를 들어, 스스로 번듯한 사업을 일으키는 일도 무척 힘이 드는 일이지만, 선친이 각고의 노력 끝에 이루어놓은 탄탄한 기업을 세대를 이어서 수성하고 성장시키는 일은 참으로 어렵다. 장남이기 때문에 덜컥 큰 사업을 이어받았지만 사업가로서의 직분을 수행할 만한 그릇이 못된 탓에 기업을 몰락으로 이끌다가 망한 사업가들을 심심찮게 만날 수 있다.

지나치게 성급하게 사업을 확장하다가 짧은 시간 안에 어려움을 당한 사업가들에게선 늘 지혜와 절제라는 두 단어가 생각난다. 큰 조직이든 작은 조직이든 모든 조직의 리더는 지혜·절제·용기로 이루어지는 훌륭함을 갖고 있어야 한다. 그래야 자신을 구하고 조직을 구할 수 있다.

'80년 소주의 신화' 진로가 창업주인 오너 집안과 완전히 결별한 시점은 2004년 4월 24일의 일이다. 1988년 그룹 회장으로 취임한 36세의 젊은 회장은 주류 회사의 이미지를 탈피하고 사세를 확장해 나가려는 야망을 갖고 있었다. 누구나 큰 꿈을 갖는 것은 좋은 일이다. 그러나 속도를 조절하고 자신의 능력에 맞게끔 차근차근 해나갔더라면 그룹 해체라는 비극까지는 피할 수 있었을 것이다. 유통, 주류, 호텔, 레저 등으로 무작정 사업을 확장해가던 젊은 회장이 위기에 처하게 되는 데는 겨우 10년이면 충분하였다. 나는 『대한민국 기업흥망사』에서 진로 그룹의 몰락에 안타까움을 표한 바 있다.

"단 한 사람이 자신의 지나친 욕심을 절제할 수 있었다면 지금도 진로그룹은 건재할 것이다. 여타 재벌들과 달리 진로그룹은 언제 어디서나 현금을 만들어낼 수 있는 확실한 현금 창출 능력을 갖고 있는 (주)진로를 갖고 있었기 때문이다. 그렇게 서둘러 사업을 무리하게 확장할 필요가 없었다는 아쉬움이 있다. 진로그룹의 몰락이 2세 경영자에게 주는 메시지는 명확하다. 세상 어려운 것을 알아야 하고 무엇인가를 성급하게 보여주어야 한다는 욕망을 스스로 억제할 수 있어야 한다는 점이다."

공병호, 『대한민국 기업흥망사』, p.59

조직의 장을 맡고부터 훌륭함을 갖추기에는 너무 늦다. 누구든 리더로서 입신하기를 소망한다면 그 자리에 가기 전에 훌륭한 기초 작업을 확실히 마련하고 있어야 한다. "당신은 준비되어 있습니까?"라는 질문에 "네, 저는 아직 완벽하지는 않지만 훌륭함의 초석을 그동안 닦아 왔습니다"라고 답할 수 있어야 한다.

그런데 훌륭함을 미리미리 마련해 두는 일이 중요한 이유 가운데 또 하나는 리더로서 자신을 세상에 드러내는 기회가 자주 오지 않는다는 사실 때문이다. 한마디로 무대에 설 수 있는 기회가 아주 드물다. 이따금 조연으로 일을 하다가 주연 배우가 개인적인 사정으로 출연하지 못한 기회에 자신의 기량을 유감없이 발휘하는 데 성공하는 무명의 배우들이 있지 않은가? 그런 기회가 왔을 때 준비되어 있는 무명의 배우들은 일생일대의 기회를 잡는다.

  훌륭함을 갖춘 리더도 마찬가지이다. 이번에 잘못하면 다음에 잘하면 된다는 게 리더에겐 쉽지 않다. 기회는 그렇게 반복적으로 주어지지 않는다. 한번 놓쳐버린 기회는 영영 잡을 수 없다. 그래서 일생에 2~3번 정도의 큰 기회가 온다는 말들을 한다. 한껏 발휘할 수 있을 때 자신의 능력을 제대로 발휘할 수 있어야 한다. 그래서 더더욱 훌륭함은 준비되어 있어야 하는 것이다.

훌륭함을 갖추기 전이라면 스스로 삼가라

소크라테스: 친애하는 알키비아데스, 원하는 것은 무엇이든 할 수 있는 자유가 있으면서 정신은 갖추지 못한 개인과 나라에 생기기 십상인 결과가 무엇이겠는가? 예컨대 원하는 것은 무엇이든 할 수 있는 자유를 가졌으나 의사의 정신은 갖고 있지 않은 병자에게, 즉 누구도 그를 책망하지 못할 정도로 폭군행세를 하는 병자에게 생기는 결과가 무엇이겠는가? 몸을 망치기 십상 아닌가?

알키비아데스: 맞는 말씀입니다.

소크라테스: 배의 경우에는 어떤가? 만약 좋아 보이는 것은 무엇이든 할 수 있는 자유는 있으나 선장의 정신과 훌륭함을 결여하고 있는 자가

있을 때, 그 자신과 그의 동료인 뱃사람들에게 어떤 결과들이 생길지 자네는 알겠는가?

알키비아데스: 저는 알겠습니다. 모두 죽겠군요.

소크라테스: 그러면 같은 식으로 나라가 온갖 권력과 자유가 훌륭함을 방기할 경우에는 나쁘게 행동한다는 것이 뒤따르지 않겠나?

알키비아데스: 그럴 수밖에 없습니다.

소크라테스: 그러니 더없이 훌륭한 알키비아데스, 자네들이 행복해지려고 한다면, 자신한테도 나라한테도 폭군의 권력이 아니라 훌륭함을 마련해 주어야 하네.

알키비아데스: 맞는 말씀이십니다.

소크라테스: 훌륭함을 갖기 전이라면 아이들만 아니라 어른이라도 더 나은 자에 의해 다스림을 받는 것이 다스리는 것보다 더 좋네.

알키비아데스: 그런 듯합니다. pp.120~121(134e:8~135b:10)

소크라테스는 알키비아데스에게 조언을 아끼지 않는다. 자신이 훌륭함을 갖추지 못했다면 정치에 뛰어드는 일을 포기하라고 말한다. 그리고 자신이 추구하는 자리에 더 훌륭한 인물이 나서서 정치를 하도록 양보하라고 말한다. 이런 조언은 비단 알키비아데스에게 해당하는 것만은 아니다.

이처럼 『알키비아데스 I』은 자신과 가족을 돌보는 일로부터 벗어나서 세상을 돌보는 정치의 세계에 입문하려는 사람들에게 어떠한 점을 유념

해야 하는지 멋진 조언을 제시한다.

우선 정치에 입문하려 하는 사람들에게 정치의 본질과 정치가의 자질에 대해 이야기하고 있다. 대다수 사람들은 사업가로서만이 아니라 전문가로서 자기 분야에서 어느 정도 자리를 잡으면 사회와 국가를 위해서 무엇인가 해야 하지 않을까 하는 생각을 갖는다. 게다가 권력에 대한 욕망을 유독 강하게 느끼는 사람들이 있다.

소크라테스는 정치에 뛰어들고자 한다면 우선 자신의 자질에 대해 엄격한 검증이 필요하다고 말한다. 자신도 잘 알지 못하는 분야에 뛰어든다면 낭패를 당할 것이라는 게 그의 생각이다. 게다가 권력이란 항상 노리는 사람이 많고 정적(政敵)이 존재하기 때문에 자신의 의도와 달리 좋지 않은 사건에 연루되어 망가질 수도 있다. 또한 표를 얻기 위해 대중들에 영합하다 보면 어느 순간 대중의 변심에 따라 위험에 처하게 되는 정치가가 될 수도 있다.

또한 정치가로 입문하기 전에 반드시 갖춰야 할 자질인 돌봄과 기술(앎)에 대해 이야기한다. 정치가는 절제, 지혜, 그리고 용기와 같은 훌륭함으로 무장되어 있어야 한다.

끝으로 정치가는 국민들에게 훌륭함을 나눠주는 사람이기에 스스로 훌륭함을 갖추고 있어야 한다는 주장이 핵심이다. 당신은 훌륭함을 갖고 있는가? 그런 훌륭함을 기꺼이 사람들에게 나눠줄 수 있는가? 만일 '나는 훌륭함을 갖고 있다'고 판단한다면 정치에 뛰어들어서 그 훌륭함을 시민들에게 나눠주라는 것이 소크라테스의 조언이다.

성인의 경우라면 웬만큼 그릇이 만들어졌다고 보면 된다. 물론 주어진 그릇을 차고 넘치도록 채우는 일이나 기존의 그릇을 더 크게 만드는 일은 가능할 것이다. 그러나 없는 그릇을 새롭게 만들어서 사용하기란 쉬운 일이 아니다. 그래서 정치든 뭐든 리더의 자리에 욕심을 가진 사람이라면 무엇보다 자기 자신에게 정직해야 한다. 남들이 뭐라고 부추기든지 솔직하게 그리고 깊숙이 자신의 진면목을 들여다보아야 한다. 과연 내가 이 자리에 적합한 인물인가? 내가 그 어떤 사람보다도 그 자리에 더 어울리는 사람인가? 그리고 내가 지금하고 있는 일보다 옮기려는 자리가 더 적합한가? 이런 질문들에 대해 진솔한 답을 내놓을 수 있어야 한다.

어디 그뿐인가? 행여나 오랫동안 해왔고 익숙한 일에 싫증을 느끼거나 지쳐 다른 일을 찾는 것은 아닌가 하는 점검도 필요하다. 혹은 사회적인 통념이나 막연한 환상 때문에 새로운 자리를 탐하는 것은 아닌지도 점검해야 한다. 사실 모든 일은 직접 그 자리에 서보지 않으면 빛과 그림자를 정확히 이해하기는 힘들다. 그래서 현명한 자들은 체험을 통해서 비용을 지불하기 이전에 '만일 내가 그 자리에 리더가 된다면?'이라는 질문에 대한 답을 찾기도 하고, 이미 정치에 뛰어든 사람들에 대한 주의 깊은 관찰을 통해서 지혜를 구한다.

세상 사람들이 부추기더라도, 자신의 뜬구름 같은 욕망이 재촉하더라도 자신이 서 있어야 할 자리를 정확히 알고, 그 자리에서 최고를 향해 나아가는 사람들은 진정한 의미에서 현자(賢者)라 할 수 있다.

특히 중·장년기를 맞은 사람에겐 자신 앞에 남겨진 생이 그다지 길지 않다. 길지 않기 때문에 정치의 세계로 뛰어들기를 갈망하는 사람들도 있고, 반면 자신이 해오던 분야에 더 깊이 천착하는 사람들도 있다. 선택은 각자의 자유지만 현명하고 사려깊게 결정할 일이다.

완벽함과는 거리가 멀지만 세월이 갈수록 내가 기쁘게 생각하는 것 가운데 하나는 내가 있어야 할 자리가 어디인지를 분명히 알게 된 점이다. 게다가 세상의 기준이 아니라 나의 기준으로 자리의 빛과 그림자를 볼 수 있게 된 점도 기쁘게 생각하는 것 가운데 하나이다.

유한한 세월의 흐름 속에서 우리가 모든 일을 다 잘하고 갈 수는 없는 일이다. 누구에게나 잘해야 할 일이 있고 자신이 굳이 하지 않아도 되는 일이 있다. 나는 그걸 조금은 깨우치게 된 것 같다. 게다가 세상 사람들이 다들 부러워하는 자리에 선 사람들이 가질 수 있는 영광뿐만 아니라 그들이 치러야 할 비용도 더 예리하게 볼 수 있게 된 것 같다. 그래서 나는 앞으로도 내 방식대로 삶을 개척해 가려 한다.

참고문헌

『고대 그리스』, 푸리오 두란도 저, 노혜숙 역, 생각의 나무, 2003
『고대 그리스의 미술과 신화』, 토머스 H. 카펜터 저, 김숙 역, 시공아트, 1998
『고대 그리스의 역사』, 토머스 R. 마틴 저, 이종인 역, 가람기획, 2003
『고대 그리스의 영광과 몰락』, 김진경 저, 안티쿠스, 2009
『공부하는 독종이 살아남는다』, 이시형 저, 중앙북스, 2009
『교양의 탄생』, 이광주 저, 한길사, 2009
『그리스: 고대 문명의 역사와 보물』, 스테파노 마기 저, 김원욱 역, 생각의 나무, 2007
『그리스 미술』, 존 그리피스 페들리 저, 조은정 역, 예경, 2004
『군중의 시대』, 세르주 모스코비치 저, 이상률 역, 문예출판사, 1996
『김밥 파는 CEO』, 김승호 저, 엘도라도, 2008
『나는 내 식대로 살아왔다』, 공병우 저, 대원사, 2002
『나는 탁월함에 미쳤다』, 공병호 저, 21세기북스, 2011
『나의 생애와 사상』, 알베르트 슈바이처 저, 천병희 역, 문예출판사, 1999
『공병호의 대한민국 기업흥망사』, 공병호 저, 해냄, 2011
『로마인 이야기 5: 율리우스 카이사르(하)』, 시오노 나나미 저, 김석희 역, 한길사, 1996
『로미오와 줄리엣』, 윌리엄 셰익스피어 저, 최종철 역, 민음사, 2008
『류샤오보 중국을 말하다』, 류샤오보 저, 김지은 역, 지식갤러리, 2011
『메논』, 플라톤 저, 이상인 역, 이제이북스, 2009
『모던타임스 Ⅰ』, 폴 존슨 저, 조윤정 역, 살림, 2008
『모던타임스 Ⅱ』, 폴 존슨 저, 조윤정 역, 살림, 2008
『부자의 생각 빈자의 생각』, 공병호 저, 해냄, 2005
『상실 수업』, 엘리자베스 퀴블러 로스·데이비드 케슬러 저, 김소향 역, 이레, 2007
『서양고대사강의』, 김진경·최자영 외 3명 저, 한울아카데미, 2011
『세계문명전: 그리스의 신과 인간』, 국립중앙박물관 저, workroom, 2010
『세계문명전: 실크로드와 둔황』, 국립중앙박물관 저, 동아일보사, 2010
『소셜 애니멀』, 데이비드 브룩스 저, 이경식 역, 흐름출판, 2011
『소크라테스의 변명/국가/향연』, 플라톤 저, 왕학수 역, 동서문화사, 2007
『소크라테스의 변명』, 플라톤 저, 김민숙 역, 청목, 2003

『소피스테스』, 플라톤 저, 김태경 역, 한길사, 2000

『스님의 주례사』, 법륜 저, 휴, 2010

『스티브 잡스』, 월터 아이작슨 저, 안진환 역, 민음사, 2011

『스파르타 이야기』, 폴 카트리지 저, 이은숙 역, 어크로스, 2011

『신비의 파라오 투탕카멘 도록』, 조선일보, 2012

『알키비아데스 Ⅰ·Ⅱ』, 플라톤 저, 김주일·정준영 역, 이제이북스, 2007

『완전한 승리, 바다의 지배자』, 존 R. 헤일 저, 이순호 역, 다른세상, 2011

『유대인의 역사 1, 2, 3』, 폴 존슨 저, 김한성 역, 살림, 2005

『이병철 경영대전』, 홍하상 저, 바다출판사, 2004

『인생 수업』, 엘리자베스 퀴블러 로스·데이비드 케슬러 저, 류시화 역, 이레, 2010

『인생에 대한 예의』, 이나모리 가즈오 저, 장은주 역, 비즈니스맵, 2011

『일리아스』, 호메로스 저, 천병희 역, 숲, 2007

『자신의 숨겨진 힘을 깨달아라』, 낸시 펠로시 저, 안명옥 역, 조윤커뮤니케이션, 2008

『장인: 현대문명이 잃어버린 생각하는 손』, 리처드 세넷 저, 김홍식 역, 21세기북스, 2010

『정의란 무엇인가』, 마이클 샌델 저, 이창신 역, 김영사, 2010

『정치학』, 아리스토텔레스 저, 천병희 역, 숲, 2009

『좋은 기업을 넘어 위대한 기업으로』, 짐 콜린스 저, 이무열 역, 김영사, 2011

『죽음의 순간』, 엘리자베스 퀴블러 로스 저, 김진욱 역, 자유문학사, 2000

『지도로 보는 타임스 세계 역사 1』, 리처드 오버리 저, 이종경 역, 생각의 나무, 2009

『채근담』, 홍자성 저, 조지훈 역, 현암사, 1996

『크리톤』, 플라톤 저, 이기백 역, 이제이북스, 2009

『클라시커 50 승리와 패배』, 볼프강 헤볼트 저, 안성찬 역, 해냄, 2003

『클라시커 50 신화』, 게롤트 돔머무트 구드리히 저, 안성찬 역, 해냄, 2001

『클라시커 50 재판』, 마리 자겐슈나이더 저, 이은화 역, 해냄, 2003

『클라시커 50 철학가』, 에드문트 야코비 저, 안성찬 역, 해냄, 2002

『찰스 핸디의 포트폴리오 인생』, 찰스 핸디 저, 강혜정 역, 에이지21, 2008

『플라톤의 〈향연〉에 나타난 이데아 고찰』, 최용화 저, Free Institute of Phliosophy, 2009

『플라톤의 네 대화편 에우티프론, 소크라테스의 변론, 크리톤, 파이돈』, 플라톤 저, 박종현 역, 서광사, 2003

『플라톤의 국가·政體』, 플라톤 저, 박종현 역, 서광사, 2005

『학문의 즐거움』, 히로나카 헤이스케 저, 방승양 역, 김영사, 2008

『행복의 조건』, 조지 베일런트 저, 이덕남 역, 프런티어, 2010
『향연』, 플라톤 저, 강철웅 역, 이제이북스, 2010
『오뒷세이아』, 호메로스 저, 천병희 역, 숲, 2006
『호암 이병철 義』, 민석기 저, 리더스북, 2012
『홍위병』, 선판 저, 이상원 역, 황소자리, 2004
『Lyric Quotation in Plato』, Marian Demos 저, Rowman & Littlefield Publishers, 1999

찾아보기

가이아 262
고르기아스 23 154 155 164 191
글라우콘 20
다프네 265
데살리아 294
델리온 47
델포이(델피) 41 42 294 340 349 350 379
디오니시오스 1세 22 203
디오티마 255 256 263 264 270 271 277 281~284 289 293 302 315 319 325 326
디온 22~24 203
라다만투스 96
라케다이몬 140
레온 69
뤼시마코스 193
마케도니아 30 31 151
만티네아 255 263
메논 7 24 151 154~156 159 164 165~170 172 173 175 203 239
메티스 268 270

멜레시아스 193
멜레토스 20 79 83
미노스 96
브루투스 272
빈센초 벨리니 296
사포 262
살라미스 27 69 151 192 193
소크라테스 6 7 15~21 23 25 27 28 31 35~37 40~44 47~50 52 55~57 60 62 ~70 72 75~77 80~85 87~91 93 94 97~101 105 106 109~111 114~120 123~128 130~134 136~144 146 147 151 154 156 157 159 164~170 172~185 188~192 194~196 201~205 208 209 214 216 217 219~222 228 229 231 233 235 237~241 243 244 248~251 255 256 258 280 281 287 288 291 297 302 303 307 311 312 316 320 324~326 332~334 340~344 346 349 ~351 354~360 362~366 368~371 376~390 393~395

솔론 306 311 350
스코파스 353
스테파노스 193
스파르타 17 26~31 35 68 140 332 344~346 350
시라쿠사 22~26 28 187 203 344 345
시오니데스 262
시지프스 97
심미아스 117 202 216 222 237 247
아가톤 255 261 263 264
아그리젠토 294
아기스 2세 346
아뉘토스 20 28 42 56 65 83 117 154 156 176 192
아드메토스 294
아레스 262
아르킬로코스 132
아리스테이데스 193
아리스토데모스 255
아리스토텔레스 152
아리스토파네스 255 282~285
아이아코스 96
아킬레우스 50 51 293
아테네 16 17 19~23 25~31 35 36 41 47 54 55 61 67 69 73 74 79 93 105 110 112 125 126 133 138 139 141 151 152 154~156 187 191~193 201 202 214 282 293 294 332 342~346 349 354~356 359 362 363 365 377 379
아폴로도로스 202 255
아폴론 21 42 264 265 294 350

아프로디테 262 268~271 317
악티움 해전 273
안토니우스 272~274
알렉산드로스 30 151
알렉산드리아 273
알로페케 110
알케스티스 294
알키비아데스 7 19 255 256 331~335 341~346 349~351 354~357 359 360 363 365 366 368~370 376 377 379 381 382 384 387 388 393 394
암피폴리스 47
앙케세나멘 162
에게스타 345
에로스 255~258 261~272 274 277 278 281~283 285 295 313 316 318~320 325 326 329 335 336
에뤽시마코스 255 263
에렉테우스 362
에우리피데스 17 262 354
에우튀프론 23 105 203
에케크라테스 201
엘리스 201
오디세우스 97
옥타비아누스 273
우라노스 262
율리우스 카이사르 272
이뷔코스 262
이올코스 294
제우스 262 268 282
조퓌로스 351

존 R. 헤일 31 151 187 343
카오스 262
카이레폰 41
케베스 117 202 203 207 208 235 237 238 247
코드로스 293 294
코린토스 30 202 203
크레온 352
크레이니아스 343 354
크레테 96 140
크리톤 6 7 23 105 106 109~111 116~120 123 ~125 127 130 131 133 139~141 147 201~203 251
크리티아스 25 28 346
크산팁포스 193
클레오파트라 272 273
클레오판토스 192 193
클레온 28
킬론 350
탈레스 350
테미스토클레스 192 193
테베 29 30 117
테살리아 151 353
테티스 50 51
투퀴디데스 193
투탕카멘 161 162
트라쉬불로스 28 154
트리프토레모스 96
티마이아 346
티만드라 346
팃사페르네스 346

파랄로스 193
파르나바조스 346
파우사니아스 255
파이돈 6 7 18 24 105 151 201~204 209 216 221 224 237 239
파이드로스 24 255
파트로클로스 51 293
페네이오스 264
페니아 268 270
페레우스 50
페르세포네 295
페르시아 17 27 35 151 346 351
페리클레스 16 17 19 27~29 35 193 311 343 351
펠로폰네소스 전쟁 20 21 27 28 31 35 69 344
펠리아스 294
포로스 268 270
포티다에아 47
프락시텔레스 317
프로타고라스 23 31 154 155 167 169 193 350
프뤼기아 346
플리우스 202
함무라비 132
헤시오도스 262 306
헤파이스토스 162 163
헥토르 17 50 51
헬레스폰토스 346
호메로스 50 74 162 163 262 293 306 310 311

그림출처

16쪽 아테네 아카데미아 앞에 있는 소크라테스 동상 두피디아
21쪽 아테네 아카데미아 앞의 플라톤 동상 두피디아
23쪽 시라쿠사의 고대 그리스 극장(Teatro Greco) 두피디아
28쪽 파르테논 신전 두피디아
35쪽 콘코르디아 신전 두피디아
41쪽 뤼시포스의 소크라테스 흉상 파리 루브르 박물관 소장
42쪽 델포이 원형극장과 아폴론 신전 두피디아
70쪽 소크라테스가 플라톤에게 편지를 쓰다 옥스퍼드 보들리언 도서관 소장
91쪽 류사오보 코르비스
112쪽 소크라테스가 갇혔던 곳으로 추정되는 감옥 두피디아
119쪽 소크라테스의 눈을 감기는 크리톤 코르비스
132쪽 함무라비 법전 파리 루브르 박물관 소장
140쪽 소크라테스의 죽음 뉴욕 메트로폴리탄 미술관 소장
163쪽 헤파이스토스의 대장간 프라도 미술관 소장
169쪽 프로타고라스 샌프란시스코 미술박물관 소장
192쪽 테미스토클레스의 대리석 흉상 오티엔세 박물관 소장
228쪽 소크라테스의 죽음 피렌체 우피치 박물관 소장
255쪽 소동꾼들 뮌헨 국립고대미술관 소장
271쪽 에로스와 아프로디테 파리 루브르 박물관 소장
303쪽 소크라테스와 제자들-플라톤의 향연 힐레 대학 소장
317쪽 크니도스의 아프로디테 로마, 바티칸 박물관
335쪽 향연에 나타난 알키비아데스 카를스루에 국립미술관
359쪽 알키비아데스를 끌어내는 소크라테스 파리 루브르 박물관 소장
379쪽 에이브러햄 링컨 두피디아

공병호의 고전강독 1
소크라테스와 플라톤에게 최고의 인생을 묻다

초판 1쇄 2012년 3월 25일
초판 10쇄 2017년 3월 30일

지은이 | 공병호
펴낸이 | 송영석

편집장 | 이진숙 · 이혜진
기획편집 | 박신애 · 한지혜 · 박은영
디자인 | 박윤정 · 박새로미
마케팅 | 이종우 · 한명회 · 김유종
관리 | 송우석 · 황규성 · 전지연 · 황지현

펴낸곳 | (株)해냄출판사
등록번호 | 제10-229호
등록일자 | 1988년 5월 11일(설립연도 | 1983년 6월 24일)

04042 서울시 마포구 잔다리로 30 해냄빌딩 5 · 6층
대표전화 | 326-1600 **팩스** | 326-1624
홈페이지 | www.hainaim.com

ISBN 978-89-6574-334-7
ISBN 978-89-6574-339-2(세트)

파본은 본사나 구입하신 서점에서 교환하여 드립니다.